Pat Lauer

Die passende Rede für jeden Anlass

Pat Lauer

Die passende Rede für jeden Anlass

Für private und berufliche Ansprachen

Mit vielen Musterreden und Profi-Tricks

Bibliografische Information der Deutschen Nationalbibliothek

Die Deutsche Nationalbibliothek verzeichnet diese Publikation in der Deutschen National-
bibliografie; detaillierte bibliografische Daten sind im Internet über http://dnb.ddb.de abrufbar.

ISBN 978-3-86910-019-7 (Print)
ISBN 978-3-86910-143-9 (PDF)
ISBN 978-3-86910-142-2 (EPUB)

Der Autor: Pat Lauer studierte Germanistik, Anglistik sowie Geschichte und war viele Jahre als
Redenschreiber tätig. Er arbeitet heute als Redakteur und Autor und hat schon über 20 Bücher
veröffentlicht.

Originalausgabe

© 2011 humboldt
Eine Marke der Schlüterschen Verlagsgesellschaft mbH & Co. KG,
Hans-Böckler-Allee 7, 30173 Hannover
www.schluetersche.de
www.humboldt.de

Covergestaltung: DSP Zeitgeist GmbH, Ettlingen
Innengestaltung: akuSatz Andrea Kunkel, Stuttgart
Titelfoto: Shutterstock/OtnaYdur
Satz: PER Medien+Marketing GmbH, Braunschweig
Druck: Grafisches Centrum Cuno GmbH & Co. KG, Calbe

Hergestellt in Deutschland.
Gedruckt auf Papier aus nachhaltiger Forstwirtschaft.

Inhalt

Musterreden im Überblick

Reden im privaten Kreis

Vorwort

Liebe Leserin, lieber Leser,

zunächst sollten wir an dieser Stelle das passende Motto für die kommenden Seiten präsentieren – ein Motto, das Sie sich stets vor Augen führen sollten, wenn Sie das Gefühl haben, überfordert zu sein: „Keine Panik – Reden ist leicht".

Es mag ja durchaus sein, dass Sie mit dem Reden schon schlechte Erfahrungen gemacht haben, mag sein, dass Sie sich schon einmal furchtbar blamiert oder in die Nesseln gesetzt haben. Mag sein, dass allein der Gedanke an einen öffentlichen Auftritt mit Sprechzwang Ihnen kalte Schauer der Angst über den Rücken jagt. Aber muss das denn für immer so bleiben? „Nein", lautet die Antwort, denn in diesem Buch bekommen Sie Antworten auf die entscheidenden Fragen zum Thema Vorbereitung, Inhalte, Form, Präsentation und Ende einer Ansprache oder einer Rede.

Auf den folgenden Seiten wird Ihnen bewiesen, dass wirklich jeder eine Rede oder eine Ansprache halten kann. Sie bekommen zunächst einige ebenso simple wie nützliche Tipps zur richtigen Vorbereitung und wie Sie eventuelles Lampenfieber vermeiden. Anschließend geht es darum, wie Begrüßung, Einleitung, Übergänge und Schluss einer Rede aussehen können. Die nächsten Kapitel versorgen Sie mit den passenden Tipps und Tricks für alle Gelegenheiten, zahlreichen Musterreden und den besten Zitaten. Zu guter Letzt erfahren fortgeschrittene Redner, wie sie Pleiten, Pech und Pannen gekonnt meistern und beim Publikum in guter Erinnerung bleiben.

Damit dies alles nicht zu theoretisch wird, erhalten Sie selbstverständlich auch etliche ganz konkrete Beispiele. Da sind Versatzstücke von Reden ebenso dabei wie ganze Ansprachen für alle möglichen Gelegenheiten. Keine Sorge – auf kein einziges dieser Muster wird ein Copyright erhoben – wenn Sie mögen, können Sie also ganze Passagen wörtlich übernehmen. Lediglich die Namen sollten Sie auf jeden Fall austauschen und natürlich darauf achten, dass die Musterrede auch wirklich zum Anlass passt.

Wenn Ihnen dies jedoch gar zu schlicht erscheint, wenn Sie der Meinung sind, dass Sie sich selbst doch ein bisschen Arbeit machen sollten, oder wenn Sie für Ihre spezielle Anforderung in diesem Buch kein ideal passendes Ansprachenexemplar finden – dann benutzen Sie die ebenfalls enthaltenen „Gebrauchsanweisungen". Schreiben Sie sich Ihre Rede einfach selbst – folgen Sie den einzelnen Schritten und Anleitungen in den jeweiligen Kapiteln und vertrauen Sie darauf: Sie werden nicht scheitern und Sie werden sich nicht blamieren. Keine Panik – Reden kann jeder. Auch Sie.

Pat Lauer

Die optimale Vorbereitung

Bevor Sie mit dem Schreiben Ihrer Rede loslegen – dafür bekommen Sie später noch jede Menge Tipps an die Hand –, sollten Sie sich auch ein paar Gedanken zur Präsentation Ihrer Ansprache machen. Was ziehen Sie an? Wollen Sie einen Spickzettel benutzen und „dürfen" Sie das überhaupt? Wie setzen Sie Ihre Stimme richtig ein? Dürfen Sie Ihren Dialekt beibehalten oder müssen Sie Hochdeutsch sprechen? Und wie können Sie das verflixte Lampenfieber in den Griff bekommen? Auf diese Fragen gibt Ihnen dieses Kapitel die Antworten.

Dem Anlass angemessen: Die Wahl der richtigen Kleidung

Rhetorik und Akustik, Mimik, Gestik und die Fähigkeit, interessante Inhalte interessant zu verpacken – das alles macht einen guten Redner aus. Weil aber nicht nur jener Eindruck zählt, den der Sprechende ab dem Moment macht, in dem er den Mund öffnet, sondern auch der so genannte „erste Eindruck" für Erfolg oder Misserfolg entscheidend sein kann, ist auch dieser Aspekt zu berücksichtigen: die Optik.

Klar ist: Für seine Gesichtsform kann niemand etwas, gelbe Zähne, eine hohe Stirn oder ein deutlich sichtbarer Bauchansatz lassen sich nicht auf die Schnelle korrigieren. Es gilt also stets an jenen Stellen anzusetzen, die man tatsächlich beeinflussen kann, und dabei stehen vor allem zwei „Hilfsmittel" im Vordergrund: Kosmetik und Kleidung.

Bei Kosmetik, also dem Einsatz von Schminke in ihren verschiedensten Facetten, gilt im Allgemeinen die Grundregel „Zu viel schadet nur". Vor allem Männer sollten nach wie vor auf Wimperntusche,

Rouge oder den Einsatz von Kajalstiften tunlichst verzichten, wenn sie sich nicht unglaubwürdig oder gar lächerlich machen wollen. Gut rasiert, ordentlich gekämmt und im Zweifelsfall mit ein wenig Puder behandelt, um nicht gleich zu Beginn mit hochroten Bäckchen oder mit schweißnasser Stirn ungewollt „glänzend" herüberzukommen – das genügt vollständig. Bei der Wahl des Rasierwassers gilt ebenfalls „weniger ist mehr", denn Geschmäcker sind nun einmal unterschiedlich, und wenn die ersten Reihen des Publikums sich sichtlich bemühen, einer vom Redner ausgehenden Duftwolke mit abgewandten Gesichtern zu entgehen, dürfte das seine Chancen auf Zustimmung beim Auditorium nicht unbedingt erhöhen. Gleiches gilt selbstverständlich für den Einsatz von Parfüm bei Damen.

Etwas mehr und etwas gezielter dürfen und sollen Frauen zu kosmetischen Hilfsmitteln greifen. Je nach Anlass und Inhalt der Ansprache wählt man beispielsweise den Lippenstift aus, entscheidet sich für Wimperntusche, Rouge oder auch einen dezenten Lidstrich und achtet ebenfalls explizit darauf, dass beispielsweise Schweißtropfen auf Stirn oder am Halsansatz mittels Pudereinsatz verhindert oder überdeckt werden. Verzichtet werden sollte in fast allen Fällen auf extravagante Schminke wie beispielsweise sehr dunklen Lippenstift, der entgegen häufig geäußerter Meinungen auch nicht auf Beerdigungsfeierlichkeiten angemessen wäre.

Noch ein wenig bedeutsamer für einen gelungenen Auftritt ist die Wahl der passenden Kleidung. Um hier richtig zu liegen, bedarf es in allen Fällen einer kurzen, aber präzisen Analyse von Anlass, Ort und Zeitpunkt der Rede sowie des erwarteten Publikums.

Generell gilt die Faustregel: Je wichtiger der Anlass, desto konservativer die Kleidung, je bedeutsamer der Ort, desto feierlicher das Outfit, je anspruchsvoller das Publikum, desto zurückhaltender der eigene

Stil. Auf der Bilanzpressekonferenz eines börsennotierten deutschen Unternehmens beging ein führender Manager unlängst den Kardinalfehler, auf eine Anfrage eines Anteilseigners zu antworten, ohne sich sein zuvor abgelegtes Jackett wieder anzuziehen. Seine Ärmel waren aufgekrempelt, die Krawatte deutlich sichtbar gelockert. Das öffentliche Echo auf seine an und für sich durchaus seriöse Replik fiel verheerend aus: „Schnoddrig" sei der junge Mann aufgetreten, „arrogant" habe er gewirkt und seine „Hemdsärmeligkeit" sei dem Anlass nicht angemessen gewesen. Auf den Inhalt seiner ausführlichen Antwort ging der Berichterstatter kaum ein – der Äußerlichkeit wurden hingegen gleich drei Zeilen gewidmet. Auch so kann man sich seinen Ruf also ruinieren.

Für Frauen und Männer gilt mittlerweile, dass man mit Hosenanzug oder Anzug in aller Regel kaum etwas falsch machen kann. Diese beiden Elemente haben den großen Vorteil, dass man sie in Nuancen verändern kann, sodass der Gesamteindruck sich zwar anpasst, niemals jedoch wirklich schlecht wird. Ein Beispiel: Wenn ein Politiker im Bundestag spricht, wird er sein Sakko tragen, die Krawatte wird ordentlich gebunden sein. Wenig später taucht er dann in seiner Fraktion auf und muss seine Kollegen von einem Entschluss überzeugen. Hier ist er unter politisch Gleichgesinnten, hier sind Freunde und Kollegen vertreten, aber möglicherweise auch Neider und Rivalen. Hat er sich im Bundestag noch souverän und staatstragend präsentieren müssen, so muss er nun überzeugend und kämpferisch wirken. Wird ihm bei einer Rede im großen Plenarsaal Nervosität noch verziehen, so kann sie ihm hier sinnbildlich um die Ohren gehauen werden. In seinem Kleidungsstil muss er diesen geänderten Anforderungen Rechnung tragen: Nach wie vor trägt er das Sakko, doch nun sind alle Knöpfe offen, die Krawatte ist weg, die beiden obersten Knöpfe des Hemdes stehen offen. Das Signal ist klar: Ich bin zwar hier, um mit euch zu sprechen, doch das ist keine steife, offizielle Veranstaltung, sondern ich bin einer von euch und kämpfe um eure Unterstützung. Das noch immer getragene Sakko – der insgesamt also korrekt sitzende Anzug – ist jedoch ebenfalls eine unmissverständliche Botschaft: Bis hierher und nicht weiter – ich bin wichtig, ich bin kampfbereit, ich bin aufmerksam. Der Anzug dient also sozusagen als flexible Rüstung und als Allzweckwaffe, um Stimmungen zu vermitteln.

Mit dem Hosenanzug verhält es sich etwas komplizierter, denn dessen Oberteil auszuziehen gilt in (fast) allen Lagen als zumindest ungewöhnlich. Wer hätte Angela Merkel je nur mit Anzughose und Bluse gesehen – das Bild vom „Mütterchen" würde schnell die Runde machen. Frauen haben stattdessen die Möglichkeit, mit der Wahl ihrer Farben auf die Gegebenheiten zu reagieren, denn während bei Männern schon Taubenblau als Geschmacksverirrung gilt, können Frauen der tristen Palette von Grau, Schwarz und Anthrazit ohne Weiteres mit rötlichen, grünen oder pastellfarbenen Tönen entfliehen. Dies gilt jedoch ausdrücklich nicht für das Business-Kostüm, bestehend aus Rock, Bluse und Jacke. Hier wird zu viel Farbe häufig als irritierend empfunden, hier sollte man sich keine Abweichungen von der zwar nicht sehr spannenden, aber immer passenden grauen (Rock und Jacke) und weißen (Bluse) Norm erlauben, will man nicht als „leicht exotisch" oder „extrovertiert" gelten.

Selbstverständlich jedoch gibt es auch zahlreiche Gelegenheiten, bei denen die konservative Kleidung eher hinderlich als von Nutzen ist. Wenn Sie beispielsweise als Vereinsfunktionär bei der Jahreshauptversammlung im Sportheim sprechen sollen, dann nähme man Ihnen Anzug und Krawatte meistens sogar eher übel. „Das ist keiner von uns", würde dann durch die Köpfe geistern und – noch schlimmer – „da will sich einer wichtig machen". Bei solchen halb-privaten Gelegenheiten sollte man sich der Umgebung möglichst anpassen, sollte nicht auffallen, um nicht reinzufallen. Doch schon bei Preisverleihungen oder Feiern zu runden Geburtstagen, bei Eröffnungsansprachen oder der Verabschiedung langjähriger Mitarbeiter oder Kollegen ist wieder der konservative Look angesagt – selbst dann, wenn diese jeweiligen Veranstaltungen einen halbwegs privaten Charakter haben, denn diese Art der Kleidungswahl signalisiert etwas, was dem jeweils Angesprochenen, den Geehrten oder auch dem Publikum insgeheim immer wichtig ist: Respekt.

Spicken erlaubt: Monitor, Blätter oder Kärtchen

Ungeübte Redner verwechseln häufig Kreativität mit unnötigem Risiko. Soll heißen: Sie stürzen sich ohne jedes Netz und doppelten Boden in ihre Ansprache – vertrauen darauf, dass ihnen schon genügend einfallen wird, wenn sie erst einmal ins „Rollen" gekommen sind.

Nun, das kann schon sein. Es gibt redegewandte Menschen – Lehrer und Dozenten gehören schon von Berufs wegen dazu –, die nur leicht angestupst werden müssen und schon zum rhetorischen Wasserfall mutieren. Allerdings, und dies sei auch den Studienräten und Professoren ins Stammbuch geschrieben, kommt es stets auf die Situation an. Vor Schülern und Studenten zu sprechen ist aus der Position des Lehrenden vergleichsweise einfach. Schließlich wird da nur selten hinterfragt, nur selten gezweifelt und wohl nur auch höchst selten wirklich konzentriert hingehört. Im Falle einer offiziellen Rede vor einem erwachsenen, gleichberechtigten Publikum verschieben sich die Kräfteverhältnisse allerdings. Der Redner ist nicht unbedingt der „Überlegene", sondern für viele hungrige „Raubtiere" im Saal eher das Opfer, das man ganz gerne bei einer kleinen Schwäche ertappen würde und das man anschließend gern und laut kritisiert. Das Wissen um diese ach so menschlichen Reaktionen ist schließlich mit verantwortlich für das ein wenig später ausführlich beschriebene Lampenfieber.

Wenn wir also davon ausgehen, dass im Publikum stets „Hyänen" sitzen, denen Sie die Freude eines Ausrutschers Ihrerseits eigentlich nicht machen wollen, wenn wir weiter davon ausgehen, dass Sie nicht zur kleinen Minderheit der begnadeten Volksredner gehören und wenn wir drittens noch davon ausgehen, dass Sie mit Ihrer Ansprache ein bestimmtes Ziel verfolgen oder zumindest einen bestimmten Inhalt im Kopf haben – wenn wir von all diesen Selbstverständlichkeiten ausgehen, dann kommen wir um eine sinnreiche Stütze für Ihre Gedanken und Worte nicht aus.

Wie kann eine solche Stütze aussehen? Grundsätzlich gilt: Erlaubt ist, was gefällt. Sie können sich die wichtigsten Etappen Ihrer Rede in unleserlicher Sauklaue auf Butterbrotpapier kritzeln oder einen fünfseitigen Computerausdruck mit farbig unterlegten Betonungsregeln benutzen – letztlich müssen ja einzig und allein Sie selbst damit zurechtkommen. Lassen Sie uns an dieser Stelle nun die gängigsten Methoden mit ihren jeweiligen Vor- und Nachteilen beleuchten.

Der Schmierzettel

Ein Schmierzettel ist für diejenigen der letzte Rettungsanker, die kurzfristig aufgefordert werden, eine Ansprache zu halten. Aber auch große Geister mit einem Sinn für das kreative Chaos bevorzugen diese Variante der Gedankenstütze. Am sinnvollsten gestalten Sie diesen Zettel, indem Sie lediglich den eigentlichen Einstieg (die Begrüßung) wörtlich notieren und sich dann von einem Stichwort zum nächsten hangeln.

TIPP

Es besteht auch die Möglichkeit, zwischen die einzelnen Stichworte auf einem Schmierzettel Pfeile hineinzumalen, um sich eventuelle Sinnzusammenhänge ins Gedächtnis zu rufen und damit die Freiheit für Querverweise oder Abschweifungen nehmen zu können.

Ein Beispiel, wie ein Schmierzettel aussehen könnte:

Lieber Franz, liebe Edith, liebe Eltern und Schwiegereltern,
hoch geschätzte Freunde und Verwandte des Brautpaares

Franz Jugend → *Seifenkistenchampion*

Edith Jugend → *Berufswunsch Ärztin*

Kennenlernen → *Uni (Mensa)* → *Franz isst gerne*

Zusammenziehen

Einladung zur Hochzeit → *Trauzeuge* → *Schreck*

Alles Gute, Kinder → *Freunde bleiben*

Soooooo – das könnte auf einem guten Spickzettel stehen, den der Trauzeuge für seine obligatorische Rede auf der Hochzeitsfeier braucht. Er hangelt sich also von Wort zu Wort und füllt lediglich die Zwischenräume. Die ersten Sätze nach der Begrüßung könnten beispielsweise folgendermaßen lauten:

„*Edith, ich weiß nicht ganz sicher, ob du dir darüber im Klaren bist, wen du dir da geangelt hast. Ich kenne den Franz schon seit seiner frühesten Jugend, habe mit ihm den Spielplatz unsicher gemacht und bin gegen ihn im Seifenkistenrennen angetreten. Dabei war er immer ein recht wilder Bub und außerdem wollte er immer gewinnen, was ich sehr gemein fand, weil ich doch auch immer gewinnen wollte. Gerade beim Thema Seifenkisten muss ich allerdings zugeben, dass er den Sieg mehr verdient hatte als ich, weil seine Konstruktion einfach viel ausgefeilter war. Da hat der Franz ja auch tagelang getüftelt, bis er dieses futuristische Gerät, das wie eine Kreuzung aus Spaceshuttle und Essiggurke aussah, entworfen hatte. Du hingegen, liebe Edith, warst – so behaupten es deine Eltern – ein braves Mädchen und wolltest schon frühzeitig Ärztin werden …"*

Sie haben es bemerkt? Der Sprecher hat sich von einem Stichwort zum anderen gehangelt und die Zwischenräume wortreich gefüllt. Die Vorteile dieses Systems liegen auf der Hand: Es ist viel Platz für spontane Ideen, für Ergänzungen, Ausschmückungen und Witziges. Allerdings gibt es auch etliche Nachteile beim Schmierzettel, die vor allem der ungeübte Redner bedenken muss. Erstens ist es sehr schwer, die Kontrolle über die Länge der Rede zu behalten. Zweitens kann es durchaus passieren, dass man beim Entwerfen des Spickzettels noch ganz genau wusste, mit welchen Episoden oder Erlebnissen man die besagten Zwischenräume füllen will, und während des Vortrags geht plötzlich ein schwarzer Vorhang vor dem geistigen Auge nieder, der dazu führt, dass man sich plötzlich überhaupt nicht mehr daran erinnern kann, was man an dieser Stelle eigentlich sagen wollte. Das kann ein peinlich langes „Ääääh" werden. Drittens – und auch das sollten Sie bedenken – ist es natürlich nicht einfach, stets den richtigen Ton zwischen den Stichworten zu treffen. Gelungenes freies Sprechen beinhaltet nämlich auch, dass man häufige Wortwiederholungen vermeidet, dass man Sätze nicht oder nur selten mit „Ich" beginnt, dass man keine plumpen oder peinlichen Witze reißt, dass man Blickkontakt mit den Angesprochenen hält und so weiter und so fort. Reicht Ihnen ein Spickzettel, um auf all diese Einzelheiten zu achten?

FAZIT

Ein Schmier- oder Spickzettel ist keine ideale Lösung, bietet sich aber dann an, wenn Sie wenig Zeit für die Vorbereitung haben und/oder ein kreativer Redner sind. Er ist in jedem Fall eine bessere Stütze als gar keine Stütze.

Die Karteikarten

Vor allem bei Moderatoren im Fernsehen – bei denen, die nicht vom Teleprompter ablesen wollen – sind Karteikarten sehr beliebt. Auf diesen sind kurze Begrüßungen, Anreden, Stichworte zu den persönlichen Verhältnissen der Befragten oder der Kandidaten oder einfach auch sinnvolle Interviewfragen notiert. Man kann Karteikarten aber auch als „Bausteine" für eine gelungene Ansprache benutzen. Auch dieses „Bausteine-System" wollen wir einer eingehenden Betrachtung unterziehen.

Sinnvoll sind Karteikarten dann, wenn ihr Benutzer bereits über eine gewisse Erfahrung mit Reden und Ansprachen verfügt. Das heißt, er kennt die Fallstricke und Tücken, er weiß, wo er leicht ins Straucheln gerät, und er hat sich ein gedankliches Konzept zurechtgelegt. Übrigens: Die Karten sollten stets liniert sein. Wenn dies alles passt, könnte auf den ersten drei Karteikarten ungefähr Folgendes stehen:

Karte 1:
Überschrift: *Begrüßung und Einleitung*
Zeile 1 und 2: *Liebe Edith, lieber Franz, liebe Eltern des Brautpaares, liebe Gäste,*
Zeile 4: *Ich wurde als Trauzeuge gebeten ...*
Zeile 6: *Hoffe auf Nachsicht bei kleinen Patzern*

Karte 2:
Überschrift: *Edith*
Zeile 1: *Ediths glückliche Jugend (zwei Schwestern, manchmal Streit)*
Zeile 3: *Schulische Erfahrungen (immer unter den Besten – keine Streberin)*
Zeile 5: *Erster Berufswunsch mit 15: Ärztin (Helfen, Papa, Einkommen)*
Zeile 7: *Sportliche (gesellschaftliche) Erfolge (Tennis, Reiten)*

Karte 3:
Überschrift: Franz
Zeile 1: Franz glückliche, wilde Kindheit (Seifenkistenrennen, Hund „Rex")
Zeile 3: Schulische Laufbahn (nicht immer reibungslos – Verweise, Ehrenrunde)
Zeile 5: Sportliche Laufbahn (Fußball), lange ohne Berufswunsch
Zeile 7: Ausbildung zum Industriemechaniker, eigenes Auto (stolz)

Das System ist damit klar, oder? Auch hier gilt es – wie schon beim Schmierzettel –, Stichworte zu notieren. Der wichtigste Aspekt ist dabei, dass Sie selbst bei diesen Stichworten stets ein Bild oder einen dazu passenden Text vor Augen haben, der sich praktisch wie von selbst spricht.

TIPP
Bitte achten Sie auch darauf, dass zwischen den einzelnen Zeilen jeweils mindestens eine Zeile Abstand ist, denn so ist das Risiko, in der Zeile zu „verrutschen" und damit womöglich einen logischen Anschluss zu verpassen, wesentlich geringer.

Der Text für diesen ersten Teil der karteikartengestützten (was für ein Wort) Rede könnte folgendermaßen lauten:

Begrüßung – siehe Karte 1.

„Ich wurde als Trauzeuge gebeten, ein paar passende Worte zu diesem Ereignis zu sagen und natürlich mache ich das gerne, obwohl ich wirklich kein geübter Redner bin. Sollte ich mich also versprechen oder den Faden zwischendurch ein wenig verlieren, so hoffe ich auf Nachsicht.

Wenn wir heute Edith und Franz als Hochzeitspaar betrachten, lohnt sich sicherlich auch ein kleiner Rückblick in die Jugend der beiden. Ediths Kindheit darf man *wohl als glücklich bezeichnen, auch wenn es mit ihren beiden Schwestern Silke und Iris nicht selten kleinere und größere Auseinandersetzungen gab. Immerhin wirkten sich diese kleinen häuslichen Konflikte niemals auf die Schule aus, denn da gehörte Edith — laut Aussage ihrer Eltern — immer zu den Besten, ohne jemals eine Streberin zu sein. Schon mit 15 Jahren wusste sie, dass sie Ärztin werden will. Erstens weil sie gerne anderen hilft, zweitens weil auch der Papa Mediziner war und drittens weil man dann ein ordentliches Einkommen hat. Auf dem glatten Gesellschaftsparkett bewegte sich Edith schon frühzeitig recht gewandt, konnte sie doch über Erfolge beim Reiten und im Tennis erste Erfahrungen mit öffentlichen Auftritten sammeln.*

Solche Erfahrungen kann Franz zwar kaum aufweisen, denn als leidenschaftlicher Seifenkistenrennfahrer lernt man nicht unbedingt Gesellschaftstänze, sondern eher den Umgang mit Schraubenzieher und Schmieröl. Zusammen mit Promenadenmischung Rex bildete Franz in seiner Kindheit ein ob seiner unberechenbaren Wildheit gefürchtetes Duo, auch wenn es nur ein Gerücht ist, dass die Lehrer sein mangelndes Interesse an schulischen Dingen nur aus Angst vor diesem großen Hund nicht härter bestraften.

Erfolgreicher als in der Schule war Franz in jenen Jahren auf dem Fußballplatz ..."

Wie Sie sicherlich bemerkt haben, unterscheidet sich das Karteikartensystem nicht sonderlich von dem des Schmierzettels. Der Redner hangelt sich von Karte zu Karte und füllt die Zwischenräume mittels seiner eigenen rhetorischen Kreativität. Die Nachteile sind klar: Es können jederzeit „Lücken" entstehen — also Momente, in denen dem Redner partout nicht einfallen will, was er zwischen dem Hund Rex und dem Fußball eigentlich sagen wollte. Auch besteht natürlich die Gefahr von Wiederholungen, denn wenn Sie selbst viele Übergänge spontan gestalten müssen, kommt es oft zu ständig gleichen Satzanfängen. „Aber", „Und", „Doch" oder „Wie gesagt" sind solche Floskelfallen, die auf den Zuhörer nach kurzer Zeit gleichermaßen irritierend wie ermüdend wirken können.

Das Karteikartensystem hat aber natürlich auch Vorteile. Zum einen obliegt es ganz allein Ihnen, wie viel Sie tatsächlich auf den Karten notieren. Das Beispiel, das Sie soeben gelesen haben, beinhaltete lediglich Stichworte, doch zumindest theoretisch spricht nichts dagegen, dass Sie sich ganze Sätze, ganze Überleitungen oder auch wichtige Pointen wörtlich niederschreiben. In einem solchen Fall brauchen Sie lediglich etliche Karten mehr, was wiederum die Gefahr mit sich bringt, diese durcheinanderzubringen. Aber das lässt sich zweifellos meistern.

TIPP

Die ganze Rede auf Karten zu notieren ist falsch. Wenn dies ein Redner tut, gerät er meistens ins Leiern, da er bei jedem Kartenwechsel eine Atempause macht, diese sehr regelmäßig geraten können und somit eine monotone Wellenbewegung ins Sprechen Einzug hält.

Der wichtigste Vorteil des Karteikartensystems liegt allerdings im motorischen Bereich. Wir kommen im nächsten Kapitel noch einmal ausführlich auf die Körpersprache des Redners zu sprechen, aber schon an dieser Stelle sei darauf verwiesen, dass es vor allem für den ungeübten Sprecher extrem schwierig ist, richtig zu stehen und nicht „linkisch" zu wirken. Beim Versuch, möglichst lässig zu erscheinen, sehen die meisten Menschen nämlich extrem verkrampft aus, und sehr viele haben das Problem: „Wohin mit meinen Händen?" Genau dafür sind Karteikarten ideal. Sie halten den Stoß zu Beginn in einer Hand und mit der anderen Hand müssen Sie während der Ansprache immer wieder blättern. Das ist notwendig und wirkt schon deshalb vollständig natürlich und sogar professionell. Trotzdem: Üben Sie den

Umgang mit Karteikarten ruhig ein paar Mal vor dem Spiegel. Schaden kann's nicht.

FAZIT

Karteikarten sind zwar nicht jedermanns Sache, aber vor allem für diejenigen, die zwar viel vor Publikum sprechen müssen, dies aber eigentlich gar nicht gerne tun, ideal. Die Karten beugen Verkrampfungen vor und führen einigermaßen sicher durch den Text.

Das Manuskript

Ein komplettes Redemanuskript? Mit der vollständigen Ansprache, gut lesbar, am Computer geschrieben und womöglich von einem Farblaserdrucker ausgedruckt? Das muss für jeden Redner doch ideal sein, oder?

Antworten wir wie Radio Eriwan: „Im Prinzip schon, aber …" Denn auch das Manuskript hat etliche Tücken, auf die nachher noch näher eingegangen werden soll. Zunächst jedoch wollen wir beleuchten, für welche Fälle ein Manuskript angebracht ist und wie es aussehen sollte.

Ein komplettes Redemanuskript verwenden Sie dann, wenn Sie viel Zeit für die Vorbereitung haben. Dabei geht es nicht nur darum, dass der Text schließlich getippt werden muss, sondern auch um die notwendigen Korrekturen und Überarbeitungen und das Probelesen vor dem Spiegel. Denn – und das ist bereits ein Nachteil des Manuskriptes – wenn die Zuhörer merken, dass Sie die komplette Ansprache vor sich liegen haben und ablesen können, werden Versprecher wesentlich weniger toleriert. Denken Sie daran: Der Mensch ist dem Mensch ein Wolf.

Ein Redemanuskript bedarf also einer gründlichen Vorbereitung. Angebracht ist es vor allem dann, wenn diese Rede für Ihre berufliche oder persönliche Zukunft wichtig ist oder eine immense Bedeutung für jemanden hat, über oder für den Sie sprechen. Dann nämlich sollten Ihnen wirklich keine Patzer unterlaufen, weder dass Sie etwas falsch betonen noch dass Sie sich verhaspeln oder gar etwas vergessen. Viele Zahlen im Verlauf einer Rede, eine Aneinanderreihung wichtiger Fakten, eine Beweisführung, Würdigung verdienter Personen, wichtige Ehrungen oder auch Rückschauen auf Leben und Wirken bedeutender Personen – derartige Anlässe schreien geradezu nach einem ordentlichen Manuskript.

Der Beginn eines Manuskripts birgt keine Überraschung, sondern die Anrede und Begrüßung. Im Gegensatz zum Schmierzettel und den Karteikarten geht es jedoch nun mit vollständigen, ausformulierten Sätzen weiter – Halbsätze, Pfeile oder geklammerte Querverweise sind tabu, weil Sie irritieren könnten und damit lediglich für unnötige Unterbrechungen des Redeflusses sorgen.

Wenn Sie schon ein Manuskript verfassen, sollten Sie auch alle Möglichkeiten nutzen, die Sie dabei haben. Das bedeutet: Unterstreichen Sie Worte, die Sie betonen möchten, oder markieren Sie diese farbig. Wenn Sie Sprechpausen einlegen wollen, können Sie auch diese einzeichnen – beispielsweise mit dem folgenden Zeichen: (…). Noch leichter wird es, wenn Sie sich kursiv und fett ein **PAUSE** an die entsprechende Textstelle setzen. Derartige Regieanweisungen sind Standard bei professionellen Redenschreibern – mit ein bisschen Übung werden Sie die entsprechenden Einschübe für sich persönlich auch herausfinden. Deshalb an dieser Stelle nur ein paar kurze Beispiele:

Drei-Sekunden-Pause
Blick in die Runde
Handbewegung zu Franz

Lauter
Beschwichtigende Geste
Atempause

Wichtig ist auch, dass Sie große Buchstaben verwenden und dass zwischen den Zeilen genügend Abstand ist. In den Zeilen zu verrutschen und dann panisch nach dem tatsächlichen Anschluss suchen zu müssen, ist nämlich ein echter Albtraum. Bei einem Standard Word-Programm ist die Schriftgröße 16 angebracht und der doppelte Zeilenabstand. Auch hierfür das obligatorische Beispiel, anhand dessen Sie gleich überprüfen können, ob dies für Ihre Sehstärke angebracht ist. Legen Sie das Buch vor sich auf den Tisch, stehen Sie auf und lesen Sie dann die folgenden Zeilen:

Sehr geehrte Damen und Herren,
es ist mir eine große Ehre und eine
tief empfundene Freude, Sie
anlässlich unserer heutigen
Präsentation zu begrüßen.

Wenn Sie diese Zeilen gut lesen konnten, stimmt die Größe für Sie – wenn nicht, spricht nichts dagegen, eine noch größere Schrift zu verwenden.

Die Vorteile eines kompletten Manuskriptes sind offensichtlich: Sie halten eine Rede, deren Verlauf Sie zuvor genau festgelegt haben. Sie können rhetorisch auf ein Ziel hinsteuern, ohne Angst haben zu müssen, sich zwischenzeitlich zu „verirren". Sie haben – bei gründlicher Vorbereitung – unnötige Wortwiederholungen und das Herunterbeten der immer gleichen Floskeln vermieden und haben die absolute Kontrolle über die Länge Ihrer Ansprache – vorausgesetzt, Sie haben zu Hause laut geprobt und behalten Ihren dort eingeübten Sprechrhythmus einigermaßen bei.

TIPP

Begnügen Sie sich beim Einstudieren Ihrer Ansprache nicht mit dem Spiegel als Kritiker. Denn das Schreiben eines längeren Textes birgt auch das Risiko, dass man den Wald vor lauter Bäumen nicht sieht. Im Klartext: Ein Satz, der Ihnen beim Schreiben und anschließend auch beim Durchlesen völlig klar und logisch erscheint, könnte andere verständnislos zurücklassen oder überfordern. Deshalb: Ehefrau oder Ehemann, Partnerin oder Partner oder zur Not auch die beste Freundin oder der alte Kumpel – irgendein „Opfer" findet sich schon.

Allerdings hat ein vollständiges Redemanuskript auch durchaus seine Nachteile. Vor allem ungeübte Redner nämlich geraten sehr leicht in die Versuchung, einfach stur auf die Blätter zu starren und die Ansprache Wort für Wort vorzulesen. Doch „lesen" ist nicht gefragt – damit eine Rede wirkt, muss sie „gesprochen" werden. Sie braucht Atem- und Sinnpausen, Augenblicke der Betonung, dramatische Momente, humorvolle Ausflüge. All dies sollte durch Ton, Mimik und Gestik des Sprechenden erreicht werden – einem „Vorleser" bleibt dies versagt. Die vormals bereits erwähnten Regieanweisungen können helfen – vorausgesetzt, man kann mit ihnen umgehen. Ansonsten empfiehlt sich für ein Redemanuskript: Üben, üben und nochmals üben – Tempo, Sprechrhythmus und Betonungen werden nur durch häufige Wiederholungen perfektioniert.

FAZIT

Das Manuskript ist eine aufwändige und übungsintensive Angelegenheit – kann aber sowohl für den Profi als auch für den laienhaften Redner ungeheuer nützlich sein. Auch hier gilt es, nach dem jeweiligen Anlass abzuwägen.

Spieglein, Spieglein ...: Das Training der richtigen Körperhaltung

Stimme, Artikulation und Betonungen sind Dinge, die unmittelbar mit dem wichtigsten „Mittel" des Redners zusammenhängen – mit der Sprache. Um aber dem Vortrag zu einem guten Gesamteindruck zu verhelfen, sollten wir unser Augenmerk auch auf die Körperhaltung richten.

An dieser Stelle möchte ich an unsere mehr oder weniger entfernten Artverwandten, die Affen, erinnern. Wenn ein Gorilla wütend ist, stellt er sich auf und trommelt eventuell sogar mit den Fäusten auf seiner gewaltigen Brust herum. Wieso tut er das? Nun, er will mit dieser aggressiven Haltung den Eindruck von Macht und Stärke vermitteln und seinem Gegenüber drohen: „Komm her, du Wurm – ich bin stärker als du und hab keine Angst vor dir". So oder so ähnlich können wir diese „tierische" Geste deuten.

So sehr unterscheiden wir Menschen uns gar nicht vom Gorilla. Auch wir demonstrieren mit unserer Körperhaltung unsere Emotionen – auch wenn wir uns dessen zumeist gar nicht mehr bewusst sind. Bestenfalls althergebrachte Redewendungen wie „den Kopf hängen lassen", „den Kopf einziehen" oder „Brust raus – Bauch rein" erinnern uns noch daran. Tatsache ist jedoch: Auch wenn wir mit unserem

Körper Signale aussenden, derer wir uns selbst gar nicht mehr bewusst sind, haben diese Signale eine kommunikative Wirkung. Das bedeutet, dass unser Gegenüber diese Körpersprache zwar ebenfalls meist nicht intellektuell registriert, dass er sein Verhalten und seine Reaktionen jedoch zu einem Gutteil davon abhängig macht. Sehr deutlich wird uns dies, wenn wir erschreckt werden. Wir biegen um eine Ecke, rechnen mit keinerlei Störung und plötzlich macht irgendein Scherzkeks, den wir vorher nicht gesehen haben, ganz laut „Buuh". Instinktiv verkrampft sich unser Körper, wir ziehen den Kopf zwischen die Schultern und zucken zusammen – ein klares Signal für „Angst durch Schock". Der Witzbold hat damit sein Ziel erreicht und lacht uns aus. Wir sind der Verlierer in diesem Augenblick und können nur darauf hoffen, es ihm irgendwann einmal heimzahlen zu können.

Nun stellen wir uns vor, wir müssten eine Rede vor Publikum halten (darum geht es schließlich in diesem Buch). Wodurch, durch welche körperlichen Signale, könnten wir zum Verlierer werden? Womit zeigen wir Unsicherheit, Schwäche, Nervosität, Machtlosigkeit?

- Wir stehen oder sitzen leicht geknickt, der Brustkorb ist etwas eingefallen.
- Wir neigen dazu, die Schultern nach oben zu ziehen.
- Wir beanspruchen möglichst wenig Platz. Arme und Beine bleiben dicht am Körper.
- Wir lassen unseren Blick schweifen und vermeiden direkten Augenkontakt.
- Wir lächeln häufig unsicher in die Runde.

All dies sind Signale, die unserem Gegenüber – in diesem Fall dem Publikum – eindeutig zu verstehen geben: „Eigentlich will ich hier nicht stehen (sitzen), fühle mich dem nicht gewachsen, habe Angst und bin nervös." Nun gibt es natürlich Zuhörer, die Ihnen durch Höflichkeit die Angst nehmen, und Sie können sich im Laufe Ihrer Rede spürbar entspannen und an Selbstsicherheit gewinnen. Die Regel ist dies jedoch nicht. Normalerweise nämlich ist der Redner in einer derart exponierten Stellung, dass er automatisch als eine Art „Beutetier" gilt. Schließlich präsentiert er sich quasi auf dem Silbertablett – wenn er dann keine Stärke zeigt, ist er für den als Raubtier geborenen Mitmenschen praktisch ein „Opfer". Mitleid zu erwarten wäre also ein Fehler – versuchen Sie stattdessen lieber, Stärke und Macht zu demonstrieren. Dass dies in erster Linie eine Täuschung des Publikums darstellt, spielt dabei keine Rolle. Der Mensch hat einen Großteil seiner Instinkte verloren – Sie können sich relativ sicher sein, dass keines der „Raubtiere" noch in der Lage ist, Ihren eventuellen Angstschweiß zu erschnuppern. Beherzigen Sie also die folgenden Tipps – und zwar von dem Moment an, in dem man Sie als Redner auserkoren hat oder Sie sich selbst zu einer Ansprache entschlossen haben:

- Machen Sie sich niemals unnötig klein. Strecken Sie den Rücken durch, halten Sie sich möglichst gerade und achten Sie darauf, dass Sie die Schultern nicht hochziehen.
- Nehmen Sie den Blickkontakt zu Ihren Zuhörern ruhig und gefasst auf. Wenn Ihnen jemand direkt in die Augen schaut, vermeiden Sie schnelles Weggucken oder jähes „Zu-Boden-Gucken".
- Seien Sie freundlich, aber „buckeln" Sie nicht. Betteln Sie nicht um Verzeihung nach einem Versprecher – versuchen Sie nicht, durch ein unsicheres Lächeln zu beschwichtigen.
- Lehnen Sie sich beim Sprechen nicht zurück. Nehmen Sie auf keinen Fall den Oberkörper nach hinten oder zur Seite und blicken Sie das Publikum dann praktisch über die Schulter hinweg an. Dies wirkt ungemein defensiv.
- Wenn Sie „offen" stehen (also nicht hinter einem Rednerpult), bemühen Sie sich um eine gerade, aber nicht verkrampfte Haltung. Legen Sie auf keinen Fall den Kopf schief und stehen Sie nicht „stramm". Eine zu „symmetrische" Haltung wirkt sehr unsicher – stellen Sie lieber ein Bein leicht vor das andere.

■ Wenn Sie Sicherheit demonstrieren wollen, dürfen Sie als Mann eine Hand in die Hosentasche stecken und mit der anderen sparsam gestikulieren. Aber Vorsicht: Man könnte Ihnen dies auch als Arroganz auslegen. (Für Frauen ist dies – auch wenn sie Hosen tragen – höchst verpönt. Sorry, meine Damen!)

■ Bitte *niemals* die Arme vor der Brust verschränken und die Rede beginnen. *Das* wirkt ganz sicher arrogant.

■ Die Hände hinter dem Rücken zu verschränken kann hilfreich sein, wenn Sie sich während der Rede einige Schritte bewegen. Aber achten Sie darauf, dabei nicht zu stolzieren. Ansonsten wirkt diese Haltung auf Dauer sehr verwundbar und verlegen.

■ Wenn Sie ein Karteikärtchen haben, um darauf Stichworte abzulesen, zeigen Sie es dem Publikum. Nicht „verstecken" und dann im Bedarfsfall hastig hervorholen. Halten Sie es ruhig in der hängenden Hand.

■ Auf ein Rednerpult dürfen Sie sich mit den Händen oder den Unterarmen aufstützen. Achten Sie jedoch immer darauf, dass Ihr *ganzes* Gesicht dem Publikum zugewendet ist. Den Hals also gerade halten.

■ Wippen Sie möglichst nicht auf der Stelle. Auf Dauer wird das Ihren Sprechrhythmus ungut beeinflussen und die Zuhörer schläfrig machen.

■ Dosieren Sie Ihre Gesten sparsam. Weitausholende Armbewegungen sind nur bei rhetorischen Höhepunkten angebracht – ansonsten wirken sie eher pathetisch.

■ Trommeln Sie nicht mit den Füßen und kneten Sie nicht Ihre Finger. Auch dies sind Unsicherheitszeichen. Dies gilt auch für ständiges Herumspielen mit Krawatte, Brille oder Brosche.

Wahrscheinlich ist es ganz unmöglich, sich alle diese Ratschläge im entscheidenden Moment ins Gedächtnis zu rufen. Deswegen sollten Sie sich diese Liste jetzt einmal zur Hand nehmen und sich selbst im

Spiegel überprüfen. Wählen Sie die Haltung, die Ihnen so bequem wie möglich erscheint, und beachten Sie dabei, dass es auf „Natürlichkeit" nicht in erster Linie ankommt. Wenn Sie im „normalen" Leben dazu neigen, eher ein wenig krumm zu gehen, so wird Ihnen eine gerade Körperhaltung vielleicht im ersten Moment lächerlich vorkommen. Das Publikum jedoch merkt davon nichts – wenn Sie nur einigermaßen entspannt wirken, wird es diese „Demonstration gelassener Stärke" anstandslos akzeptieren.

Die richtige Atmung: Keuchen streng verboten

Bevor wir uns mit der richtigen Atmung beschäftigen, seien Ihnen noch einige grundsätzliche Gesichtspunkte ans Herz gelegt. Unsere Stimme ist ein Instrument – ein Instrument, dessen Grundstrukturen wir zwar beherrschen, das wir in den meisten Fällen jedoch noch längst nicht ausgereizt haben. Oder würden Sie sagen, dass der Pianist, der „Alle meine Entchen" spielen kann, schon als Klaviervirtuose bezeichnet werden darf? Mit einer angenehmen Stimme und einem lebendigen Vortrag verleihen wir den Inhalten unserer Sätze Überzeugungskraft.

Die Voraussetzung für das „richtige" Sprechen ist in erster Linie die „richtige" Atmung. Dabei sollten Sie stets berücksichtigen, dass der Zuhörer einer Rede sich unbewusst und automatisch auf die Atmung des Sprechers konzentriert und sich im Verlauf einer Ansprache sogar darauf einstellt. Die so genannte „Langatmigkeit" kann also zur Folge haben, dass der Zuhörer rascher ermüdet und in seiner Aufmerksamkeit spürbar nachlässt. Im entgegengesetzten Fall – wenn der Redner also „hektisch nach Luft schnappt" – wird auch der Zuhörer automatisch in einen schnelleren Atemrhythmus verfallen, der ebenfalls dazu angetan ist, die Konzentration auf das Gesagte zu vermindern und müde zu machen. Deswegen sollten Sie sich die folgenden drei Kriterien zum Thema „Atmung" möglichst verinnerlichen: Erstens: Atmen Sie schnell, aber nicht hektisch. Zweitens: Atmen Sie möglichst geräuschlos und drittens: Atmen Sie möglichst mühelos.

Zugegeben – das klingt leichter, als es ist, aber mit den beiden folgenden Übungen können Sie sich selbst überprüfen und anschließend auch spürbare Verbesserungen erreichen.

Übung 1: Die Zählübung

Zählen Sie laut und deutlich von eins bis 25. Achten Sie dabei darauf, dass Sie die Zahlen zwischen zwölf und 25 deutlich aussprechen. Sie sollen nicht wie „vierz'n" klingen, sondern wirklich wie „vierZ E H N", und die Zahl 23 sollte sich nicht wie „drei'nzwanzich", sondern wirklich wie „DreiUNDzwanziG" anhören. Wiederholen Sie dies mehrmals und gewöhnen Sie sich an diese Art der Aussprache. Anfangs mag sie Ihnen als übertrieben deutlich erscheinen – ab der dritten, vierten Wiederholung kommt sie Ihnen schon wesentlich natürlicher vor.

Nun ergänzen Sie diese Übung, indem Sie darauf achten, wie oft Sie beim Zählen Luft geholt haben. Ich würde schätzen, dass Sie irgendwo zwischen den Zahlen 13 und 18 eingeatmet haben und dies auch deutlich hörbar. Wenn Sie sehr schnell gesprochen haben (waren Sie trotzdem deutlich?), sind Sie vielleicht auch ganz ohne „Zwischenatmen" bis zur 25 gekommen. Anschließend jedoch waren Sie wahrscheinlich ein bisschen außer Puste. Diese Art der Atmung erfüllt jedoch nicht unsere Kriterien: mühelos, schnell und möglichst geräuschlos.

Versuchen Sie es nun auf die folgende Art: Ergänzen Sie Ihre Luft zunächst nach jeder einzelnen Zahl. Sie werden feststellen, dass Sie natürlich nicht allzu viel einatmen können, weil Sie ja bereits über einen gewissen Luftvorrat verfügen. Außerdem müssen Sie für dieses Einatmen nach jeder Zahl eine kleine Pause machen. Eins (Atmen), zwei (atmen), drei (atmen) und so weiter. Allerdings werden Sie auch feststellen, dass Sie auf diese Weise bis zum St. Nimmerleinstag zählen können, ohne jemals „geräuschvoll" atmen zu müssen.

Zum Abschluss dieser Übung schreiben Sie sich einige Sätze auf ein Blatt Papier. Achten Sie darauf, dass Sie zunächst zwei kurze Sätze und dann einen langen Satz (mit Nebensatz) zu Papier bringen. Insgesamt sollten Sie rund sechs bis neun Sätze aufgeschrieben haben. Nun lesen Sie diese Sätze und versuchen sich an der Methode der „geräusch-armen Zwischenatmung". Sie werden feststellen, dass das „Zahlen-modell" natürlich nicht auf Worte übertragbar ist. Würden Sie nach jedem Wort einatmen, hätten Sie viel zu viele Pausen im Text, und Sie würden nach einer Weile in einen geradezu monotonen Rhythmus verfallen. Allerdings bieten Sätze immer wieder „natürliche" Pau-sen, in denen Sie atmen können und sollen. Dafür bieten sich Kom-mas ebenso an wie die so genannten „wichtigen" Worte. Ein Beispiel: „Wie wir alle wissen (atmen), hat Joschi (atmen), unser Geburtstagskind (atmen), viele gute Freunde (atmen). Schön, dass alle gekommen sind (atmen). Das ist aber auch kein Wunder (atmen), denn schließlich sind Joschis Parties die besten überhaupt (atmen)." Wenn Sie diesen Satz mehrmals sprechen und sich an die vorgegebenen Atempausen halten, werden Sie mehrere Dinge feststellen. 1) Sie verfallen in einen Rhyth-mus, der Ihnen zunächst unnatürlich erscheint und machen automa-tische Pausen. 2) Das Ausatmen geschieht relativ natürlich beim Spre-chen. 3) Sie klingen ein wenig pastoral.

Während Punkt 2 natürlich erfreulich ist, darf ich Ihnen zu Punkt 1 versichern: Wenn Sie sich daran gewöhnt haben, wird Ihnen die-ser Sprechrhythmus Ruhe und Gelassenheit verleihen und auf Ihre

Zuhörer sogar sehr natürlich wirken. Zum dritten Punkt ist anzumerken, dass Sie durch diese Art des Atmens über kurz oder lang auch die Möglichkeit bekommen, Ihre Betonungen nach eigenem Gusto zu verändern, sodass der „pastorale Klang" nur eine vorübergehende Erscheinung sein wird. Probieren Sie es eine Weile und experimentieren Sie ein bisschen mit der Betonung und mit der Stimmlage. Merken Sie sich: Das richtige Atmen verleiht die Sicherheit zu Experimenten mit der Stimme.

Übung 2: Das geräuschlose Einatmen

Um das geräuschlose Einatmen zu üben, suchen Sie sich jetzt bitte eine Kerze aus dem Schrank. Zünden Sie den Docht an und halten die Kerze jetzt etwa fünf bis zehn Zentimeter vor Ihren Mund. (Bitte nicht zu dicht – könnte ein bisschen heiß werden). Formen Sie nun mit Ihren Lippen ein lang gezogenes „ooo", das deutlich zu hören sein muss. Dabei darf sich die Flamme möglichst nicht bewegen. Diese Übung verschafft Ihnen einen Eindruck davon, wie Sie durch den gezielten Einsatz Ihres Zwerchfells einen klaren Ton mit möglichst geringem Atemaufwand erzeugen können. Sie werden feststellen, dass die Flamme der Kerze nur dann nicht flackert, wenn Sie nur wenig Luft ausatmen und dabei sehr kontrolliert vorgehen. Zur Überprüfung legen Sie sich eine Hand locker auf die Bauchdecke und spüren Sie Ihr Zwerchfell. Wenn es sich beim Ausatmen ruck- oder krampfartig bewegt, haben Sie zu hastig oder zu viel eingeatmet und müssen diesen „Luftüberschuss" nun beim Ausatmen dringend loswerden. Im Klartext: Die Kerze flackert, weil Ihr Atmen „zu laut" war.

Die Stimme als Verbündeter:
Anleihen an den Ex-Kanzler

Neben Übungen zur richtigen Atmung empfiehlt es sich natürlich auch, die Stimme ein wenig zu schulen. Wir gehen dabei davon aus, dass Sie möglichst überzeugend wirken wollen und haben Ihnen dazu ebenfalls zwei Trainingsmethoden anzubieten.

Übung: Die mittlere Stimmlage

Um beim Sprechen überzeugend zu wirken, sollte die Stimme weder unangemessen hoch klingen (eine „Quietschstimme" ist häufig die Folge von Nervosität) noch unnatürlich tief. Allerdings wirkt eine vergleichsweise tiefe Stimmlage zumeist vertrauenerweckender und angenehmer.

Zumindest zu Beginn Ihrer Rede wäre die so genannte „Indifferenzlage" ideal. Diese mittlere Sprechstimmlage ist irgendwo im mittleren Drittel Ihres persönlichen Stimmumfangs angesiedelt und kann wunderbar durch eine einfache Übung „abrufbar" trainiert werden.

Dazu stellen Sie sich entspannt hin und lassen den Unterkiefer einfach nach unten hängen. (Natürlich sieht das nicht sehr intelligent aus, aber Sie müssen das ja auch nicht in aller Öffentlichkeit tun.) Die Zunge liegt dabei entspannt möglichst weit vorne im Unterkiefer und berührt fast die untere Zahnreihe. Schließen Sie nun die Augen und versuchen bei ganz geringem Luftdruck einen Ton auszustoßen, der irgendwo zwischen einem langen „Aaaaa" und „Ooooo" angesiedelt ist. Sie werden nach etwa zehn Sekunden merken, dass dieser Ton klarer wird und sich in einer bestimmten Höhe einpendelt. Damit haben Sie die Indifferenzlage gefunden. Übrigens: Je häufiger

Sie diese Übung machen, desto „vertrauter" wird Ihnen die erzeugte Stimmlage. Das heißt, Sie werden sie nach einer Weile jederzeit auf Kommando „abrufen" können.

Im Übrigen kennen Sie diese Stimmlage wahrscheinlich ohnehin, denn die meisten Menschen wählen sie in bestimmten Situationen ganz instinktiv. Aufgeregte Kinder oder bellende Hunde werden durch diese Sprechweise beruhigt. Stellen Sie sich doch einfach die folgende Situation vor: Ein Kind ist auf der Straße hingefallen, hat sich das Knie aufgeschürft und weint sehr heftig. Sie trösten das Kind mit dem schlichten Satz: „Das wird schon wieder gut". Wenn Sie nicht „zu dick auftragen", dürfte dieser Tonfall genau der richtige sein, um die Indifferenzlage aufzuspüren. (Achtung: Achten Sie darauf, dass Sie den Satz deutlich aussprechen – gegenüber Kindern verfällt man nämlich leicht in eine Art beruhigendes Nuscheln.)

Übung: Brummen und kauen

Die folgende Übung wird Ihnen noch etwas seltsamer vorkommen, doch auch hier sei uns der Hinweis gestattet, dass Sie zur Durchführung wahrscheinlich am besten Ihre absolute Privatsphäre heranziehen.

Stellen Sie sich ganz fest vor, Ihr absolutes Leib- und Magengericht auf der Zunge zu spüren. Jetzt brummen Sie mit dem Ausdruck tiefster, genießerischer Zufriedenheit ein langes „Hmmmmmmh" und beginnen anschließend mit weit ausholenden und deutlich sichtbaren Bewegungen Ihres Kiefers diese imaginäre Speise zu kauen. Machen Sie dies einige Sekunden lang und geben Sie dabei die ganze Zeit den „Hmmmmmh-Laut" von sich. Sie werden merken, dass Ihre Stimme im Lauf einiger Tage und Wochen voller und resonanzreicher wird. Dafür genügt schon eine Übungsdauer von 60 Sekunden pro Tag.

Aussprache und Betonung: Dialekt ist durchaus möglich

Wir können alles außer Hochdeutsch – so wirbt das Bundesland Baden-Württemberg ehrlich und charmant für sich. Und wie sieht es mit Ihnen aus? Können Sie Hochdeutsch? Und müssen Sie in Ihrer Rede Hochdeutsch sprechen? Und was sollten Sie sonst bei den Themen Aussprache und Betonung beachten? All dies erfahren Sie hier.

Mit der richtigen Betonung Wichtiges hervorheben

Schon so manche gut gemeinte Rede ist gründlich missverstanden worden, weil der Redner im falschen Moment das falsche Wort betont hat. Dazu ein simples Beispiel. Betonen Sie bei den folgenden Sätzen jeweils das kursiv gedruckte Wort:

- Du stellst aber Fragen.
- Du stellst aber *Fragen*.

Im Prinzip ist dies ein und derselbe Satz, doch hat er zwei völlig unterschiedliche Bedeutungen. Wenn das „Du" betont wird, wundert sich der Ausrufer darüber, dass ausgerechnet der Angesprochene es wagt, Fragen zu stellen – wenn das Wort „Fragen" betont wird, überrascht es den Sprecher, welcher Art diese Fragen sind.

Ein weiteres Beispiel:

- *Ich* habe genug erlebt.
- Ich habe *genug* erlebt.

In der ersten Variante – die Betonung liegt auf dem „Ich" –, will der Sprecher offensichtlich einen gewissen Überdruss zum Ausdruck bringen, bei der Betonung auf „genug" dominiert eher eine gewisse

Zufriedenheit. Noch deutlicher wird es, wenn Sie bei der ersten Variante das Wort „wahrlich" nach „habe" einflicken und bei der zweiten stattdessen das Wort „wirklich".

Derart falsche Betonungen passieren sehr häufig, wenn Redner einen vorgeschriebenen Text ablesen. Bei spontanen Reden ist dies eher selten, auch wenn es ab und an mal vorkommen mag. In keinem Fall ist es jedoch ein Fehler, ein gewisses Augenmerk auf die Betonung zu richten. Was gilt es zunächst zu beachten?

- Betonen lässt sich durch Pausen vor oder nach dem „wichtigen" Wort. Ein Beispiel: „Alles in allem möchte ich die Entwicklung (*Pause*) als positiv bezeichnen …" Wenn Sie diesen Satz laut vor sich hinsprechen (und die Pause dabei schon im Kopf haben), werden Sie bemerken, dass Sie das Wort „Entwicklung" automatisch betont haben, indem Sie mit der Stimme leicht nach oben gegangen sind.

- Betonen lässt sich auch durch eine Veränderung der Klangfarbe. Auch hierzu das passende Beispiel: „Ich glaube, dass wir eine *gute* Chance haben, unser Ziel zu erreichen." Sprechen Sie diesen Satz laut vor sich hin und versuchen Sie beim Wort „gute" die Stimmlage ein wenig zu heben, also etwas höher zu sprechen. Vorsicht: Nicht übertreiben – fallen Sie nicht ins Falsett.

- Betonen lässt sich unter Umständen auch durch eine Veränderung der Redegeschwindigkeit. Das Langsamerwerden verleiht den Worten mehr Gewicht. „Meines Erachtens stehen wir vor einem Berg von Problemen, vor einem R I E / S I / G E N Berg, den wir kaum alleine abtragen können." Werden Sie beim Wort „riesigen" so langsam, dass Sie jede einzelne Silbe überdeutlich artikulieren. Das Wort erhält damit Gewicht und Bedeutung. Dies funktioniert übrigens nicht nur bei einzelnen Worten, sondern auch bei kurzen Teilsätzen: „Ich kann mir nicht vorstellen, dass IR GEND JE MAND (*Pause*) AUF DIE SER WELT (*Pause*) damit tatsächlich gerechnet hat".

Damit kennen Sie nun schon die wichtigsten Methoden, wie sich wichtige Inhalte durch die richtige Betonung „kennzeichnen" lassen. Doch damit wollen wir Sie nicht im Regen stehen lassen, sondern Ihnen noch eine kleine Übung mit auf den Weg geben. Stellen Sie sich bitte die folgende Situation vor: Nach einem Fußballmatch wird ein Spieler interviewt. Er antwortet auf eine bestimmte Frage mit dem Satz: „Damit hätten wir gewonnen." Versuchen Sie diesen Satz nun als Antwort auf folgende Fragen zu formulieren:

1. Was wäre gewesen, wenn Sie den Elfer verwandelt hätten?
2. Was passiert, wenn der Gegner tatsächlich einen ausländischen Spieler zu viel auf dem Platz hatte?
3. Was wäre gewesen, wenn Sie ein Tor mehr geschossen hätten?

Dazu ein Tipp: Betonen Sie jeweils ein anderes der vier Worte des Satzes, und Sie werden überrascht sein, wie viele unterschiedliche Antworten diese kurze Aussage liefern kann.

Mit sauberer Aussprache glänzen

Redner dürfen nicht nuscheln. Dies ist eines der wenigen rhetorischen Gebote, das sich im Laufe der Jahrzehnte und Jahrhunderte nicht verändert hat. Die sinnigste Rede mit den interessantesten Inhalten verpufft wirkungslos, wenn sie von niemandem verstanden wird. Nun ist es jedoch leider so, dass die wenigsten Menschen zu einer deutlichen Aussprache neigen. Im Gegenteil: Eine leicht verwaschene oder vernuschelte Sprechweise gilt bei Jugendlichen häufig sogar als cool und wirkt demzufolge regelrecht gepflegt. Mit dieser Gewohnheit ausgerechnet in einem wichtigen Moment zu brechen, kann dann auch für Erwachsene sehr schwierig sein.

Gewöhnen Sie sich deshalb rechtzeitig an, jederzeit auf deutliche Artikulation umsteigen zu können. Dabei spielt natürlich Ihr Sprechtempo eine Rolle. Es gilt die Faustregel: Je schneller Sie sprechen, desto schwieriger ist es, deutlich zu bleiben. Mit den Atemübungen im vorigen Kapitel haben Sie schon einen ersten Eindruck vom richtigen Tempo gewonnen, und wenn Sie dann noch bedenken, dass eine gelungene Rede von Tempiänderungen, von Pausen und den richtigen Betonungen lebt, müssen Sie sich diesbezüglich keine allzu großen Sorgen mehr machen. Dennoch kann es keinesfalls schaden, die Deutlichkeit Ihrer Aussprache regelmäßig zu trainieren.

Wie vormals (bei den Atemübungen) schon erwähnt, ist es richtig und wichtig, die Silben eines Wortes jeweils auszusprechen. Da wird „kannste ma mal den Hamma borg'n" zum Satz „Kannst du mir mal den Hammer borgen", das Wort „nich" wird zu „nichT" und der Begriff „leidn'des Führungsbersonal" wird in „leiTendes FührungsPersonal" transformiert. Wenn Sie daran denken, Silben (vor allem Endsilben und harte Konsonanten) nicht mehr zu verwischen, ist bereits viel gewonnen. Zur Überprüfung möchte ich Ihnen ebenfalls wieder zwei einfache Testübungen anbieten.

Bei der ersten Übung beißen Sie mit Ihren Schneidezähnen möglichst fest in das dicke Ende eines Sektflaschenkorkens und lesen dann laut und möglichst deutlich irgendeinen Text. Sie werden feststellen, dass sich Zischlaute wie „s", „x" und „z" kaum deutlich aussprechen lassen, doch alle anderen Vokale und Konsonanten müssten Sie eigentlich hinbekommen. Die Konzentration darauf fördert nicht nur die deutliche Aussprache, sondern bringt Ihnen auch ein Gefühl für das richtige Sprachtempo. Sehr hilfreich wäre es, wenn Sie zur Überprüfung Ihrer Bemühungen einen Kassettenrecorder mit eingebautem Mikrofon parat stehen hätten.

Einen Kassettenrecorder oder ein Tonbandgerät benötigen Sie auch für die folgende Übung: Stellen Sie dieses Aufnahmegerät in einem Abstand von drei bis vier Metern vor Ihnen auf und flüstern Sie dann den abgelesenen Übungstext. Achtung: Nicht schummeln! Sie müssen wirklich „tonlos" flüstern, um einen deutlichen Eindruck von Ihrer Artikulation zu bekommen. Überprüfen Sie dann die Aussprache und Sie werden sehr schnell die Worte herausfiltern können, bei denen Sie aus Gewohnheit oder Unachtsamkeit „schlampig" artikuliert haben.

Zum Dialekt muss man stehen

Nach wie vor gibt es höchst unterschiedliche Betrachtungsweisen zum Thema „Mundart in der Rhetorik". Die graue Theorie jedoch soll uns jetzt nicht beschäftigen. Wir wenden uns lieber der Praxis zu und in dieser steht nun einmal fest, dass man den allermeisten Menschen ihre Herkunft durchaus „anhört". Einen in Sachsen aufgewachsenen Menschen werden Sie wahrscheinlich immer erkennen, aber auch die Franken, Schwaben oder Sauerländer haben extreme Probleme, ihre Mundart gänzlich zu unterdrücken. Deshalb unser Ratschlag: Versuchen Sie's gar nicht erst. Natürlich wäre es in manchen Situationen schön, reines Hochdeutsch sprechen zu können (vor allem bei hochoffiziellen Anlässen), aber bedenken Sie bitte auch, dass das zuweilen furchtbar unnatürlich klingt. Eine Sprachfärbung wie das so genannte „schwäbisch-nasale A" lässt sich eben nicht völlig verleugnen, und wenn Sie sich darauf beschränken, keine Silben zu verwischen und für jedermann verständlich zu bleiben, muss dies eigentlich genügen.

Ein echter Glückspilz sind Sie allerdings, wenn Sie die Möglichkeit haben, Hochdeutsch und Mundart zu „verknüpfen". Die Einwohner der schwäbischen Stadt Ulm beispielsweise wählten Mitte der 1990er-Jahre einen Oberbürgermeister ins Amt, der diese beneidenswerte Gabe besaß: Ivo Gönner, ein rhetorisch geschulter, ehemaliger Rechtsanwalt, konnte sich zwar in fast lupenreinem Hochdeutsch artikulieren, aber vor allem bei Repräsentationsterminen streute er immer wieder kurze „Brocken" aus seiner schwäbischen Muttersprache ein: „Ich freue mich, dieses Haus heute feierlich eröffnen zu können. *Grad schee ischs gwordn (Richtig schön ist es geworden)*, wie man bei uns im Schwäbischen sagt." Mit diesem kleinen Rhetorik-Kniff feierte Gönner Triumphe als volkstümlicher Patriarch, der – so jedenfalls die Intention und überwiegende Ansicht – die Bodenhaftung zur schwäbischen Heimat nie verloren hat. Ein Zitat aus einer Rede anlässlich einer Jubiläumsveranstaltung einer bayerischen Firma mit einem Kölner Betriebsleiter mag als weiteres Paradebeispiel durchgehen. Es sprach der Geschäftsführer: „Zwar weiß unser Nordlicht, Eugen Werner, noch immer nicht, wie man eine Weißwurst richtig isst, aber das wollen wir ihm nachsehen. *So sans hoit, die Saupreißn – net recht gelehrig (So sind eben die Preußen – nicht sehr lernfähig)*."

Eile mit Weile: Üben fürs richtige Tempo

Wenn Sie sich die grundsätzliche Frage stellen, was das wichtigste Kriterium dafür ist, dass eine Rede gut beim jeweiligen Publikum ankommt, so werden Sie binnen weniger Augenblicke unweigerlich auf die folgende Antwort stoßen: Sie muss verstanden werden. Oder – anders ausgedrückt – noch vor dem Inhalt kommen eine saubere Aussprache, die richtige Betonung und – ganz wichtig – ein angemessenes Tempo.

Wenn Sie im Fernsehen einen Kabarettisten sehen, werden Sie sich möglicherweise wundern, in welchem rasenden Tempo dieser spricht. Vieles von dem, was beispielsweise Dieter Hildebrandt in der legendären Sendung „Scheibenwischer" so vor sich hin nuschelte, war kaum oder gar nicht zu verstehen, viele Sätze blieben unvollendet, wurden nur angerissen, manche Redewendungen erschlossen sich nur im Kontext. Doch durch die Flut der Pointen, die schnelle, zuweilen rasante Abfolge und Aufzählung von Widersinnigem, von Absurditäten oder auch bitterbösen Angriffen war das Publikum extremst gefordert, ungeheuer aufmerksam zuzuhören. Bei Hildebrandt saß man nicht zurückgelehnt im Ohrensessel und ließ sich beschallen – da hieß es stets mitdenken, um nicht auf der (Wort-)Strecke zu bleiben. Der Meister sprach also so schnell und verwaschen, dass er dadurch seine Zuhörer bei der Stange hielt – ein Widerspruch, der nur mit der Genialität eines rhetorischen Gratwanderers zu erklären ist.

Ein gewöhnlicher Redner an einem weniger exponierten Schauplatz mit weit weniger „lustigen" Themen hat es da ungleich schwerer. Welche Pointenflut könnte bei der Amtseinführung eines Ministerialdirektors zu erwarten sein? Welche Witze lassen sich auf einer Betriebsversammlung im Stakkato verkaufen? Mit welchen atemlos aneinandergereihten Anekdoten sollten Aktionäre unterhalten werden? Nein – mit Schnelligkeit lässt sich eine „normale" Ansprache in der Regel nicht bestreiten, im Gegenteil.

Der ehemalige CSU-Vorsitzende und politisch stets hoch umstrittene Franz-Josef Strauß war ein begnadeter Redner. Fast alle, die ihm zuhörten, waren anschließend der Meinung, FJS habe in einem geradezu atemberaubenden Tempo seine Wahrheiten Punkt für Punkt an den Mann gebracht – ein christsozialer Porschemotor sozusagen. Dieser Eindruck jedoch täuscht vollständig über die Wirklichkeit hinweg: Strauß sprach nur sehr selten schnell – immer nur dann, wenn er auf einen Höhepunkt, auf ein Fazit, auf eine Abschlusspointe hinarbeitete, also erst dann, wenn alles Wichtige zuvor schon gesagt worden war, wenn es nur noch darum ging, das Publikum noch einmal jäh von den Sitzen zu reißen. Der übrige Teil seiner Ansprachen war bezüglich des Tempos beinahe gemächlich zu nennen und abgesehen vom deutlich hörbaren bayerischen Idiom auch überaus verständlich vorgetragen.

Im Klartext: Wenn Sie verstanden werden wollen, sprechen Sie langsam. Denken Sie dabei stets daran, dass eine Rede sich niemals mit einer Unterhaltung vergleichen lässt. Wenn Sie mit Ihrer Ehefrau oder einem Kollegen sprechen, wenn Sie als Abteilungsleiterin einem Untergebenen etwas erklären, wenn Sie einen neuen Mitarbeiter einarbeiten – in all diesen typischen Dialogsituationen, die von einem steten Wechsel zwischen Frage und Antwort leben, wird naturgemäß viel schneller gesprochen, als wenn ein Einzelner vor einem Auditorium steht. Das liegt daran, dass Menschen im Gespräch nicht nur mit einer sprechenden Person beschäftigt sind, sondern deren „Output" immer in Verbindung mit sich selbst setzen – dass also eine Aktion eine Reaktion hervorruft, auf die wiederum reagiert wird und so weiter. Ein Gespräch ist also eine Kette von Ereignissen, die in sich schlüssig ist und leicht verfolgt werden kann. Eine Rede ist das nicht. Bei einer Rede gibt es nur die Aktion – die Reaktion bleibt bis zum Schlussbeifall fast zwangsläufig aus. Eine Rede muss Aufmerksamkeit also erzeugen, kann nicht automatisch damit rechnen und muss deshalb unbedingt sehr gut verstanden werden.

Um das langsame – oder besser: das präzise – Sprechen zu üben und dieses Tempo beibehalten zu können, gibt es einen sehr simplen Trick, der sich an die vormals bereits beschriebene Zählübung anlehnt: Zählen Sie in jener Minute, bevor Sie auf das Podium steigen oder Ihren Platz hinter dem Rednerpult einnehmen, überdeutlich und laut – zumindest so, dass Sie selbst es hören können – von dreizehn bis neunzehn. Und zwar im folgenden Ductus: Drei-Zehn, Vier-Zehn, Fünf-Zehn, Sech-Zehn, Sieb-Zehn, Acht-Zehn, Neun-Zehn. Jeder einzelne Buchstabe muss verständlich sein. Dieses überdeutliche Aussprechen einer Zahl, die im normalen Gespräch eher wie „dreizen" klingt, hört sich in Ihren Ohren zunächst seltsam an, doch spätestens nach der ersten Wiederholung dieser Zahlenreihe werden Sie dieses Sprechtempo ganz automatisch adaptieren und zumindest die ersten Sätze Ihrer Ansprache in dieser Geschwindigkeit halten können.

Bedauerlicherweise fallen viele – und vor allem schlechte – Redner nach einer Weile in ein deutlich schnelleres Tempo. Das „Warum" lässt sich nur vermuten, doch Unsicherheit, Nervosität und vielleicht auch der unbewusste Wunsch, möglichst schnell zum Ende kommen zu können, spielen sicherlich eine wichtige Rolle. Gegen diese Tempoerhöhung auf halber Strecke hilft ebenfalls ein kleiner Trick: Machen Sie *nach* einem wichtigen oder auch *vor* einem wichtigen Satz Ihrer Ansprache eine kleine Atempause, in der Sie im Kopf das Wort „Rentabilitätsreduktion" sagen. Zugegeben – dieser Begriff ist nicht sehr sinnvoll, aber seine Aussprache bedarf einiger Konzentration, seine deutliche Intonation benötigt genau die richtige Zeitspanne, und diese pure Länge ist für eine „Aufmerksamkeitspause" bestens geeignet. Will heißen: Nach dem innerlichen deutlichen Aussprechen dieses Begriffs werden Sie wieder ein deutlich langsameres Sprechtempo an den Tag legen. Übrigens: Viele Menschen, die ein Wort unhörbar sagen wollen, bewegen bei der innerlichen Aussprache unwillkürlich die Lippen. Wenn Sie also die „Rentabilitätsreduktions-Pause" einlegen, dann senken Sie am besten den Kopf. Nur zur Sicherheit.

Kampf dem Angstschweiß: Hilfen gegen Lampenfieber

„Na – haste Lampenfieber?" Diese Frage kennen Schauspieler nur zu gut und fast alle hassen sie. Denn *natürlich* hat der Akteur, der in wenigen Augenblicken vor ein Publikum tritt, dieses so genannte „Lampenfieber", natürlich fürchtet er sich vor der Blamage, und natürlich möchte er es so „gut wie möglich" hinter sich bringen. Doch nicht nur Schauspieler – die einen mehr und die anderen weniger – leiden unter diesen Symptomen einer ganz speziellen Nervosität. Auch Menschen, die in der Öffentlichkeit „einfach nur sprechen" müssen, spüren zuweilen ein regelrechtes körperliches Unwohlsein, das manchmal sogar in Zittern und Schweißausbrüchen mündet und dem Betroffenen das Gefühl gibt, sein Magen stülpe sich jeden Moment nach außen.

Zum Thema „Lampenfieber" möchte ich Sie zunächst mit einigen simplen, aber wichtigen Wahrheiten vertraut machen.

Erstens: Lampenfieber ist keine Schande. Im Gegenteil: Die Nervosität vor einem Auftritt, die Angst vor der Reaktion des Publikums, die Furcht, sich selbst zum Narren zu machen – das ist eine durchaus natürliche und nachvollziehbare Reaktion des Menschen auf seine Umwelt. Je weniger man es gewohnt ist, sich in der Öffentlichkeit zu präsentieren, desto größer ist natürlich die Unsicherheit – je mehr „Übungsmöglichkeiten" vorhanden sind, desto größer wird dann die Souveränität. Dass Sie das Lampenfieber nach dem zehnten, dem 20. oder dem 100. Auftritt ablegen, ist allerdings nicht gesagt. Es gibt Schauspieler, die behaupten sogar, dass das Lampenfieber für sie Triebfeder und Konzentrationshilfe bedeute. „Wenn ich nicht aufgeregt bin, bevor ich auf die Bühne gehe, dann bin ich schlecht", lautet ein viel gehörter Satz. Lampenfieber ist also grundsätzlich nicht verkehrt – vorausgesetzt man lernt, damit umzugehen.

Zweitens: Lampenfieber hat fast jeder. Egal, wie lässig der Politiker am Redepult steht, egal, wie locker der Manager vor den Aktionären plaudert, egal, wie „cool" der Sportler in die Fernsehkamera blickt – fast alle spüren die Angst vor den Blicken, den Mikrofonen und den elektronischen Augen. Was lässt sich daraus folgern? Nun – Sie müs-

sen sich beim entsprechenden Anlass vor Augen halten, dass es wahrscheinlich jedem anderen an Ihrer Stelle nun genauso gehen würde
wie Ihnen. Auch der andere hätte Angst vor der Blamage – auch der
andere hätte zitternde Hände, Schweiß auf der Stirn und wünschte
sich möglichst schnell an einen möglichst weit entfernten Ort. Wenn
Sie sich das vor Augen geführt haben, sind Sie vielleicht schon in der
Lage, Ihr „Schicksal" mit einem Lächeln zu nehmen und sich – zwar
nicht freudig, aber ergeben – in Ihre Situation zu fügen. Sie kennen ja
das Sprichwort: Geteiltes Leid ist halbes Leid.

Drittens: Lampenfieber ist regulierbar. Lassen Sie sich bloß nichts vor-
machen: Zwar gibt es immer wieder Möchtegern-Psychologen, die
Ihnen erzählen, dass das Lampenfieber und seine jeweilige Intensi-
tät alleine vom Charakter der jeweiligen Person abhängen und damit
vollständig unvermeidlich und unveränderlich sind, aber das ist
Unsinn. Es gibt Möglichkeiten und Techniken, um das Lampenfieber
zu beherrschen, und auch wenn Sie es vielleicht nie ganz „besiegen"
können, so sind Sie doch in der Lage, den Umgang damit zu erler-
nen und die „natürliche Spannung" vor einem Auftritt sogar zu Ihren
Gunsten zu nutzen. Dazu eine kleine Anmerkung: Die Anspannung
und die Angst, die Sie fühlen, können Ihrer Konzentration sogar sehr
dienlich sein. Denken Sie – auch wenn es Ihnen im ersten Moment
übertrieben erscheinen mag – an einen Menschen in Lebensgefahr:
Das Adrenalin, das durch die bedrohliche Situation freigesetzt und
durch den Körper gepumpt wird, kann die Kräfte der jeweiligen Person in ungeahnter Weise vergrößern und ihr damit entscheidend helfen. Bei einem öffentlichen Auftritt geht's zwar (meistens jedenfalls)
nicht um Ihr Leben – eine erhöhte Konzentrations- und Kampfbereit-
schaft kann aber auf keinen Fall schaden.

Eines haben wir bisher noch gar nicht erwähnt. Woher kommt eigentlich das Lampenfieber? Nun gut – eine kleine Exkursion in die Früh-

geschichte des Menschen kann nicht schaden: Kaum waren unsere Vorfahren von den Bäumen gestiegen, stellten sie fest, dass ihnen das Überleben in einer feindlichen Natur nur durch den Zusammenhalt in einer Gruppe möglich war. Somit bildeten sich also Zweckgemeinschaften, Großfamilien oder Stämme, die sich häufig mit anderen derartigen Gruppen um bestimmte Territorien oder Nahrungsmittel stritten. Traf nun die eine Gruppe auf die andere, kam es nicht selten zu blutigen Auseinandersetzungen, deren Ausgang zutiefst ungewiss war. Ganz gewiss hingegen war der Verlauf des Streits, wenn ein einzelnes Individuum versehentlich einer anderen Gruppe „in die Arme lief". Dann nämlich musste der Einzelne stets damit rechnen, einfach erschlagen zu werden – es sei denn, er erwies sich als besonders schneller Läufer oder auch als besonders geschickter Taktierer. Die erste Alternative könnte der Grundstein für die heutige Leichtathletik gewesen sein – die zweite darf als Basis für den „Redner" gelten. Sei's drum: Vom geschickten Einsatz der damals noch rudimentären Sprache hing also möglicherweise das Überleben des Einzelnen angesichts einer feindlichen Gruppe ab – wenn das kein Grund ist für Nervosität? Den Begriff „feindliche Gruppe" dürfen Sie im Zusammenhang mit unserem Thema natürlich durch den Begriff „Publikum" ersetzen – schon erhalten Sie ein einleuchtendes Bild.

Nehmen wir doch jetzt mal ausführlich die Symptome des Lampenfiebers unter die Lupe. Diese beginnen bei den vormals schon erwähnten Schweißausbrüchen, beinhalten Zittern, feuchte Hände, weiche Knie, erhöhten Blutdruck, erhöhten Puls und Atemschwierigkeiten. Ich erspare Ihnen an dieser Stelle nun die biologischen Gründe für diese körperlichen Reaktionen. Eins muss genügen: Der erhöhte Blutdruck führt zu einer besseren Sauerstoffversorgung der Muskulatur, was unserem Urahnen – der womöglich um sein Leben zu kämpfen hatte – durchaus zustatten kam. Uns hingegen behindern diese Symptome entscheidend beim Versuch, vor Publikum zu sprechen. Sie stören unser körperliches Wohlbefinden und führen – im schlimmsten Fall – sogar zu einem echten „Filmriss": Wir stehen da, starren auf das Auditorium herunter und bringen kein Wort heraus. Sogar unser Gehirn ist wie gelähmt, dreht sich immer wieder im Kreis und scheint das Sprachzentrum einfach nicht aktivieren zu wollen. Sollte es Ihnen jemals so gegangen sein, dann wissen Sie: Im günstigsten Fall haben Ihre Lippen ein langes „Äääääääääh" ausgestoßen. Auch dafür gibt es eine medizinische Erklärung: Unser Denken funktioniert dadurch, dass in unserem Gehirn Strom durch so genannte „Synapsen" fließt. Diese Synapsen sind eine Art „Schalter", die die verschiedenen Teile unseres Gehirns und seine Zellen miteinander verbinden. Ein erhöhter Adrenalinausstoß jedoch verringert die Arbeitsqualität dieser Schalter ganz entscheidend und es kann kurzfristig sogar zu einer völligen Blockade des bewussten Denkens kommen. Für unsere Vorfahren mag dies ja noch ganz sinnvoll gewesen sein, denn sie verließen sich in kritischen Situationen lieber auf ihren Instinkt und ihre Reflexe – für uns ist eine derartige Gehirnblockade allerdings höchst unangenehm.

So weit also unser kleiner geschichtlicher Exkurs und die abschreckenden Beispiele des „schlimmsten Falls". Doch mit den Symptomen des Lampenfiebers lasse ich Sie natürlich nicht allein – ich möchte Ihnen auf den folgenden Seiten vielmehr einige Möglichkeiten anbieten, wie Sie das Lampenfieber kontrollieren und peu à peu vielleicht sogar entscheidend verringern können.

Mentales Training

Auf die Frage, wie er sich auf ein Konzert vorbereite, antwortete der einstmals berühmte Operntenor Enrico Caruso mit den folgenden Worten: „Schon Stunden vor dem ersten Vorhang ist mein ganzes Denken auf der Bühne. In meinem Kopf sehe ich das Orchester, ich kann den Dirigenten erkennen und spüre den Boden unter mir vibrieren. Ich sehe auch das Publikum und ich sehe mich selbst dort oben stehen. Und stellen Sie sich vor: Ich höre mich in meinem Kopf selber singen und ärgere mich über jeden Fehler und jeden falschen Ton so, als wäre er schon wirklich passiert."

Was Caruso da so launig beschrieb, ist nichts anderes als eine geistige Vorbereitung auf den bevorstehenden Auftritt – eine Art „mentales Training". Radrennfahrer gehen jede Etappe schon vor dem ersten Tritt in die Pedale „vor ihrem inneren Auge" durch, Skirennläufer wedeln den Slalomhang im Geiste mehrmals herunter, Ralleyfahrer stellen sich schon vor dem Start auf jede Kurve und jeden Straßenbelag ein. Genauso können Sie es auch halten: Versuchen Sie – am besten mit geschlossenen Augen –, sich selbst auf dem Podium vorzustellen. Denken Sie daran, mit welchen Worten Sie die Rede eröffnen wollen, stellen Sie sich sogar eventuelle Pannen oder Ungereimtheiten vor. Lassen Sie Ihr „inneres Auge" über das Publikum schwenken. Wer sitzt wo? Wer ist Ihnen wohl gesonnen und wer nicht? Welche Zwischenrufe könnten kommen? Wie reagieren Sie darauf?

Nun mögen Sie einwenden, dass ein derartiges mentales Training vor einer „spontanen Rede" gar nicht möglich ist, weil Ihnen dafür schlichtweg die Zeit fehlt. Stimmt nicht, denn wenn Sie eine derartige Situation rechtzeitig „trainieren", benötigen Sie für diese Art der mentalen Vorbereitung nur einige Sekunden. Versuchen Sie, sich den folgenden Ablauf vor Ihr „geistiges Auge" zu holen: Sie sind auf einer Geburtstagsparty, und die Gattin des Jubilars bittet Sie, seinen besten Freund, einige Worte zu sprechen. Sie willigen ein und bitten um ein paar Minuten Bedenkzeit: Der Satz „Ich möchte ja keinen Unsinn reden" – vorgetragen mit einem netten Lächeln –, verschafft Ihnen zum einen Verständnis und zum anderen etwas Zeit, die Sie für die Einstellung auf das Folgende gut gebrauchen können.

Mentales Training sollte sich jedoch nicht nur auf die direkte Vorbereitung auf die bevorstehende Rede beschränken. Vor allem, wenn Sie in einer beruflichen Position sind, in der Sie häufiger mit Auftritten vor Publikum rechnen müssen, empfiehlt es sich, frühzeitig mit eventuellen Anforderungen umzugehen. Wenn Sie also auf einen Empfang geladen werden oder auch zu einer offiziellen Feier für einen Kollegen – dann überlegen Sie bereits im Vorfeld, welche Worte Sie im Falle einer möglichen Aufforderung zu einer kurzen Ansprache wählen würden. Selbst wenn Sie nicht „drankommen", kann Ihnen die „Trockenübung" auf keinen Fall schaden, zumal Sie dann auch die Möglichkeit haben, eventuelle andere Redner und ihre Wortbeiträge mit dem zu vergleichen, was Sie sich selbst zurecht gelegt hatten und daraus Ihre Schlussfolgerungen und Lehren zu ziehen.

Wichtig ist vor allem, sich bei dieser Art der Vorbereitung nicht selbst „in die Tasche zu lügen". Wenn Sie kein geübter Redner sind, dann ist die Wahrscheinlichkeit hoch, dass Sie unfreiwillige Pausen einlegen müssen, weil Ihr Redefluss ins Stocken gerät. Außerdem werden Sie sich wahrscheinlich ein- oder mehrmals versprechen und möglicherweise sprechen Sie auch zu leise und müssen mit den unangenehmen Zwischenrufen „lauter, lauter" zurechtkommen. All diese Situationen sollten Sie sich bei der mentalen Vorbereitung zumindest kurz vorstellen und sich dann für Reaktionen entscheiden, die in Ihrem „persönlichen Drehbuch" zu einem „Happy End" führen. Wenn Sie sich konsequent an diese Vorgehensweise halten und dabei gründlich vorgehen, ist die Wahrscheinlichkeit gering, dass es während der Rede zu gänzlich unvorhergesehenen Problemen kommt. Es sei denn, Sie geraten auf dem Weg zum Podium ins Stolpern, ihr Hosentürchen ist offen oder Sie verschütten in der Aufregung Ihr Bier über dem Dekollete der Gastgeberin. Aber von derartigen „Katastrophen" wollen wir keinesfalls ausgehen.

Entkrampfung durch Humor

Noch einmal unsere Lieblingssituation: Sie stehen gelassen auf einer Party, klammern sich an Ihr Sektglas – da werden Sie plötzlich aufgefordert, „ein paar passende Worte" zu sprechen. Das Gefühl, das Sie jetzt überfällt, lässt sich zuweilen mit dem Wort „Panik" am besten umschreiben. Ihr Herz rast, der Mund wird trockener als die Sahara und Ihr Blick schweift auf der Suche nach Fluchtmöglichkeiten durch den Raum. Doch all dies wollen und sollten Sie sich auf keinen Fall anmerken lassen. Wie könnte Ihre Reaktion also aussehen, wenn eine Ablehnung der Bitte nicht infrage kommt?

Die Antwort ist verblüffend einfach: Retten Sie sich in den Humor. Vor allem Selbstironie ist ein probates Mittel, um die Situation und damit sich selbst zu entkrampfen. Die Frage „Ich? Sind Sie sicher, dass Sie mich nicht mit der Bundeskanzlerin verwechseln?" mag sich im gelesenen Zustand zwar nicht besonders originell anhören, führt aber sicherlich dazu, dass Ihr Gegenüber einen Moment lang verblüfft und dann erheitert ist. Eine derart locker formulierte Replik verschafft Ihnen zwei Vorteile: Zum einen wird Ihr Gegenüber überzeugt davon sein, es mit einem witzigen, sympathischen und bescheidenen Zeitgenossen zu tun zu haben, und das wiederum bedeutet, dass Sie schon einen wichtigen „wohlgeneigten" Zuhörer auf Ihrer Seite haben. Zum anderen hilft es auch Ihnen, sich zu entspannen und die bevorstehende Aufgabe etwas lockerer zu nehmen.

Tatsache ist, dass Lampenfieber sich am besten durch eine gewisse „Lockerheit" überwinden lässt. Wie Sie zu dieser Lockerheit gelangen, spielt dabei keine Rolle – Sie können sie sogar erzwingen. Hilfreich kann es in diesem Zusammenhang auch sein, wenn Sie sich einfach selbst sagen „Na – das hat mir ja gerade noch gefehlt …" und es dabei fertig zu bringen, über Ihr „Pech", als Redner auserkoren worden zu sein, zu schmunzeln. Lachen ist die beste Medizin – auch gegen Lampenfieber. Ganz nebenbei kann ein bisschen Selbstironie auch für den Einstieg in Ihre kleine Ansprache von Nutzen sein, aber darauf kommen wir im weiteren Verlauf dieses Buches noch ausführlicher zu sprechen.

Mit Selbstsuggestion zur Selbstsicherheit

Warum ist die Aussicht, eine Rede vor Publikum halten zu müssen, für viele von uns so lähmend? Nun – weil wir uns die Angst selbst einreden. Sobald wir aufgefordert werden, schießen uns Dutzende von Gedanken durch den Kopf. Werde ich mich blamieren? Werde ich womöglich einen roten Kopf bekommen? Sitzt meine Krawatte richtig? Ist mein Kleid nicht eine Spur zu offenherzig? Verströme ich Angstschweiß? Fällt mir genügend ein? Werde ich ins Stottern geraten? Könnte ich jemand vor den Kopf stoßen? Werde ich witzig genug sein? Und so weiter, und so fort – die Liste lässt sich fast beliebig lange fortsetzen.

Probieren Sie es doch einmal andersherum. Beantworten Sie die wichtigsten dieser Fragen doch einfach konsequent in Ihrem Sinne – Sie werden merken: Nachdem Sie drei, vier dieser Fragen „abgehakt" haben, stellen sich die anderen gar nicht mehr. Ein Beispiel: Durch Ihren Kopf schießt die Frage „Werde ich mich blamieren?" Antworten Sie mit „Nein – nicht wenn ich mich konzentriere". Ein anderes Antwortbeispiel könnte auch sein: „Nein – warum sollte ich?" Zugegeben – das klingt ein bisschen nach Hokuspokus, aber in vielen Fällen funktioniert diese Methode, die heutzutage gern und oft als „positives Denken" bezeichnet wird.

Noch einmal im Klartext: Werden Sie sich selbst gegenüber nicht unglaubwürdig, sondern versuchen Sie, Sätze zu formulieren, an die Sie glauben können. „Es könnte schlimmere Katastrophen geben" ist dafür ein Beispiel und – anknüpfend an die zitierte Fragereihe – „wenigstens sitzt meine Krawatte richtig". Natürlich werden Sie damit keinen hundertprozentigen Erfolg haben – noch immer wird Ihre Atmung schneller gehen und Sie werden möglicherweise kleine Schweißperlen von Ihrer Stirn wegwischen müssen. Doch diese Art der Selbstsuggestion führt zumindest dazu, dass Sie sich darüber bewusst werden, dass Ihnen eigentlich nichts wirklich Dramatisches geschehen kann. Ihr Leben hängt – im Gegensatz zu dem der vormals zitierten Höhlenmenschen – nicht von Ihrem rhetorischen Geschick ab. Es geht einzig und allein um einige Worte und Sätze, die Sie möglichst sinnvoll aneinanderreihen sollten. Wenn es Ihnen nicht so gut gelingt, haben Sie keinen schweren Schicksalsschlag erlitten, sondern höchstens ein paar Menschen dazu gebracht, ein klein bisschen weniger von Ihnen zu halten. Das jedoch passiert Ihnen im Leben sicherlich noch häufiger – mit Beurteilungen durch andere werden Sie schließlich laufend konfrontiert. Und so empfehlen wir Ihnen, es mit der amerikanischen Floskel zu halten „So what?" (sinngemäß: „Was soll's?" oder auch „Na und?") und einfach die Achseln zu zucken. So schlimm, wie es Ihnen in der ersten Panik vorkommen mag, wird es garantiert nicht kommen – denken Sie daran immer zuerst.

Hilfe durch andere?

Ob Mitmenschen Ihnen in einer solchen Situation helfen können, ist eine heikle Frage. Viele unsichere Redner, die unvermutet dazu gedrängt werden, sich vor ein Publikum zu stellen, neigen dazu, sich kurz vorher noch Ratschläge einzuholen. Manche lassen sich noch schnell die Garderobe richten („Liebling, schau doch mal, ob die

Krawatte gut sitzt") und hören sich währenddessen wohl gemeinte Ratschläge an: „Du weißt doch, dass Doktor Dilger heute da ist. Der hat keinen Humor. Versuch also bitte gar nicht erst, witzig zu sein." So etwas geht todsicher in die Hose. Während Sie nämlich versuchen, an diese Ratschläge zu denken, verlieren Sie beim Sprechen Ihre Spontaneität, retten sich in Floskeln und verkrampfen immer mehr. Zudem sind derartige Ermahnungen stets dazu angetan, die eigene Unruhe vor dem Auftritt noch zu steigern. „Was hat sie jetzt noch gleich gesagt? Wer ist da? Doktor Dilger? Und was soll ich jetzt nicht machen?"

Nein, nein – Ratschläge und Ermahnungen sind bei einer spontanen Ansprache gänzlich fehl am Platz, denn sie konterkarieren schließlich von vornherein das Wörtchen „spontan". Wenn Sie dagegen jemanden finden, der Ihnen hilft, sich zu lockern, dann kann das höchst hilfreich sein. Ein Satz wie „Na, Gott sei Dank hat's dich erwischt. Du machst das schon irgendwie, mein Alter", kann wahre Wunder wirken, solange er von einem guten Freund gesagt wird. Sie können daraus schließen, dass Ihr Gegenüber froh ist, dass es nicht ihn selbst „erwischt" hat – soll heißen: Er hat dieselbe Angst wie Sie und kann Ihre Situation nun gut nachvollziehen. Ein bisschen Mitleid hat noch niemandem geschadet. Auch Floskeln wie „Nimm's leicht" oder „Kopf hoch" können bei einigermaßen robusten Naturen durchaus die Lebensgeister wecken und sei es nur deshalb, weil sie den jeweiligen „Redner" daran erinnern, dass es schlimmere Situationen im Leben gibt. Sie selbst können dies jedoch nicht beeinflussen und deswegen hoffen wir, dass Sie im betreffenden Moment über einfühlsame Freunde oder Partner verfügen, die wissen, wie man mit Ihnen in einem solchen Augenblick umgehen muss.

Noch ein Tipp zum Abschluss dieses Abschnitts: Suchen Sie nicht nach Ratschlägen. Die Frage „Um Gottes willen – was soll ich denn jetzt bloß sagen?" kann Ihnen zwar in einem von hundert Fällen die rettende Antwort bescheren – in den anderen 99 Fällen jedoch werden Sie als Antwort lediglich ein bedauerndes Schulterzucken und ein „Tut mir leid – keine Ahnung" zu hören bekommen. Dies ist lediglich dazu angetan, Ihre eigene Unsicherheit zu verstärken und Ihre Konzentration zu schwächen.

Konzentration auf das Wesentliche

Der letzte unserer Tipps zur Überwindung des Lampenfiebers ist eigentlich der simpelste. Konzentrieren Sie sich von dem Augenblick, an dem man Sie als Redner „auserkoren" hat, auf das Wesentliche. Beantworten Sie sich blitzschnell die Fragen „Zu welchem Anlass soll ich sprechen?" und „Zu wem soll ich sprechen?"

Zunächst zum Punkt „Anlass der Rede": Zumeist handelt es sich um gesellschaftliche Ereignisse der unterschiedlichsten Art. Das können Geburtstagsfeiern, Jubiläen, Firmenfeste, Ehrungen oder sogar Begräbnisse sein. Wichtig ist, dass Sie vom ersten Augenblick an die Stimmung des Ereignisses erfassen und verinnerlichen. Im Klartext: Bei einer feuchtfröhlichen Party wird niemand von Ihnen besinnliche Worte verlangen und auf einer Beerdigung erwartet kein Mensch ein launiges Statement. Stellen Sie sich also innerlich auf die Anforderungen ein und üben Sie (möglichst so, dass es niemand bemerkt) schon einmal den entsprechenden Tonfall ein. Wenn Sie nämlich wissen, *wie* Sie sprechen wollen, folgt das *Was* zuweilen von ganz alleine – vor allem wenn Sie ermitteln, wen Sie eigentlich ansprechen wollen. Nun könnte man vermuten, dass eine Rede sich in aller Regel an das gesamte Publikum richten soll. Das ist jedoch eher die Ausnahme. Normalerweise (Geburtstage, Jubiläen, Begräbnisse) geht es um ganz bestimmte Personen oder Anlässe, die von ganz bestimmten

Personen geprägt sind. Und genau diese Personen oder Anlässe sind das eigentliche Thema der Rede. Natürlich wird es leichter, wenn Sie den oder die betreffenden Menschen gut kennen, denn dann fallen Ihnen sicherlich ein paar Stichworte wie beispielsweise „gutmütig, großzügig, gewissenhaft, hilfsbereit" ein. Diese Stichworte lassen sich dann mühelos verknüpfen mit kleinen Anekdoten und Geschichten, die Sie von der betreffenden Person wissen und die Sie nun der ganzen Runde mitteilen. Wenn Sie sich dies vor Augen halten, haben Sie schon vor dem ersten Wort zumindest einen groben Rahmen für Ihre Rede – ein Rahmen, der Ihre Angst entscheidend verkleinern dürfte.

Verstehen Sie mich nicht falsch: Natürlich müssen Sie mit Ihrer Rede möglichst das gesamte Publikum unterhalten und dürfen die Ansprache nicht an einen einzigen Menschen richten. (Außer beim wohlformulierten Heiratsantrag, aber das ist ein anderes Thema). Doch wenn es Ihnen gelingt, zu einer einzigen Person eine „persönliche Beziehung" im Laufe Ihrer Rede herzustellen, dann schaffen Sie damit quasi eine „intime" und gleichzeitig „vertrauensvolle" Atmosphäre, die auch für die anderen Zuhörer interessant ist. Über niemanden sonst will der Mensch nämlich mehr wissen als über andere Menschen.

Enorm wichtig ist es dabei, sich in der Konzentration nicht stören zu lassen. Wenn Sie vor Beginn Ihrer Rede noch ein paar Minuten Zeit haben, können Sie sich schnell einige der Stichworte auf einen kleinen Zettel notieren – vorausgesetzt Sie müssen Stift und Papier nicht erst mühsam organisieren und geraten damit noch mehr in Hektik. Sollte dies nicht mehr möglich sein, so hilft es im Falle von freudigen Feierlichkeiten sicherlich auch, sich ein paar Augenblicke auf die betreffende Person zu konzentrieren. Schauen Sie genau hin – nehmen Sie Ihr „Redeobjekt" einen Moment ins Visier und verknüpfen Sie mit diesem aktuellen Bild einige „alte Erinnerungen". Dabei geht es gar nicht so sehr um den tatsächlichen Inhalt Ihrer Ansprache (obwohl dies sicherlich auch eine Rolle spielt), sondern vielmehr um die intensive und damit in diesem Augenblick entspannende Betätigung für Ihr Gehirn. Es gilt die Faustregel: Konzentration auf ein bestimmtes Objekt lässt weniger Raum für Panikattacken.

Und damit zum Ende dieses Kapitels ein kleines Fazit: Lampenfieber ist wahrscheinlich eine „unheilbare Krankheit", denn gänzlich wird kaum jemand die Nervosität vor einem „großen Auftritt" ablegen können. Allerdings lässt sich Lampenfieber durch Übung und Konzentration durchaus auf ein erträgliches Maß verkleinern und kann sogar sinnvoll in den Beginn einer Rede integriert werden. Wenn Sie einen oder zwei der genannten Regeln befolgen und anwenden (die Befolgung aller fünf Regeln ist schon zeitlich beinahe unmöglich – also entscheiden Sie sich rechtzeitig), dürfte dies schon genügen, um Ihren Adrenalinausstoß bei der nächsten „Gelegenheit" deutlich zu verringern.

Eins noch: Lassen Sie sich niemals zur Beruhigung ein „Gläschen Sekt" oder gar Hochprozentigeres anbieten. Vor allem, wenn Sie es nicht gewohnt sind, könnten die ohnehin schon strapazierten Nerven damit weiter überreizt werden und selbst wenn Sie sich dann zunächst etwas lockerer fühlen, könnte dieser durch Überreizung und Anspannung noch verstärkte Kick zu einem „rhetorischen Fiasko" führen. Lassen Sie's also lieber – vertrauen Sie auf sich selbst.

Die fünf Todsünden: Daran scheitert jede Ansprache

In den bisherigen Kapiteln konnten Sie bereits nachlesen, welche Fehler Sie tunlichst vermeiden sollten, wie Sie Lampenfieber bekämpfen und welche Tricks es gibt, um eine Rede zum Erfolg werden zu lassen. Im Folgenden finden Sie nun eine Hitliste der allerschlimmsten Fehler, die Sie begehen könnten – ein einziger davon genügt, um eine Rede zum sicheren Misserfolg zu machen – mehrere davon münden unweigerlich in ein Debakel.

Platz 5: Leiern, lallen, lustlos scheinen

Wenn Sie eine Rede halten, sollten Sie etwas zu sagen haben. Davon müssen Sie selbst überzeugt sein, davon müssen Ihre Zuhörer überzeugt sein. Diese Überzeugung jedoch lässt sich auf keinen Fall vermitteln, wenn Sie Ihre Ansprache in einem gleichmäßig monotonen Singsang herunterleiern, wenn Sie keine Pausen machen und dadurch möglicherweise sogar gelangweilt oder gehetzt wirken. Bei unsicheren Rednern passiert es zudem recht häufig, dass Sie am Ende jedes Satzes noch einmal die Stimme heben, was das jeweils letzte Wort häufig schwer verständlich macht und gerne als eine Art „Lallen" ausgelegt wird. Das wiederum impliziert, Sie seien womöglich nicht ganz nüchtern oder aber – in manchen Positionen fast noch schlimmer – hätten einen Sprachfehler. Wie man es auch dreht und wendet: Hängt von dieser Rede Ihr berufliches Fortkommen ab, sollten Sie sich mit dem Begehen dieser Fehler sicherheitshalber von Ihrer Karriere verabschieden.

Platz 4: Anbiedern

Kaum etwas wirkt auf ein Publikum unangenehmer, als wenn es das Gefühl bekommt, der Redner wolle sich anbiedern. Es spricht nichts dagegen, wenn man versucht, die Zuhörer mit ein paar lockeren Sprüchen, mit Selbstironie oder auch einfach durch eine Portion Charme „mit ins Boot" zu holen, doch wenn man einen Witz – womöglich auch noch anzüglicher Natur – nach dem anderen reißt, wenn man ständig seine Zugehörigkeit zur Gruppe beschwört oder sich dazu hergibt, für billigen Applaus andere schlechtzureden, dann stößt dies zumindest dem intelligenteren Teil des Auditoriums sehr schnell sehr sauer auf. Und genau dieser Teil des Publikums ist es nun einmal, auf den es bei der Bewertung Ihrer Ansprache ankommen wird.

Platz 3: Überdosierung von Eigenlob

Wenn man überzeugen will, dann sollte man zum einen selbst überzeugt sein (nicht zwangsläufig, aber es erleichtert die Sache) und sollte überzeugend wirken, um andere überzeugen zu können. Dies beinhaltet beinahe automatisch eine gewisse Portion Eigenlob, das – in kleinen Dosen – gar nicht so doll stinkt, wie es uns das Sprichwort glauben machen will. Ein Politiker, der nicht ab und zu an die eigenen Erfolge und Verdienste erinnert, wird sich kaum lange halten können, und ein Manager, der den Fokus ausschließlich auf die Leistungen anderer legt, wird es schwerlich ganz nach oben schaffen. Unbedingt vermeiden sollte man jedoch eine zu hohe Konzentration der Selbstbeweihräucherung. Spätestens beim dritten Satz, in dem das Wort „ich" die zentrale Rolle spielt, müssen Sie sich hinterfragen, ob es damit nicht genug sein sollte und ob eine Änderung des Blickwinkels nicht angebracht wäre. Es gilt die Faustregel: Je größer man die eigenen Erfolge redet, desto kleiner wird die eigene Person gemacht – zumindest in der öffentlichen Wahrnehmung.

Platz 2: Verbissene Humorfreiheit

Spontaneität ist nicht jedem gegeben und nur die wenigsten haben die Gabe, eine Ansprache von Beginn an fesselnd, interessant und witzig rüberzubringen. Begnadete Redner sind in der Minderzahl, was einerseits schade, andererseits aber auch für den Autoren dieses Buches ein ausgesprochener Glücksfall ist. Aber das nur nebenbei. Doch auch eher mäßig begabte und sogar die hörbar vollständig untalentierten Redner, die nur notgedrungen oder sogar durch massiven Druck gezwungen an das Pult treten, sollten niemals vergessen, dass Humor die einzige Konstante ist, die tatsächlich alle Menschen in irgendeiner Form verbindet. Im Klartext: Egal, wie langweilig, fahrig und unbeholfen eine Rede auch wirken mag – wenn sie mit einer Prise Humor gewürzt wird, können Sie noch etwas retten. Im Umkehrschluss bedeutet dies jedoch leider auch: Egal, wie staatstragend, spannend und sicher eine Ansprache daherkommt – ohne eine Prise Witz wird sie kaum länger im Gedächtnis bleiben, als es dauert, bis Sie vom Pult wieder zu Ihrem Sitzplatz zurückgegangen sind. Die Definition des notwendigen Humors ist dabei weit gefasst. Selbstironie („Seien Sie froh, dass ich meine Brille vergessen habe. Damit würde ich zwar besser lesen können und weniger stottern, aber Sie würden den Anblick nicht aushalten") ist eine sichere Bank, witzige und nicht allzu abgelutschte Zitate ebenso („Ich richte mich daher nach dem kanadischen Rhetorikprofessor William Shaughnessy, der über die Kunst des Redens sagte: ‚Sie sollte den Mensch vom Affen unterscheiden und bewirkt doch ständig, dass ein Mensch wie ein Affe wirkt.' Mit der Liebe verhält es sich übrigens ähnlich."). Vermeiden sollten Sie unbedingt so genannte „Herrenwitze", Sprüche auf Kosten von Minderheiten (womöglich ist ein Islamist im Publikum) und Querverweise auf lustige Bücher oder Filme, die außer Ihnen womöglich kaum jemand kennt.

Platz 1: Sentimentalität und Pathos

Viele Menschen, die plötzlich gezwungen sind, auf einer Trauerfeier zu sprechen, begehen einen Kardinalsfehler: Sie wählen große Worte, um einerseits dem Verstorbenen gerecht zu werden und andererseits der Traurigkeit angemessen zu begegnen. Tun Sie's nicht. Große Worte haben die unangenehme Eigenschaft, alles um sie herum klein und wertlos erscheinen zu lassen, und dies wiederum führt beim Zuhörer automatisch zu einem Verweigerungsreflex. Egal, in welcher Form uns die Tragödie begegnet – sie ist ohnehin so tragisch, dass sie verbal nicht aufgewertet werden muss. Bezeichnet man einen lieben Verstorbenen als „Held", als „Engel", als „größten Soundso aller Zeiten", so wirkt dies zum einen anbiedernd, zum anderen peinlich und provoziert darüber hinaus Fragen, die von dem ablenken, was Sie eigentlich sagen wollten. Mit Pathos lassen sich möglicherweise Kriege und Vaterlandsliebe verkaufen – für andere Ansprachen eignet es sich in unseren Zeiten praktisch nie. Das gilt auch für übertriebene Sentimentalität, denn Gefühle heißen deswegen nicht „Geworte", weil wir sie fühlen und nur in den seltensten Fällen verbal auf einen Punkt bringen können. Liebe und Hass, Traurigkeit, Freude und Zorn – all das sind nur Begriffe, die Zustände umschreiben, die jeder Einzelne für sich selbst definieren muss. Wenn aber einer daran geht, diese Worte inflationär zu verwenden, mit aller Gewalt versucht, Emotionen wachzurufen, Tränen oder Schmerz zu erzeugen, dann wirkt dies in aller Regel irritierend und sogar abstoßend. Die eigentliche Absicht der Rede wird dadurch fast automatisch in ihr Gegenteil verkehrt.

Die Auswahl und die Reihenfolge dieser fünf „rhetorischen Todsünden" ist zweifellos subjektiv, und dem geneigten Leser steht es selbstverständlich frei, seine eigene Hitliste der schlimmsten Verfehlungen beim Halten einer Ansprache zu erstellen. Da könnte unpassende Kleidung ebenso erwähnt werden wie das sture Ablesen von einem Manuskript, da sind überlange Satzgebilde ebenso zu nennen wie die Aneinanderreihung sinnentleerter Floskeln. Suchen Sie sich's aus – Ergänzungen sind willkommen.

Auf dem Weg zum freien Redner

Aus dem vorliegenden Kapitel haben Sie ersehen können, dass zu einem guten Redner und zu einer guten Ansprache weit mehr gehört als die richtigen Inhalte und Themen. Sie sollten jedoch auch bedenken, dass die Art der Artikulation, die korrekten Betonungen und die Körperhaltung lediglich Hilfsmittel sind – Hilfsmittel, die Ihnen dazu dienen sollen, sich selbst und das Publikum „in den Griff" zu bekommen. Spätestens nach Ihrer dritten oder vierten Rede haben Sie dann ohnehin Ihren eigenen Stil gefunden, sodass ständiges „Nachlesen" in diesem Buch nicht mehr unumgänglich notwendig sein wird. Allerdings möchte ich Ihnen dennoch dringend ans Herz legen, Routine nicht mit Brillanz zu verwechseln. Halten Sie nicht immer wieder dieselben Reden, denn das beraubt Sie Ihrer Flexibilität und der Fähigkeit, sich auf neue Situationen einzustellen. Versuchen Sie, dynamisch und kreativ zu sein, und wenn Sie sich zu den Fortgeschrittenen zählen, kann es nie schaden, die eigenen Grenzen auszuloten und neu zu definieren. Üben Sie vor dem Spiegel verschiedene Körperhaltungen ein, analysieren Sie, wobei Sie sich wohl und wobei Sie sich unwohl fühlten, finden Sie neue, ungewöhnliche Arten der Betonung heraus und schaffen Sie sich Ihre eigenen Freiräume: Nur so werden Sie letztlich zu einem wirklich freien Redner.

Goldene Regeln für eine gute Rede

Eine Rede besteht normalerweise aus vier Teilen: der Begrüßung, der Einleitung, dem Hauptteil und dem Schluss. Auch wenn sich die Inhalte der Ansprache natürlich von Fall zu Fall unterscheiden, gibt es doch einige allgemeine Hinweise, die Ihnen helfen, das Publikum zu fesseln und auf Ihre Seite zu ziehen: die berühmten goldenen Regeln für Begrüßung, Einleitung, Übergänge, Längen und Schluss.

Goldene Regeln für ... Die Begrüßung

Für die Begrüßung ist es notwendig zu wissen, wer begrüßt werden muss. Dieser Satz klingt derart simpel, dass man sich kaum trauen mag, ihn laut auszusprechen, doch hat er an dieser Stelle durchaus seine Berechtigung. Denn schließlich ist es keinesfalls üblich, bei einer Ansprache alle Anwesenden „über einen Kamm" zu scheren, und in manchen Fällen ist dies sogar unschicklich. Zur Verdeutlichung betrachten wir ein Beispiel aus dem beruflichen Alltag einer Führungskraft: Zur Eröffnung eines neuen Bürokomplexes wurde dieser werte Herr auserkoren, einige passende Worte zu sagen. Vor seinem Rednerpult sitzen der Vorstandsvorsitzende seines Unternehmens, dessen Gattin sowie etliche Kollegen. Wen wird er in seiner Begrüßung wohl zuvorderst nennen müssen? Richtig: den Herren Vorstandsvorsitzenden nebst Gattin. Alles andere wäre ein Affront – ganz abgesehen davon, dass es ein Albtraum für die beruflichen Aussichten unseres Aspiranten wäre.

Die Regel lautet also: die Wichtigsten zuerst. In einigen Fällen ist dies ganz einfach: Sie halten eine Ansprache anlässlich einer Geburtstagsfeier? Sie begrüßen zunächst das Geburtstagskind. Sie sprechen als Trauzeuge einer Hochzeit? Sie wenden sich an das Brautpaar. Sie haben einige Worte zur Taufe Ihres Patenkindes zu sagen? Ihr erster Adressat sind die stolzen Eltern.

Die jeweilige Form der Anrede bleibt dabei Ihrem Gefühl überlassen – Patentrezepte gibt es dafür nicht. Im ganz und gar privaten Kreis ist ein „Lieber Willy", „Liebes Brautpaar", „Liebe stolze Eltern von Patrick" durchaus angebracht – wenn Sie mit den Angesprochenen noch nicht ganz so vertraut sind, empfiehlt sich möglicherweise auch ein „Verehrtes Brautpaar". Im Folgenden eine kleine Liste von Anreden und ihre jeweilige Bewertung:

„Liebe, Lieber, Liebes": empfehlenswert im privaten, vertrauten Kreis für eine herzliche Ansprache. Wirkt warmherzig und leger.

„Verehrte, Verehrter, Verehrtes": empfiehlt sich für Feiern mit offiziellem Rahmen, bei denen sich noch nicht alle kennen. Schafft eine gewisse Distanz, ohne dabei jedoch zu unpersönlich zu sein.

„Geehrte, Geehrter, Geehrtes" (wahlweise auch „Hochgeehrtes" usw.): wirkt heutzutage ein wenig ironisierend, da etwas antiquiert. Eignet sich gut für launige, pointenreiche Ansprachen.

TIPP

Machen Sie sich in jedem Fall beim Schreiben Ihrer Ansprache oder auch beim Verfassen der Stichworte klar, wen Sie auf welche Weise, mit welchen Worten und in welcher Reihenfolge begrüßen wollen. Notieren Sie die vollständige Begrüßung immer im Wortlaut. Damit haben Sie stets einen sicheren und pannenfreien Einstieg in Ihre Rede parat.

Natürlich gibt es auch diverse Mischformen bei der Begrüßung. Stellen Sie sich bitte folgende Situation vor: Sie sind von der Ehefrau Ihres allseits respektierten Vorgesetzten gebeten worden, bei dessen 60. Geburtstag eine kleine Ansprache zu halten. Auf der Feier sind natürlich auch etliche Kollegen und Freunde und Verwandte des Jubilars anwesend. Wie lautet folgerichtig die Begrüßung?

„Sehr verehrter Herr Doktor Schmid, sehr verehrte Frau Schmid, liebe Kolleginnen und Kollegen, liebe Freunde, verehrte Anwesende ..."

Beachten Sie dabei bitte auch die Reihenfolge, die nicht zufällig gewählt wurde: Die Hauptperson wird zuerst genannt, dass anschließend die Ehefrau kommt, unterstreicht die Bedeutung des Partners und betont dadurch indirekt noch einmal die Wichtigkeit des ersten Angesprochenen. Dass für die Kollegen das Adjektiv „lieb" benutzt wird, betont zum einen die kollegiale Verbundenheit des Sprechers und darf als Beleg für die gute Stimmung innerhalb des Unternehmens gewertet werden. Zum anderen ist es aber auch eine respektvolle Abgrenzung von der Hauptperson. Dies gilt auch für die „Freunde", während die übrigen Anwesenden, die möglicherweise zur Familie des Jubilars gehören oder dessen persönliche Bekannte sind, mit dem Wörtchen „verehrte" diesem wieder „nahe gebracht" werden. Zu kompliziert? Nicht doch – eigentlich ganz einfach: zuerst die Hauptperson der jeweiligen Festivität, anschließend Partner oder Partnerin. Es folgen – mehr oder weniger ausführlich – die übrigen Anwesenden. Mit welchen einleitenden Adjektiven („lieb" oder „verehrt") die jeweiligen Personen oder Gruppen angesprochen werden, hängt einzig und allein vom persönlichen Bezug des Redners zu diesen Personen ab.

Die passende Begrüßung hängt aber auch davon ab, vor welcher Art von Publikum Sie Ihre Ansprache halten. Es versteht sich von selbst, dass „Meine Damen und Herren" vor einer reinen Männerrunde eher für Belustigung denn für Aufmerksamkeit sorgen dürfte, und „Liebe Sportkameraden" wirkt auch nur dann passend, wenn Sie auf einer Sitzung des Sportvereins das Wort ergreifen. Folgende Aspekte gilt es zu berücksichtigen:

- Bei spontan (ohne Manuskript) gehaltenen Reden gilt: Halten Sie die Anrede so kurz wie möglich. Grund: Nur so haben Sie eine gewisse Sicherheit, niemanden zu vergessen.
- Vor einem geschlechtlich gemischten Publikum sollten Sie stets „Meine Damen und Herren" verwenden – unabhängig davon, ob es sich um Freunde, Bekannte, Kollegen oder gänzlich Fremde handelt. Grund: Diese Anrede wirkt vertraut, zeitlos seriös, niemals aufgesetzt und lässt keinen Raum für Missverständnisse.
- Sollten Sie der Verpflichtung unterliegen, bestimmte Personen namentlich zu benennen, beginnen Sie stets mit dem Wichtigsten, zum Beispiel dem Geburtstagskind. Damit legen Sie schon einmal den Tenor der Rede fest. Sollte es sich um eine Ansprache im offiziellen Rahmen handeln, nehmen Sie die Gästeliste zur Hand und setzen Sie vor jeden wichtigen Namen ein „Sehr verehrte(r) …" oder „Verehrte(r) …" Grund: Sie entsprechen damit einer traditionellen Höflichkeitsregel.
- Halten Sie die Anrede möglichst kurz, aber sprechen Sie dabei möglichst langsam. Grund: Durch das „Herunterrasseln" könnten Sie für Unruhe sorgen, da man Ihnen womöglich nicht folgen kann. Außerdem versetzen Sie sich selbst in unnötige Hektik.

Benutzen Sie die Anrede als „Beruhigungspille" für sich selbst. Sprechen Sie sich diesen Beginn der Rede möglichst ein paar Mal leise vor und hängen Sie den ersten Satz der eigentlichen Ansprache gleich an. Grund: Sie bekommen damit einen sicheren und souveränen Einstieg in Ihre Rede. (Beispiel: *„Sehr geehrte Damen und Herren, liebe Freunde. Zum Feiern haben wir uns heute eingefunden und das Feiern wird gleich weitergehen. Gestatten Sie mir jedoch zunächst, ein paar Worte an Sie zu richten …"*)

So viel zum Thema Anrede, wobei wir es nicht versäumen wollen, Ihnen an dieser Stelle einige kleine Beispiele an die Hand zu geben. Wir beginnen mit einer Geburtstagsfeier:

■ *„Lieber Hans-Hubert, liebe Geburtstagsgäste, liebe Freunde ..."* (Mit dieser Anrede haben Sie alle Eventualitäten abgedeckt. Sie haben den „Ehrengast" an erster Stelle erwähnt, Sie haben die Ihnen womöglich unbekannten Gäste berücksichtigt und Sie haben Freunde und Bekannte miteinbezogen.)

Die folgende Anrede, die Sie im Rahmen einer Hochzeitsfeierlichkeit benutzen könnten:

■ *„Liebes Brautpaar, liebe Silvia und lieber Georg, sehr geehrter Herr Pfarrer Müller, liebe Eltern und Verwandte, liebe Freunde ..."* (Der Beginn mit dem „Brautpaar" ist traditionell – die gleich anschließende namentliche Erwähnung macht den Einstieg persönlicher.) Sollte der Geistliche, der die Trauung vorgenommen hat, anwesend sein, müssen Sie ihn sofort anschließend erwähnen. Es folgen die Eltern von Braut und Bräutigam und erst dann die übrigen Gäste. Der Abschluss mit „liebe Freunde" dient wiederum der herzlichen und persönlichen Note.

Wenden wir uns nun dem Betriebsfest zu, bei dem es trotz seines ungezwungenen Charakters in hohem Maße auf eine korrekte Anrede ankommt.

■ *„Sehr verehrter Herr Direktor Huber, liebe Frau Huber, verehrte Frau Doktor Laband, liebe Kollegen ..."* (Wie bereits erwähnt, könnte von der richtigen Anrede bei einer betriebsinternen Veranstaltung viel für Sie abhängen. Es gilt die Faustregel: Erwähnen Sie die wichtigsten anwesenden Persönlichkeiten gleich zu Beginn und denken Sie auch an deren anwesenden Ehepartner. Übrigens: Sollte „Herr Direktor Müller" nicht seine Frau, sondern seine Freundin mitgebracht haben, ist eine ausdrückliche Erwähnung nicht angebracht.)

Und damit kommen wir zu unserem letzten Beispiel: der Vereins-
feierlichkeit. Hierbei gibt es mehrere Möglichkeiten – je nachdem,
wie offiziell der Rahmen der Veranstaltung ist:

■ „Liebe Sportskameraden …" (Können Sie dann verwenden, wenn Sie
  selbst aktives Vereinsmitglied sind und die Mehrzahl des Publikums ebenfalls aus „Aktiven" besteht.)

■ „Liebe Mitglieder des SSV (FC, TSV o. Ä.) …" (Ist dann angebracht,
  wenn es um eine offizielle Wortmeldung geht, die sich mit ver-
  einsinternen Dingen beschäftigt)

■ „Sehr geehrter Herr Maier, verehrte Damen und Herren der Vorstandschaft,
  liebe Vereinsmitglieder …" (Gilt für hochoffizielle Anlässe wie zum
  Beispiel Ehrungen, wobei Sie den ersten Vorsitzenden namentlich
  erwähnen)

■ „Sehr geehrter Herr Maier, liebe Vorstandskollegen, liebe Vereinsmitglieder …"
  (Ist dann gebräuchlich, wenn Sie selbst Vorstandsmitglied sind.
  Auch hier gilt: Der erste Vorsitzende sollte respektvoll namentlich
  erwähnt werden.)

Die korrekte Anrede ist die erste Klippe, die Sie meistern müssen, und
wenn Sie das geschafft haben, können Sie sich endlich auch mit den
Inhalten Ihrer Rede beschäftigen.

Goldene Regeln für … Die einleitenden Worte

Die Einleitung einer Ansprache sollte niemals weitschweifig wirken. Grund: Während der ersten Worte eines Redners machen sich
die Zuhörer ein Bild von Stil und Inhalt des Vortrags. Wenn Sie schon
mit den einleitenden Worten zu schwafeln beginnen, wird es sehr
schwer, das Publikum zur Aufmerksamkeit zu bewegen.

Außerdem sollten die einleitenden Worte einer Ansprache stets möglichst flüssig gesprochen werden. Auch hier gilt, dass die Zuhörer sich schließlich sehr schnell ein Bild von Ihnen und Ihren Fähigkeiten als Redner machen. Wenn möglich sollte Ihre Ansprache mit einer Pointe, einem Zitat oder einer gelungenen Spitze beginnen. Der Grund: Nichts entspannt die Atmosphäre so sehr wie gemeinsames Lachen oder Kichern und nichts gibt dem Redner mehr Selbstvertrauen und damit Gelassenheit als positive Reaktionen seines Publikums.

TIPP

Eine gute Einleitung sollte:

- nicht mehr als zwei bis drei Sätze lang sein
- komplizierte Konstruktionen wie Einschübe oder schwierige Fremdworte vermeiden
- mit einem inhaltlichen Element die Atmosphäre bestimmen und die Richtung vorgeben

Das liest sich einfach, doch bekanntlich ist alle Theorie entsetzlich grau und deswegen sind hier etliche Einleitungsbeispiele aufgelistet. Beginnen wir mit den Klassikern:

„Schon Cäsar sagte ‚Lasst dicke Männer um mich sein‘ und deswegen wurde ich von Trudl wahrscheinlich als Redner verpflichtet.“

„‚Reden ist Silber, Schweigen ist Gold‘, behauptet der Volksmund. Ich bin angetreten, um euch das Gegenteil zu beweisen …“

„‚Wer anderen eine Grube gräbt, fällt selbst hinein‘, lautet ein altes Sprichwort. Tja, Peter hat gesagt, ich müsse eine Rede halten und dafür muss er nun zuhören …“

„Bismarck sagte einst: ‚Einen großen Mann erkennt man an drei Dingen: Großzügigkeit im Entwurf, Menschlichkeit in der Ausführung und Mäßigung beim Erfolg.‘ Dabei denke ich an Sie, verehrter Herr Direktor Müller …“

„Wer lange schweigt, wird länger für klug gehalten‘, sagt ein islamisches Sprichwort, doch dieses Risiko bestand bei mir ohnehin nicht. Deswegen erlauben Sie mir, an dieser Stelle einige Worte zu verlieren …“

„Ich stehe hier, ich kann nicht anders‘, denn Trudl hat mir das Versprechen abgenommen, an Willys Ehrentag ein paar passende Worte zu sagen …“.

All diese Einleitungen haben eines gemeinsam: Sie verwenden ein Zitat. Dabei spielt es keine Rolle, ob ein volkstümliches Sprichwort oder ein klassischer Aphorismus benutzt wird – wichtig ist lediglich, dass der Bezug vom Zitat zur Person des Redners, zur Person des zu Ehrenden oder zum Inhalt der folgenden Ansprache hergestellt wird. Der Effekt: Der Sprecher wirkt wahlweise gebildet oder witzig (zuweilen beides) und der Zuhörer wird mit „vertrauten“ Inhalten beliefert. Denn selbst wenn ihm das konkrete Zitat nicht bekannt ist, so erkennt er doch mühelos den Sinn, der darin steckt, und kann sich fortan leichter mit dem Redner und den Inhalten identifizieren: So stellt der Sprecher eine gemeinsame Basis zwischen sich und seinem Publikum her.

TIPP

Schaffen Sie sich ein Zitatenlexikon an oder notieren Sie sich regelmäßig gelungene Aphorismen aus Tageszeitungen. Vor allem in Wochenendausgaben lassen sich viele Schätze finden. Natürlich sind auch im Internet entsprechende Seiten vorhanden (Übrigens: Im Kapitel „Zitate und flotte Sprüche“ finden Sie etliche Zitate für die verschiedensten Anlässe und Gelegenheiten).

Eine andere Form der Einleitung wirbt auf humorvolle Art um das Verständnis der Zuhörer und um ihre Solidarität. Auch hierfür einige Beispiele – beachten Sie bitte dabei vor allem das Stilmittel der Ironie.

„Willy wird heute 50 Jahre alt. Das wäre an und für sich nicht so schlimm, wenn Trudl nicht auf die Idee gekommen wäre, dass ich dazu einige passende Worte sagen müsse. DAS ist schlimm – für mich und für euch ...“

„Liebes Brautpaar: Als Trauzeuge ist es mir ein Vergnügen, einige Worte an euch zu richten – ob es für euch ein Vergnügen wird, werden die nächsten Minuten zeigen ...“

„Eigentlich war mir der Sinn einer Rede nie ganz klar: Einer spricht und alle anderen langweilen sich lange Zeit ganz furchtbar. Was ist daran so toll? Deswegen kann ich zumindest versprechen, dass meine Ansprache ganz kurz sein wird. Immerhin.“

„Bei Reden ist es wie bei Röcken: je kürzer, desto schöner. Deswegen darf ich hier gleich anmerken, dass ich immer schon ein Fan des Minirocks war und dass dies hier meine erste Rede ist: Die Folgerung liegt doch wohl auf der Hand? Richtig: Die Rede wird kurz.“

„Bevor ich zur Sache komme, muss ich gestehen, dass ich ungern Reden halte. Kein Wunder – habe ich es doch noch nie zuvor getan und hoffe darauf, dass ihr mir auch diesen ersten Versuch verzeihen möget: Ich stehe schließlich nicht freiwillig hier.“

Ironie und vor allem die Selbstironie in Einleitungen sind ausgezeichnete Möglichkeiten, sich Sympathien und Verständnis zu sichern. Sie gelten fortan als humorvoll und liebenswert, und da Sie sich womöglich auch frühzeitig als ungeübten Redner vorgestellt haben, werden Ihnen eventuelle Fehler gerne nachgesehen.

TIPP

Seien Sie ruhig ironisch, aber niemals bösartig oder zynisch. Der Grat kann manchmal schmal sein. Sätze wie „Die 50 sieht man dir durchaus schon an, Willy" oder „Das Brautpaar steht vor dem Fehler seines Lebens" mögen von Ihnen humorvoll gemeint sein – können aber im Kontext durchaus verletzend wirken.

Eine weitere Form der Einleitung ist etwas sachlicher und damit auch distanzierter. Sie empfiehlt sich beispielsweise für ältere Redner, denen normalerweise Respekt entgegengebracht wird – Selbstironie könnte bei solchen Menschen eher wie Anbiederung aufgefasst werden.

„Es ist mir, lieber Willy, eine Ehre und eine Freude, zu deinem heutigen Geburtstag einige Dinge sagen zu dürfen ..."

„Nachdem ich von Trudl beauftragt wurde, ein paar Worte zum heutigen Anlass zu sagen, habe ich mir Gedanken über die lange Zeit gemacht, die Willy und ich uns schon kennen ..."

„Als Willys Freund seit nunmehr über 40 Jahren möchte ich an dieser Stelle ein paar Worte zum Jubilar verlieren und bitte um eure Aufmerksamkeit ..."

„Mit Respekt und Zuneigung, lieber Willy, bin ich der Einladung zu deinem heutigen Geburtstagsfest gefolgt. Zuneigung, weil ich mich nun schon seit 40 Jahren als deinen Freund bezeichnen darf, Respekt, weil du ..."

Mit derartigen einleitenden Worten setzen Sie als Redner weniger auf die Karte Humor als vielmehr auf den Respekt und die Anerkennung Ihrer Hörer – sowohl Ihnen als auch dem Objekt Ihrer Ansprache gegenüber.

TIPP

Eine derartige Form empfiehlt sich nicht nur aus Sicht des eher zurück-
haltenden, konservativen Redners, sondern auch in Situationen, in
denen Flapsigkeit einfach nicht mehr angebracht ist. Wenn zum Beispiel der zu Ehrende sehr krank ist, vor Kurzem einen nahen Angehöri-
gen verloren hat oder wenn die gesamte Feier unter dem Eindruck
schlechter Nachrichten steht.

Ein weiteres Mittel, um die Aufmerksamkeit des Publikums zu gewinnen, sind so genannte „Teaser". Bei „Teaser" – abgeleitet vom
englischen Verb „to tease" (necken) – handelt es sich um möglichst charmant verpackte Elemente, die ein wenig vom gewohnten
08/15-Schema abweichen und damit automatisch mithelfen, die Aufmerksamkeit des Zuhörers zu fesseln. „Teaser" können alles Mögliche sein: ein verfremdetes Zitat („Wer anderen eine Grube gräbt, fällt
selten selbst hinein" oder „Hier stehe ich und kann auch anders"),
markante Schlagworte wie beispielsweise „gravierend", „eklatant",
„gigantisch" oder „phänomenal" oder auch so genannte „Breaking
Elements". Beim Letztgenannten handelt es sich um Worte oder
auch Teilsätze, die dazu angetan sind, den gewohnten Ansprachen-
oder Redestil zu ironisieren, zu verfremden oder zu parodieren und
dadurch die Stimmung zu entkrampfen und zu lockern. Im Klartext:
Der jeweilige Redner benutzt ein sprachliches Element, das entweder nicht so recht zur Erwartungshaltung des Hörers passt oder sein
eigenes Image kurzfristig verändert. Beliebte Beispiele dafür sind Ein-
schubsätze, wie das folgende Beispiel beweist: „Ich bin mir der Tatsache bewusst – und Sie werden mir sicherlich den Gebrauch dieser
Allerweltsfloskel verzeihen –, dass die Situation nicht einfach ist."
Durch den Einschubsatz mit dem Wort „Allerweltsfloskel" nimmt der
Redner sich selbst ein wenig zurück, gibt dem Zuhörer Gelegenheit,
Sympathie und Verständnis auszubauen und bricht gleichzeitig den

Ernst des eigentlichen Satzes in angemessen humorvoller und zudem selbstironischer Weise. Zudem wird der Hörer sehr direkt angesprochen und bei der Pro-forma-Bitte um Verzeihung auch in den Text integriert, sodass eine Wechselwirkung zwischen Redner und Publikum entsteht – ein Gefühl der Nähe und Vertrautheit. Andere Beispiele für „Breaking Elements" sind:

„Angesichts dieser Zahlen, die ich weder Ihnen noch mir ersparen kann, stellt sich natürlich die Frage …"

„Ich freue mich – und das dürfen Sie mir abnehmen und wörtlich nehmen –, heute hier sein zu können und …"

„Sicherlich ist Ihnen dieser Name ein Begriff – zumindest nach dieser Veranstaltung sollte er es sein, sonst gebe ich meine Zulassung als Redner an der Garderobe ab …"

Ein beliebter Trick, um sich „lächelnde" Aufmerksamkeit und damit auch ein wenig Solidarität zu sichern, ist das Spiel mit den Formen der Sprache. Gerade bei todernsten Themen, die in der Regel entsprechend sachlich und damit zumeist auch eher langweilig aufbereitet werden müssen, bietet sich das Jonglieren mit bestimmten Elementen geradezu an. Ein Beispiel dafür wäre der ironisch-distanzierte, gleichzeitig aber humorvoll-verständnisvolle Umgang mit der Jugendsprache. Auch hierzu ein Textbeispiel: „Wie ich eingangs bereits gesagt habe, handelt es sich bei diesem Projekt um eine Innovation im technologischen Bereich. Mein 12-jähriger Sohn würde in diesem Zusammenhang wahrscheinlich die Redewendung ‚Hey – voll cool, Alter' verwenden, doch ich möchte mich doch lieber auf die substanziellen Fakten beschränken …" Mit dem Einschub, der von Ihrem 12-jährigen Sohn und dessen sprachlichen „Verirrungen" handelt, nimmt der Redner dem gesprochenen Inhalt bewusst jegliches Pathos, verzichtet darauf, Dramatik aufkommen zu lassen, und vermittelt dem Publikum das Bild eines humorvollen Familienvaters, der trotz seines beruflichen Engagements den Kontakt zur Außenwelt und besonders zur Jugend nicht verloren hat.

Sehr beliebt – besonders in Politikerkreisen – ist auch der regelmäßige Einbau von „sprachlicher Volksverbundenheit". Am einfachsten lässt sich dies mit der Verwendung des jeweils gefragten und gesprochenen Dialektes tun, wobei es eigentlich keine Rolle spielt, ob der Redner selbst aus dem betreffenden Sprachraum kommt oder nicht. Tut er es nicht – spricht er normalerweise also Hochdeutsch –, so wird sein Ausflug in den landestypischen Dialekt gleichermaßen als Versuch der Anpassung wie als freiwillig entlarvende Form der Selbstironie interpretiert: Der Mann gibt sich eine Blöße – der Mann ist offen, der Mann hat Mut. Auch hierzu ein Beispiel aus dem Bayerischen: „Wir Preußen bezeichnen ein solches Verhalten als unannehmbar – hier in Bayern sagt man wohl eher ‚dös is a rechte Schand' – eventuelle Aussprachefehler bitte ich nachzusehen …"

Ausgestattet mit diesen Tricks und Schlichen und dem Merksatz „Eröffnungen sollen eröffnen und nicht einschläfern" können Sie bei Ihren einleitenden Worten eigentlich nicht mehr viel falsch machen. Entsprechende Textbeispiele werden Sie in den folgenden Musterreden zuhauf finden.

Goldene Regeln für ... Die Übergänge

Auf die einleitenden Worte von Ansprachen, Grußworten, Toasts oder langen Reden folgt der Hauptteil, doch über ihn gibt es an dieser Stelle nicht sehr viel zu sagen. Denn schließlich sollte es in diesem Part vor allem um die Inhalte gehen: Was wollen Sie wem sagen? Um diese

Frage zu beantworten, ist dieses Buch naturgemäß nicht geeignet, denn selbst wenn es 1.000 Seiten hätte, könnte es doch nicht alle Anlässe und Möglichkeiten, sämtliche Themen und Ansprechpartner erfassen.

Doch auf eines sollten Sie achten: Auch wenn eine Rede einen klar definierten Hauptteil und einen ebenso deutlichen Schluss hat, sollten die Zuschauer nicht allzu deutlich auf diese Gliederung aufmerksam gemacht werden. Mit anderen Worten: Gestalten Sie die Übergänge zwischen den einzelnen Teilen einer Rede möglichst fließend. Beim Übergang zwischen Begrüßung und Einleitung geht das automatisch – doch bekommen Sie das beim Übergang zwischen Einleitung und Hauptteil genauso gut hin? Stoßen Sie Ihre Zuschauer nicht mit der Nase drauf, dass nun ein neuer Teil Ihrer Rede beginnt. Sondern versuchen Sie stattdessen lieber, Ihre Sätze so geschickt aneinanderzureihen, dass die Zuhörer in Ihre Rede hineingezogen werden und Ihnen mühelos von Satz zu Satz folgen. Dies gelingt Ihnen zum Beispiel, indem Sie am Anfang des Hauptteils ein Element aus der Einleitung erneut aufgreifen:

„Bevor ich zur Sache komme, muss ich gestehen, dass ich ungern Reden halte. Kein Wunder – habe ich es doch noch nie zuvor getan und hoffe darauf, dass ihr mir auch diesen ersten Versuch verzeihen möget: Ich stehe schließlich nicht freiwillig hier. Ganz im Gegensatz zu Claudia und Andreas, die heute ganz und gar aus freiem Willen vor den Traualtar getreten sind. Doch was heute seinen Höhepunkt fand, begann vor acht Jahren in einer kleinen Studentenbude in Hannover. Dort lebte die Germanistikstudentin Claudia und war auf der Suche nach einem neuen Mitbewohner …"

„Eigentlich war mir der Sinn einer Rede nie ganz klar: Einer spricht und alle anderen langweilen sich lange Zeit ganz furchtbar. Was ist daran so toll? Deswegen kann ich zumindest versprechen, dass meine Ansprache ganz kurz sein wird. Immerhin. Ganz und gar nicht kurz kann man jedoch das Leben von Onkel Heinrich nennen, denn immerhin feiert er heute bereits seinen 85. Geburtstag …"

Um die Übergänge in einer Rede möglichst flüssig zu gestalten, sollten Sie Sätze nicht einfach so nebeneinander reihen, sondern sie mit Konjunktionen (Bindewörtern) verknüpfen. Diese Konjunktionen machen die Zusammenhänge deutlich und erleichtern dem Zuhörer das Verständnis der Rede. Vergleichen Sie einmal die folgenden Sätze:

„Claudias Mitbewohnerin zog zu ihrem Freund. Claudia suchte einen neuen Mitbewohner und gab zu diesem Zweck eine Anzeige auf. Andreas meldete sich."

„Weil Claudias Mitbewohnerin zu ihrem Freund gezogen war, musste nun Ersatz her. Deshalb versuchte es Claudia mit einer Anzeige – auf die sich prompt ein gewisser Andreas meldete."

Der Inhalt der beiden Abschnitte ist derselbe, doch durch den Einsatz von Konjunktionen („weil"), Adverbien („deshalb") und Relativpronomen („auf die") lesen sich die Sätze erheblich flüssiger.

Doch keine Angst, nun ist die Grammatikstunde zu Ende. Ein weiterer Übergang ist derjenige zwischen Hauptteil und Schluss. Auch er sollte nicht unvermittelt erfolgen, sodass bei den Zuhörern nicht der Eindruck entsteht, Ihnen falle plötzlich nichts mehr ein oder Sie hätten keine Lust mehr und so kommen Sie jetzt eben zu den guten Wünschen am Schluss. Auch hier sollte das Publikum wieder mitgeführt werden – wie Sie das machen, erfahren Sie weiter unten bei den goldenen Regeln für den Schluss.

Goldene Regeln für ... Die Längen

An dieser Stelle sei noch einmal ausdrücklich daran erinnert: Inhalte sind wichtig – aber mindestens genauso wichtig ist die Form. Und dafür gilt – wie bereits erwähnt – die eiserne Regel: Fasse dich kurz.

Dies gilt insbesondere für den Hauptteil einer Rede, der die Aufmerksamkeit des Publikums nicht über Gebühr in Beschlag nehmen sollte. Denken Sie dabei jedoch daran, dass unser subjektives Zeitgefühl als Redner nicht immer mit dem Zeitgefühl des Auditoriums übereinstimmt. Was uns kurz und „kurzweilig" erscheinen mag, kann für den einen oder anderen Zuhörer durchaus langatmig und ermüdend sein. Wie Sie dem vorbeugen können? Nun – am einfachsten ist es natürlich, wenn Sie Ihre Ansprache derart spritzig und witzig gestalten, dass die Zuhörer gar nicht mehr aus dem Schmunzeln herauskommen und regelrecht enttäuscht sind, wenn Sie zum Ende kommen. Aber das ist natürlich nicht so einfach, denn schließlich ist nicht jeder von uns ein charmanter und espritvoller Plauderer. Deshalb sollten Sie vorsichtshalber Zuflucht zu einigen Hilfsmitteln nehmen:

- Legen Sie Ihre Uhr gut sichtbar vor sich auf den Tisch und behalten Sie den Zeiger im Auge. Fünf Minuten ist meistens eine „goldene Spanne".
- Achten Sie auf die Reaktionen des Publikums: Wenn sich einige abwenden oder gar zu tuscheln anfangen, dann sollten Sie sich sputen.
- Versuchen Sie, sich thematisch frühzeitig zu begrenzen. Im Klartext: Wenn Sie in Ihrer Ansprache nur einen oder zwei inhaltliche Schwerpunkte haben, werden Sie sich leichter tun, schnell „auszusteigen".

Lange Reden

Lange Reden haben einen entscheidenden Nachteil: Sie sind lang. Manchmal sehr lang. Manchmal zu lang. Eigentlich sollten lange Reden verboten sein, denn vor allem in der Zuhörerrolle können mir persönlich 15 Minuten zuweilen wie eine Ewigkeit vorkommen, wenn dort am Podium ein schlechter Redner steht.

Manchmal aber sind lange Reden unvermeidbar und werden sogar erwartet. Goutiert werden sie jedoch nur dann, wenn sie unterhaltsam und informativ sind, wenn sie mitreißen und mitfiebern lassen, wenn sie Humor und Charme besitzen, wenn sie spannende Elemente und ironische Passagen verbinden, wenn sie ermahnen, berühren, ansprechen, bezaubern, faszinieren, hinreißen, erheitern, fröhlich oder traurig stimmen … kurz gesagt: wenn sie Emotionen wecken.

Die europäische Kultur der Rhetorik hat eine lange und durchaus spannende Tradition. Schon die Griechen der Antike wussten um die Bedeutung von erlebbaren Gefühlen in ihren Reden und Ansprachen (nicht umsonst erfanden sie ganz nebenbei auch noch das klassische Drama zur Unterhaltung der Massen) und die Römer setzten diese Tradition fort. Im „finsteren" Mittelalter waren Reden hingegen weit weniger angesagt – der seinerzeit vorherrschende „Machismo" machte den beredten Menschen schnell zum unselig Schwatzhaften und angesichts des akuten Bildungsmangels selbst in den besseren Häusern lag die Würze tatsächlich zumeist in der Kürze.

Dies änderte sich erst in den Zeitaltern der Renaissance und der anschließenden Aufklärung, als Politiker und Intellektuelle die Rede wieder als Mittel zum Zweck entdeckten. Endlich wurde Politik nicht mehr allein mit dem Schwertarm gemacht und die Argumentation „Ich hämmere es euch notfalls mit der Keule ein" verlor einen Großteil ihrer Anhänger. Intellektueller Wortwitz und rhetorische Brillanz galten dank Männern wie Kant und Rousseau nicht mehr als unnötige Geschwätzigkeit, sondern durchaus wieder als Ausdruck und Zier eines eleganten und geistvollen Menschen, und nach und nach entdeckte man die Tatsache neu, dass Worte zuweilen mehr bewirken, tiefer treffen und nachhaltiger Eindruck machen können als Faustschläge oder Säbelhiebe.

Heute, im Zeitalter der Massenmedien, befinden wir uns wieder auf einer Art Rückzug. Boulevard-Zeitungen fördern mit riesigen Überschriften und Texten in Häppchen-Format die Faulheit am Lesen, das Fernsehen versorgt uns mit leicht konsumierbaren Brocken, und in den Chatrooms des Internets können ganze Sätze, fast alle Gefühlsäußerungen und sämtliche Regungen durch kurze Zeichen wiedergegeben werden. Es scheint uns die Zeit zum Zuhören, zum Lesen und zum Genießen von Worten abhanden gekommen zu sein, und Tage wie der politische Aschermittwoch im schönen Bayern sind selten geworden. Da dürfen und sollen die Vertreter der verschiedenen Parteien lange reden – da werden ihnen auch zweistündige Ansprachen nicht verübelt. Die Zuhörer kommen mit der entsprechenden Erwartungshaltung, sind sozusagen auf diese Tradition „geimpft" und wollen sich nicht mit kurzen, knackigen Phrasen abspeisen lassen. In diesen Situationen beweist sich die wirkliche Größe eines Redners – seine Bedeutung, seine Fähigkeiten, seine Begabung, die Menschen zu fesseln: Dies alles lässt sich nun ablesen. Diese Stunden können über Karrieren entscheiden – diese Veranstaltungen sind es, die langfristig politische Geschichte schreiben. Man mag und kann über die Inhalte des Gesagten – je nach der persönlichen, politischen Einfärbung – geteilter Meinung sein. Fest steht jedoch, dass dieser politische Aschermittwoch eine der letzten Bastionen der Redekunst in Mitteleuropa ist. Wir sollten ihn konservieren und Aufzeichnungen dafür auch der Nachwelt zugänglich machen. Unbedingt.

Doch nicht jeder Redner ist Politiker und nicht jede Rede ist politischer Natur. Auch leitende Angestellte, Beamte, Pressesprecher, Firmengründer, Börsianer, Vorstände und Unternehmer sehen sich immer wieder mit Situationen konfrontiert, in denen einige karge Worte nicht reichen, in denen man deutlich werden muss, ohne weitschweifig zu sein, in denen Inhalte transportiert und Menschen überzeugt werden müssen. Sehr häufig resultieren solche Situationen im Berufsleben aus kleineren oder größeren wirtschaftlichen oder finanziellen Krisen. Jetzt ist wahlweise Beschwichtigung, Überzeugungsarbeit, Rechtfertigung oder Motivation gefragt.

Um es gleich vorwegzunehmen: Zweistündige oder gar längere Reden empfehle ich in diesem Zusammenhang niemandem. Im Zuge meiner Erfahrungen als Redenschreiber habe ich gelernt, dass 30 Minuten in der Regel den Gipfel der Machbarkeit darstellen. In den seltensten Fällen ist das Publikum bereit, länger aufmerksam zuzuhören und – was noch schwerer wiegt – in den seltensten Fällen gibt es genügend Stoff für den Redner, um so langfristig zu begeistern und zu fesseln. Und – ein ebenfalls nicht ganz unwichtiger Aspekt – die wenigsten Menschen sind überhaupt in der Lage, so lange verständlich und nachvollziehbar am Stück zu sprechen. Irgendwann stellen sich einfach Konzentrationsmängel ein, irgendwann nehmen die Versprecher überhand und die Erschöpfung bricht sich Bahn. 30 Minuten sind also die magische Grenze. Und alle die, die eine Rede von zwölf oder 15 Minuten vergleichsweise „kurz" finden, sollten einmal den folgenden Test machen: Stellen Sie sich doch einmal vor den Spiegel, nehmen ein wirklich fesselndes Buch zur Hand und lesen Sie daraus eine Viertelstunde lang ein Kapitel vor. Sie dürfen sich nicht versprechen, Sie müssen deutlich und verständlich bleiben, Sie dürfen nicht zu schnell reden, Sie müssen Pausen machen, Blickkontakt zu Ihrem ominösen Publikum halten und gleichzeitig konzentriert, energisch, elegant und stilsicher wirken. Merken Sie was? Die Anforderungen an einen Redner sind zuweilen höher, als man auf den ersten Blick vermuten möchte.

Goldene Regeln für ... Den Schluss

Da ist Ihnen ein Meisterstück gelungen. Eine so hübsche, elegante Ansprache. Eine Perle unter den Grußworten – ein Kleinod unter den

Reden. Und dann? Dann setzen Sie den ganzen guten Eindruck mit Vehemenz und Spucke in den Sand, weil Sie den Schluss vollständig verhauen.

Ein Horrorszenario? Ein Albtraum? Richtig – doch ein vermeidbarer Fauxpas. Denn auch für den gelungenen Abschluss einer Rede gibt es Tricks und Kniffe, die ein Waterloo verhindern. Beginnen wir zunächst mal mit dem, was Sie auf keinen Fall tun dürfen:

1. Der angekündigte Schluss: Bitte, bitte – ersparen Sie sich und Ihrem Publikum die mehrfach vorgetragene Floskel „Bevor ich jetzt zum Schluss meiner Ansprache komme …" oder wahlweise auch „Gestatten Sie mir bitte, bevor ich zum Schluss meiner Ansprache komme …" Nein. Wir gestatten nicht. Auf keinen Fall. Was soll diese Ankündigung? Dieses Versprechen? Wollen Sie uns mitteilen, dass Sie glücklicherweise bald aufhören? Sollen wir erleichtert durchschnaufen? Fazit: unbedingt vermeiden.

2. Der pathetische Schluss: Früher mag es mal angesagt gewesen sein, eine Ansprache mit einem Ausruf zu beenden: „Und so rufe ich euch aus voller Brust zu …" oder auch „Und so sage ich abschließend aus tiefster Überzeugung: Das Vaterland … bla bla bla." Wie gesagt: Früher war das womöglich hip – heute ist es peinlich. Fazit: auf den Müll damit.

3. Der weinerliche Schluss: Wenn Sie Ihre Fähigkeiten als Redner am Anfang selbstironisch beleuchtet haben, so war das sympathisch. Wenn Sie am Ende jedoch ein „Ich hoffe, Sie haben es gut überstanden" oder „Bitte seien Sie mir nicht böse, dass ich so lange gesprochen habe" bringen, so wirkt das eher bemitleidenswert. Schließlich bleibt der letzte Eindruck einer Rede im Gedächtnis und der sollte nicht jämmerlich sein. Fazit: Winseln ist out.

Wie können Sie es stattdessen besser machen? Welcher Schluss bietet sich an? Nun, zuweilen ist der einfache Abschluss auch der beste: Setzen Sie ein Zitat ans Ende oder vielleicht einen schönen anerkennenden Satz zur Veranstaltung, sagen Sie, dass Sie sich freuen, hier sprechen zu dürfen, oder dass Sie die Atmosphäre genossen haben – seien Sie positiv. Einige Beispiele:

„. . . sagte schon Schiller, und wer wäre ich, ihm zu widersprechen? In diesem Sinne wünsche ich euch weiterhin einen schönen Abend und vielen Dank für eure Aufmerksamkeit."

„Dies wollte ich loswerden, und es ist schön, dass ich dazu die Gelegenheit hatte. Vielen Dank fürs Zuhören."

„. . . und so schließe ich mit der ganz persönlichen Feststellung, dass es Spaß gemacht hat, hier zu stehen, und wünsche allen Anwesenden alles Gute. Vielen Dank."

Sehr hübsch – vor allem, wenn Sie soeben eine ganz bestimmte Person zu einem ganz bestimmten Anlass gewürdigt haben – ist auch der persönliche Ausstieg aus einer Rede:

„Und deshalb danke ich dir, liebe Charlotte, für all die Hilfe und Unterstützung in den vergangenen Jahren und wünsche dir für die Zukunft nur das Beste. Vielen Dank für eure Geduld und Aufmerksamkeit."

„Abschließend darf ich dir, Gustav, versichern, dass ich deinen Rat nicht nur immer zu schätzen wusste, sondern meistens auch befolgt habe. Was kann man einem Freund Besseres sagen? Ich danke dir für deine guten Worte in Vergangenheit und Zukunft und allen anderen fürs Zuhören."

Tipps und Tricks für alle möglichen Gelegenheiten

Eine Rede bei der Hochzeit eines guten Freundes bringt andere Anforderungen an einen Redner mit als eine Ansprache bei einem Betriebsfest oder eine Rede vor Vereinskollegen. Wie Sie das Publikum bei verschiedenen Anlässen für sich gewinnen können, erfahren Sie auf den folgenden Seiten.

Von Anlässen und Pflichten: Wann und wo ist welcher Redner gefragt?

Eines vorweg: Den idealen Redner gibt es nicht. Ist der eine hervorragend dazu geeignet, beim Firmenjubiläum ein paar passende Sätze zu sagen, wird ein anderer seinen großen Auftritt im Bierzelt haben. Im Folgenden sind etliche Anlässe aufgelistet und zu jedem einzelnen wird ein bestimmter Rednertyp als Ideal beschrieben. Leider gibt es die Gelegenheit, eine Idealbesetzung auswählen zu können, nur in den seltensten Fällen, doch wenn eine Auswahlmöglichkeit besteht, darf man die folgenden Kriterien durchaus zugrundelegen.

Private Feier

Der Redner sollte immer jemand sein, der einen Bezug zur Hauptperson des Festes (Braut, Bräutigam, Jubilar o. Ä.) hat und sich im privaten Umfeld einer gewissen Beliebtheit erfreut. Seine Herzlichkeit ist bekannt, seine Beliebtheit unumstritten. Es kommt weniger darauf an, einen brillanten Rhetoriker ins Rennen zu schicken, als vielmehr einen witzigen Menschen, der sich selbst ebenso gerne auf die Schippe nimmt wie andere. Der Redner sollte also Humor haben, spontan reagieren können (Zwischenrufe sind bei solchen Feiern fast obligatorisch) und sich selbst nicht allzu wichtig nehmen. Er muss klug genug sein, um den richtigen Zeitpunkt für eine Ansprache zu erkennen, sollte jedoch niemals der Versuchung erliegen, schweres rhetorisches Geschütz aufzufahren, um möglichst eloquent zu wirken. Fazit: Der ideale Redner für die private Feier ist eine witzige, loyale und friedfertige Haut.

Betriebsfeier
(Ehrung, Auszeichnung, Jubiläum, Neueröffnung o. Ä.)

In diesem Fall sollte der Redner möglichst jemand sein, der verschiedene Interessen und Ansichten gut unter einen Hut bringen kann. Eine Firma – vor allem, wenn sie eine gewisse Größe erreicht hat – ist immer ein Schmelztiegel von persönlichen und unternehmerischen Interessen, und diese stehen keinesfalls immer im Einklang. Der Redner sollte im Idealfall als Vermittler anerkannt sein, als neutral gelten und gleichzeitig einen starken Bezug zum Unternehmen aufweisen. Im Zusammenhang mit ihm werden gerne Eigenschaftsworte wie „korrekt", „ehrlich" und „loyal" verwendet. Wenn dann auch noch „humorvoll", „grundanständig" und „witzig" dazukommen, ist das beinahe wie ein Sechser im Lotto. Man weiß bei einem solchen Redner, dass er sich nicht darum gerissen hat, jetzt im Mittelpunkt zu stehen – eher im Gegenteil. Er will niemanden überzeugen oder gar überreden, sondern eine gleichermaßen persönliche wie versöhnliche Ansprache halten. Fazit: Der ideale Redner für einen betrieblichen Anlass ist ein witziger Buchhalter in diplomatischer Mission.

Vereinsfeier

Wenn drei Deutsche sich treffen, gründen sie einen Verein. An diesem von Briten in die Welt gesetzten Vorurteil muss etwas dran sein, wenn wir dieses Land betrachten, das weltweit die höchste Dichte an Vereinen aufweist. Viele Deutsche sind gleich in mehreren Vereinen engagiert, und auch wenn die Bereitschaft, sich in Führungsämter wählen zu lassen, in den vergangenen Jahren stark abgenommen hat, so gibt es doch nach wie vor außergewöhnlich viele Personen, die zu außergewöhnlich vielen Anlässen Reden halten müssen. Der ideale Vereinsredner ist der „Mann von nebenan" (Frau reimt sich einfach nicht so gut), freundlich, hilfsbereit und immer da, wenn Not am Mann ist. Er kennt keine Standesdünkel, betrachtet sein Amt weder als Bürde noch als Belohnung, und man nimmt ihm ab, dass er lieber feiern als sprechen würde. Seine Ansprachen sind in aller Regel zwar nicht eben rhetorisch brillant, aber immer kurz und bringen genau das auf den Punkt, was er sagen will. Er verwendet nur wenige Fremdworte und wenn doch, verzeiht man ihm gerne, dass er scheinbar Schwierigkeiten bei der Aussprache hat. Fazit: Der ideale Redner für ein Vereinsfest oder auch eine Jahreshauptversammlung ist ein bescheidener, einigermaßen lustiger und als fleißig geltender Kollege mit Herz und Schnauze.

Anlässe in der Politik

Geht es um Wahlkampfauftritte und Parteiveranstaltungen, um Reden vor kleinen oder großen Parlamenten, um Ansprachen vor Bürgern oder Unternehmern – der politische Redner muss vor allem eines mitbringen: Überzeugungskraft. Der ideale politische Redner ist also nicht nur jemand, der keine Angst vor öffentlichen Auftritten hat, sondern auch einer, der die Stimmung des Publikums spürt und gegebenenfalls darauf reagieren kann. Das Manuskript dient ihm nur als Stütze, Abweichungen davon gehören zum Repertoire. Er muss Spontaneität und exakte Planung stets mit Eleganz verknüpfen können und sowohl durch Worte als auch durch Mimik und Gestik fesseln. Dem guten politischen Redner gelingt dabei die Gratwanderung zwischen Pathos und Schnoddrigkeit, zwischen hoher Schule und kleinen Leuten. Er wirkt souverän genug, um als wählbares Vorbild dienen zu können, aber niemals so, als stehe er über den Dingen und seinen Zuhörern. Arroganz ist für ihn Todsünde, Anbiederung ebenfalls. Er strahlt Zuversicht auch in schwierigen Situationen aus, verwendet schlichte Worte, wenn es um die eigene Person geht, und bemüht Vergleiche, um komplizierte Sachverhalte einleuchtend darstellen zu können. Fazit: Der ideale politische Redner ist ein souveräner Überzeugungstäter mit Strahlkraft und Vision.

Anlässe in der Wirtschaft

Aktionärsversammlungen oder Bilanzpressekonferenzen, Übernahmeverhandlungen oder Expansionen – in all diesen Fällen soll durch die Kraft des Wortes eine Basis für das gelegt werden, was letztlich in Handel und Industrie zählt: die Zahlen. Der ideale Redner für Anlässe der Ökonomie ist ein ehrlicher Makler, einer, der zwar nicht verhehlt, etwas verkaufen zu wollen, aber gleichzeitig auch die Gewissheit ausstrahlt, von seinem jeweiligen Produkt überzeugt zu sein. Er ist fokussiert auf dieses Produkt, er sieht ungern nach links und rechts, und man merkt ihm an, dass er hart dafür arbeitet, um andere zu überzeugen. Er ist das Gegenteil eines Dampfplauderers, denn ihm merkt man die ehrliche Sorge um Gegenwart und Zukunft an. Er lässt keine Zweifel daran, dass marktwirtschaftliches Denken auch gewinnorientiertes Denken ist, doch vermutet man hinter ihm auch ein Leben, das sich nicht aus Umsatzerwartungen und Bilanzen zusammensetzt. Er wirkt älter, als er ist, und reifer, als er sein müsste – er strahlt natürliche Autorität aus, die er jedoch nur ungern einsetzt. Man sieht in ihm einen Macher mit Format, einen Handwerker des Erfolgs. Fazit: Der ideale Redner in der Wirtschaft ist ein wertkonservativer Dynamiker, ein sorgsamer und sorgfältiger Manager ohne Allmachtsallüren.

Von Festen und Herausforderungen: Was funktioniert in welcher Umgebung?

Dass man auf einer Beerdigung schwarz gekleidet sein sollte, um nicht unangenehm aufzufallen, darf als gesichert gelten. Dass für einen Wirtschaftsboss oder einen Politiker Anzug und Krawatte und – beim weiblichen Pendant – Kostüm oder Ähnliches Pflicht sind, dürfte ebenso unumstritten sein. Doch abgesehen von den Äußerlichkeiten und von der Notwendigkeit korrekter Begrüßungen, existieren auch durchaus Floskeln, Redewendungen und Formulierungen, die zu bestimmten Anlässen sehr gut und bei anderen Gelegenheiten überhaupt nicht funktionieren. Ein Satz, der eine Zuhörerschaft im evangelischen Gemeindezentrum von Wanne-Eickel gestern noch von den Stühlen gerissen hat, stößt beim Gartenbauverein Garmisch-Partenkirchen plötzlich auf bleierne Stille, ein Witz, der bei der Rheumaliga gestern noch zündete wie eine Rakete, erweist sich bei der mittelfränkischen Winzergenossenschaft plötzlich als Rohrkrepierer.

Natürlich lassen sich weder alle Gelegenheiten aufzählen, zu denen Reden gehalten werden, noch alle möglichen Arten von Publikum. Dennoch wird im Folgenden der Versuch unternommen, einige wichtige Textbausteine, die in sehr vielen Reden auftauchen, auf ihre Tauglichkeit hin zu untersuchen. Manche dieser Phrasen nämlich entfalten in einem bestimmten Kontext ganz erstaunliche Wirkungen – und sind weit wichtiger für die Akzeptanz einer Ansprache, als ihre bloße Wortbedeutung dies erahnen ließe.

Die Überzeugungsfloskeln

„Seien Sie versichert …": zu steif für private Anlässe oder Festlichkeiten aller Art.

„*Sie müssen mir abnehmen ...*": klingt flehend und ein bisschen weinerlich, begrenzt geeignet für Politiker oder Unternehmer in der Zwickmühle.

„*Glauben Sie mir bitte ...*": hinterlässt ein vages Gefühl von Aufrichtigkeit, darf aber pro Rede höchstens einmal verwendet werden.

Die Selbstdarstellungen

„*Ich bin jemand, der ...*": Sätze, die mit „ich" beginnen, sollten anschließend große Worte meiden.

„*Ich hatte niemals die Absicht ...*": ... und es ist trotzdem passiert. Dieser Satzbeginn signalisiert Versagen und den Versuch, dieses nicht einzugestehen. Vorsicht.

„*Jeder, der mich kennt, weiß, dass ...*": eine klare Anbiederung ans Publikum. Aufgepasst – diese Redewendung funktioniert nur in einem wohlgesonnenen Umfeld.

Die Sollbruchstellen

„*Wenn Sie mir diese Abschweifung gestatten ...*": Nein, niemand gestattet Abschweifungen, zumindest nicht bei offiziellen Anlässen. Im privaten Bereich lässt sich damit jedoch sehr hübsch eine kleine Anekdote einleiten.

„*Zurück zum eigentlichen Thema ...*": Hatten Sie sich davon wirklich entfernt? Wenn ja, muss jetzt eine Begründung dafür folgen, sonst wirkt diese Überleitung gekünstelt.

„In diesem Zusammenhang darf ich daran erinnern ...": Sie dürfen, Sie sollen, Sie müssen. Aber lassen Sie das „in diesem Zusammenhang" weg – diese Wendung ist ausgelutscht.

Die Rechtfertigungen

„Niemand hätte damals geglaubt ...": ehrliches Erstaunen oder nur plumpe Rechtfertigung des eigenen Fehlgriffs. Verwenden Sie diese Floskel nur, wenn Sie absolut überzeugt von ihrer Richtigkeit sind.

„Wer hätte vorhersehen können, dass ...": Tja – womöglich klügere Menschen als Sie? Wollen Sie eine solche Antwort riskieren?

„Hätte mir damals jemand prophezeit ...": Das klingt schon eher nach einem ehrlichen Eingeständnis.

Die Erklärungen

„Ich darf als bekannt voraussetzen ...": Als „bekannt" darf nur vorausgesetzt werden, was wirklich jedem im Publikum bekannt ist. Ansonsten wirken Sie von hier ab arrogant.

„Niemand kommt heute umhin zuzugeben ...": Tatsächlich? Verwenden Sie diese Floskel selbst als Politiker nur dann, wenn Sie wirklich bärenstarke Argumente und eine todsichere Mehrheit auf Ihrer Seite haben.

„Es ist mittlerweile selbstverständlich, dass ...": Unterscheiden Sie bitte sorgfältig zwischen Wunsch und Wirklichkeit, wenn Sie diese Phrase einbauen. „Selbstverständlich" ist nämlich ein größeres Wort, als man annehmen möchte, und es provoziert all jene, die grundsätzlich gerne zweifeln.

Die Geständnisse

„Ich nehme mich da selbst gar nicht aus …": Das klingt ein wenig gönnerhaft und so, als würden Sie den Löwenanteil der Schuld dennoch lieber anderen zuschieben.

„Das muss ich mir heute zu Recht vorhalten lassen …": Immerhin hört sich das so an, als hätten Sie sich mit dem jeweiligen Vorwurf wirklich auseinandergesetzt. Bitte erläutern Sie dann aber auch im Detail, wie und warum Sie die Sachlage heute so und nicht anders sehen.

„(Auch) ich habe in dieser Sache Fehler gemacht …": Mit dem Eröffnungswort „auch" klingt der Satz wie ein Fluchtversuch, ohne „auch" wirkt er wesentlich aufrichtiger.

Von Hochzeiten und Todesfällen – der Ton macht die Musik

Nehmen wir an, Sie seien der Vater der Braut und müssten deshalb auf der Hochzeitsfeier Ihrer Jüngsten eine Ansprache zum Besten geben. Nehmen wir weiterhin an, Sie liebten Ihre Tochter von Herzen, sehen Sie nur ungern ziehen und hielten Ihren Schwiegersohn für einen aufgeblasenen Idioten, dem sie Ihr kleines Mädchen nur höchst ungern anvertrauen. Das sind eigentlich keine besonders guten Zutaten, um eine fröhliche, unterhaltsame, schwungvolle und womöglich sogar witzige Rede zu halten – vorausgesetzt, Sie setzen Sarkasmus nicht mit Humor gleich.

Dennoch wird auch in einem solchen Fall von Ihnen erwartet, neben den richtigen Worten auch den richtigen Ton zu treffen, wobei damit nicht jener Ton im übertragenen Sinne gemeint ist, der doch nur auf den Inhalt der Rede abzielt, sondern tatsächlich Ihre Stimmfärbung in diesem Moment.

Bleiben wir noch ein wenig bei diesem Beispiel. Ein Brautvater, der unter den geschilderten Umständen eine Rede halten muss, kann durchaus die passenden Worte finden, die niemanden verletzen, die eigentlich humorvoll und optimistisch klingen könnten und dem Anlass insgesamt gerecht werden. Wenn er seine 20 Sätze aber in jenem schneidenden Tonfall zum Besten gibt, den man normalerweise von Unteroffizieren erwartet, hat er den richtigen Tonfall mit Pauken und Trompeten verpasst. Resultat: Das Töchterchen fühlt sich an ihrem Ehrentag schlecht behandelt, die Ehefrau ist sauer, und der Schwiegersohn hat nun die vollständige Gewissheit, dass der Brautvater ihn nicht leiden kann.

Nun – eine angenehme Stimme lässt sich natürlich nicht einfach herbeizaubern, aber natürlich gibt es Möglichkeiten zu verhindern, dass Sie beim Sprechen ins Schnarren, Leiern oder Brummen abgleiten – je nachdem, wie Ihre Stimmungslage gerade ist. Ein sehr wichtiger Aspekt dabei ist Ihre Körperhaltung. Davon ausgehend, dass Sie bei Ihrer Rede stehen, sollten Sie unbedingt auf Ihre Haltung achten, denn eine aufgerichtete Haltung wirkt sich äußerst positiv auf die Stimme aus. Das Zwerchfell sinkt dabei nach unten, und die Atemräume werden frei, wodurch wir die volle Atemkapazität nutzen können und eine möglichst große Resonanz in den Atemräumen ermöglicht wird. Durch eine aufgerichtete Haltung gerät unser Körper also in die passende Spannung, wobei wir aber auch beweglich bleiben, was uns eine angemessene Mimik und Gestik ermöglicht.

Häufig sind wir beim Sprechen nicht richtig aufgerichtet. Wenn wir verkrümmt oder gebeugt stehen, überwiegt stark die so genannte Bauchatmung, bei einer übertriebenen Aufrichtung ist die Atmung in den Brustbereich verschoben. In beiden Fällen gilt, dass wir nicht unser volles Atempotenzial nutzen und damit unserer natürlichen Stimme schaden. Wir wirken wahlweise gepresst, gehetzt, kurzatmig oder scharf – je nach Körperhaltung.

Hinzu kommt, dass unsere Emotionen natürlich eine bestimmte Haltung verursachen. Sich ordentlich aufzurichten, wenn man todtraurig ist, ist schwierig, und Angst verursacht häufig, dass wir quasi in uns zusammensacken. Stress kann dazu führen, dass wir ebenso unbewusst wie krampfhaft die Schultern nach oben schieben und den Kopf nach vorne, und Wut führt dazu, dass wir uns auf ungesunde Art aufrichten – uns sozusagen größer machen – und um die Mundpartie herum vollständig verkrampfen. Unsere Gefühle und Gedanken führen also häufig zu einer entsprechenden Körperhaltung und diese wiederum wirkt sich unmittelbar auf unsere Stimme und auf die Sprechweise aus. Neben dem Willen, uns entspannt, aber aufrecht zu präsentieren, gilt also auch immer die Regel: Seien Sie sich im Klaren über Ihre Stimmungslage und versuchen Sie, diese mit Ihrer augenblicklichen Körperhaltung in Einklang zu bringen. Oder – anders ausgedrückt: Versuchen Sie eine entspannte Körperhaltung zu finden, bevor Sie mit Ihrer Rede beginnen – auch dann, wenn Ihre Stimmung dieser Haltung eigentlich gar nicht entsprechen mag.

Ein weiterer wichtiger Aspekt für den richtigen Tonfall einer Rede ist das Setzen und Einhalten von Pausen. Nur wenn wir beim Sprechen genügend Pausen machen, bekommen wir ausreichend Luft. Durch den Wechsel von An- und Entspannung schaffen wir zum einen Phasen der Regeneration für unsere Stimme, zum anderen geben diese kurzen Unterbrechungen uns die Möglichkeit, das Gesagte zu strukturieren, und dem Zuhörer die Gelegenheit, das Gesagte zu verarbeiten und zu verstehen. Zudem können wir durch das Einhalten von Pausen Spannung aufbauen und die Aufmerksamkeit der Zuhörer auf uns richten.

Zu schnelles Sprechen und mangelnde Pausen führen hingegen dazu, dass beim Sprechen Atemprobleme auftreten, was im Extremfall sogar zur eher peinlichen Schnappatmung führt. Zudem wird das Sprechen schnell sehr anstrengend, die Rede klingt leiernd und die Zuhörerschaft ist entweder irritiert oder schaltet einfach ab.

Für eine durchgehend gute Stimmfärbung während einer längeren Ansprache sollten Sie die folgenden Tipps beherzigen:

- Die Lippen sollten beim Sprechen immer locker geöffnet bleiben, da sonst die Atmung ins Stocken gerät oder zu unregelmäßig wird.
- Lassen Sie auch und vor allem während der Sprechpausen den Kiefer möglichst locker und beißen Sie auf keinen Fall die Zähne aufeinander.
- Versuchen Sie eine lockere und gerade Haltung einzunehmen. Dies verhindert die so genannte Hochatmung, die Ihre Stimme schriller und den Sprechrhythmus schneller machen würde.
- Nehmen Sie sich mehr bewusste Zeit für Pausen.
- Achten Sie auf Ihre Gefühle. Angst zum Beispiel führt zu Verspannungen im Nacken-, Kehlkopf- und Kieferbereich sowie zu einer überspannten Haltung und ebenfalls zur Hochatmung.

Für die Vorbereitung auf eine Rede ist darüber hinaus auch ausgiebiges Gähnen zu empfehlen, auch wenn Sie sich überhaupt nicht müde fühlen. Stellen Sie sich einfach vor, einem gähnenden Menschen gegenüber zu sitzen, und schon werden Sie allein durch die Kraft der Fantasie genügend angesteckt, um selbst ausgiebig gähnen zu können. Dies führt zu einer Entspannung der Kehlkopfaufhängung und zu einem passiven entspannenden Zug der inneren und äußeren Kehlkopfmuskeln, also auch der Stimmlippen. Durch den Zug nach unten gerät der Kehlkopf auf Dauer in eine etwas tiefere Lage, welche zu einer verbesserten Resonanz führt. Außerdem führt das Gähnen zu einer Entspannung des Rachen- und Mundbereiches und damit zu einer Verbesserung der Artikulation. Und schließlich und endlich führt das Gähnen zu einer größeren Kieferöffnung und einer Vergrößerung der Resonanzräume, was uns wiederum eine verbesserte Tragfähigkeit der Stimme beschert.

Abschließend sei noch einmal darauf verwiesen, wie wichtig es ist, dass Sie Ihre natürliche Stimmlage erreichen und weder zu hoch (Angst, Ärger, Stress) oder zu tief (Resignation, Müdigkeit, Überdruss) werden. Um tatsächlich Ihre absolut authentische Stimme „herzustellen", stellen Sie sich möglichst bequem irgendwo hin und zählen drei- oder viermal bis 10. Reduzieren Sie Ihre Sprechgeschwindigkeit nach jedem Durchgang ein wenig. Das hat zur Folge, dass der Ton immer weiter absinkt, und die Tonhöhe, die Sie nach dem dritten oder vierten Durchgang erreichen, entspricht Ihrer natürlichen Stimme.

Vorlagen für alle Gelegenheiten

Von der Autohauseröffnung über Hochzeit und Geburtstagsfeier bis hin zur Betriebsversammlung: In diesem Kapitel finden Sie Textbausteine und Musterreden für alle denkbaren Gelegenheiten.

Textbausteine für verschiedene Anlässe

Auf den folgenden Seiten sollen Ihnen Fragmente an die Hand gegeben werden – Versatzstücke und Einzelteile, die Sie kombinieren und zerlegen, zerteilen oder zusammensetzen können. Im Idealfall lässt sich aus diesen zahlreichen Bruchstücken ein gutes „Gerüst" für eine ansprechende Rede, für ein Grußwort, einen Toast oder eine kleine Ansprache zimmern. Normalerweise jedoch können Sie höchstens zwei oder drei dieser Versatzstücke für Ihre ganz persönliche Aufgabe wirklich verwenden – für den Rest müssen Sie sich eigene Gedanken machen. Dieses Buch soll Ihnen dabei natürlich eine Hilfe sein, genau wie die folgende kleine Liste. In dieser sind die beliebten „Ins" and „Outs" einer modernen Rede aufgeführt, denn selbstverständlich ist auch die Kunst der Rhetorik einem beständigen Wandel unterworfen. Was vor wenigen Jahren noch als modern und elegant galt, kann heute schon überholt sein und antiquiert klingen – diesem Risiko sollten Sie nicht ausgesetzt sein:

Out ist die einleitende Floskel: „Wir sind heute hier zusammen-
gekommen, um ...“ – altbacken.

Out ist die Begrüßung: *„Liebes Geburtstagskind ...“* –
vor allem für Erwachsene.

Out ist die Phrase: *„Erlauben Sie mir bitte ...“* – unterwürfig.

Out ist die Bemerkung: *„Wie der Volksmund (schon) sagt ...“* –
anbiedernd.

Out ist die Pseudo-Ankündigung: „Bevor ich jetzt zum Schluss
komme, lassen Sie mich noch kurz ...“ – unverschämt.

Out ist die Anmerkung: „So jung kommen wir nie mehr zusammen
und deshalb ...“ – krampfig.

Out ist die Entschuldigung: „Ich konnte mich nicht vorbereiten ...“ –
schwach.

In ist der Blitzeinstieg: *„Was für ein Tag!“* – enthusiastisch.

In ist hörbare Freude: „Ich find's toll, hier zu sein und dazu sprechen
zu dürfen ...“ – fröhlich.

In ist Selbstironie: „Meine Fähigkeiten als Redner sind so exzellent
wie meine Fähigkeiten als Fußballer: einfach unterirdisch“ –
humorvoll.

In ist Ehrlichkeit: „Ich werde mich zwar höchstwahrscheinlich
versprechen, aber ich will mir Mühe geben, das Richtige zu
sagen ...“ – bescheiden sympathisch.

In sind beschreibende Adjektive: „Er ist klug, freundlich, humorvoll
und auch noch bescheiden – was für eine angenehme Mischung ...“ –
geistreich.

In sind passende (aber wenige) Fremdworte: *„Ihm ist das Hobby zur
Passion geworden ...“* – gescheit.

In ist Nostalgie: „In Mexiko rollte der letzte Käfer vom Band, Deutschland wurde Fußballweltmeister und Onkel Albert hatte diesen schlim-
men Keuchhusten – all dies in jenem Jahr eurer Heirat ...“ – schwel-
gend.

Nun widmen wir uns – wie angekündigt – den Versatzstücken von Reden und Ansprachen. Beginnen wir mit einigen sinnreichen Elementen, die zu einer Geburtstagsansprache oder auch zur Ehrung einer Person in Verein, Firma oder Familie passen könnten. Namen und Ereignisse, Daten und beschreibende Adjektive sind natürlich austauschbar – empfehlenswerte Standardformulierungen sind unterstrichen.

Lobende Worte verwendet man bei derartigen Feiern, um die zu ehrende Person in den Mittelpunkt zu rücken und die eigene Wertschätzung auszudrücken. Die folgenden Beispiele beschäftigen sich vor allem mit den Charaktereigenschaften.

„Peter ist nicht nur ein guter Freund, sondern auch ein großartiger Mensch. *Kaum einer ist hier im Raum, der nicht in der einen oder anderen Weise seine Hilfe (seine Großzügigkeit, seine Geduld, seine Unterstützung) in Anspruch genommen hätte, und es ist sicher niemand hier, dem er sie je verweigern würde …"*

„Wenn ich hier heute über Christina sprechen darf, ist mir das durchaus eine Ehre. **Denn schließlich ist Christina eine wunderbare Frau, eine großartige Mutter und eine wirklich gute Freundin** *– und so hoffe ich, dass ein bisschen davon jetzt auch auf mich abfärbt …"*

„Der eine oder andere unter Ihnen, oder wahrscheinlich sogar die meisten, wissen sicherlich, wovon ich spreche, **wenn ich sage, dass man sich auf Heike hundertprozentig verlassen kann. Sie ist da, wenn man sie braucht,** *und sie versteckt sich auch in schwierigen Momenten nicht …"*

„Wenn es um das Übernehmen von Verantwortung ging, hat sich Udo niemals gedrückt, *sondern stets in vorbildlicher Art und Weise für uns (für die Gemeinschaft, den Betrieb, den Verein, die Familie) geackert (gearbeitet, geschuftet). Er war in vorderster Reihe, als es darum ging …"*

„40 Jahre arbeitet Walter jetzt schon in diesem Unternehmen, 40 Jahre, in denen er nicht nur viel gelernt, erlebt, wieder verlernt und wieder neu erfahren hat, sondern auch 40 Jahre, in denen er phasenweise mit Haut und Haar der Firma gehörte. Keine Arbeit war ihm zu schwer, kein 15-Stunden-Tag zu lang. **Sein Einsatz, sein Fleiß und vor allem seine Kollegialität sind uns allen bekannt …**"

Zuweilen können auch ruhige, besinnliche Worte die Stimmung des Festes oder der Veranstaltung treffen. Manche Feiern werden in Zeiten oder in einem Rahmen abgehalten, deren schwieriges Umfeld man in die Ansprache letztlich einbauen muss, um nicht unglaubwürdig oder ignorant zu wirken …

„Wenn wir jetzt dir, lieber Richard, zu deinem heutigen 60. Geburtstag gratulieren, dann wollen wir nicht vergessen, an Freunde zu denken, die leider nicht mehr bei uns sein können und die wir natürlich vermissen …"

„Dein Geburtstag, liebe Jutta, fällt in eine Zeit, die wir uns sicher einmal leichter vorgestellt haben. **Doch obwohl** zuletzt nicht alles glatt lief, obwohl es unerfreuliche (traurige, deprimierende) Tage und Ereignisse gab, **muss an deinem Festtag auch Platz sein** für fröhliche Worte und Gedanken. Schließlich wird man nur einmal …"

„Natürlich, liebe Martha, könnten wir heute ungetrübter deinen Geburtstag feiern, wenn Johann noch unter uns weilen würde. **Doch indem wir dir alles Gute, Gesundheit und Glück wünschen, sprechen wir schließlich auch in seinem Namen.**"

„Geburtstage sind persönliche Feiertage. Wieder ist ein Lebensjahr um, wieder hat man Zeit genutzt oder verschwendet und blickt auf 365 gelebte Tage zurück. Ab einem gewissen Alter sollte man jedoch versuchen, der Zeitverschwendung Herr zu werden, und das ist dir, lieber Gustav, immer eindrucksvoll gelungen. Mit deinem Engagement für …"

„Natürlich sind die Zeiten schwer, natürlich können wir das Hier und Jetzt nicht mit den Tagen vergleichen, in denen du, Herbert, in diesem Unternehmen angefangen hast. Doch dass du diesem Haus 30 Jahre treu geblieben bist – allein das beweist doch, dass der Einsatz sich lohnt, denn mit dir zusammenzuarbeiten, war für jeden der hier Anwesenden stets eine Freude ...“

Ein beliebter Kniff, um eine Ansprache interessant zu gestalten, ist ein Rückblick auf die Vergangenheit, in den persönliche Erlebnisse ebenso einfließen können wie Ereignisse des Zeitgeschehens. Ideal ist eine Mischform, wie das folgende Beispiel verdeutlichen soll:

„**Vor 47 Jahren, genau am 17. Juli 1964, bist du auf die Welt gekommen, lieber Dieter.** In Hamburg wurde damals ein Containerschiff auf den Namen „Hildegard“ getauft, ein Bayer namens Strauß wurde zum Minister ernannt, dein Bruder Franz bekam seinen ersten Eintrag ins Klassenbuch und dein Vater soll angesichts deines zerknitterten Erscheinungsbildes kurzfristig sogar seine Urheberschaft angezweifelt haben ...“

„**Als du gezeugt wurdest, lieber Jupp,** gewann Borussia Dortmund den Europapokal, **und als du auf die Welt kamst,** lagen die Schwarz-Gelben auf dem zweiten Platz der Bundesliga-Tabelle. **Bei deiner Einschulung** waren sie nur noch auf Rang sieben, **und als du volljährig wurdest,** stiegen sie sogar aus der Bundesliga ab. So müssen wir also annehmen, dass dein Aufblühen im direkten Zusammenhang mit dem Niedergang der Borussia steht – eine Vermutung, die dich möglicherweise bis ins Mark trifft ...“

„**Vor 40 Jahren** saß am Vordereingang noch der alte Pförtner Willy. **Vor 30 Jahren** stand hinter dem Tresen in der Kantine noch Helga, die gute Seele. **Vor 20 Jahren** haben sie dich vor einen Computer gesetzt und **vor zehn Jahren** wurde die Stechuhr plötzlich digitalisiert. **Nicht alles, was neu hinzukam, hat uns gefallen, und vieles von dem, was wir verloren haben, fehlt uns heute ein biss-**

chen. Doch dass du der Firma die Treue gehalten hast, Hubert, war und ist für jeden von uns eine erfreuliche Konstante – ein Halt, selbst in schweren Zeiten ..."

TIPP

Die drei Variationen, die Sie soeben gelesen haben, haben alle eines gemeinsam: eine Aufzählung. Eine solche ist auch ein ausgezeichneter Trick, um einen guten und soliden Rhythmus in eine Ansprache zu bekommen. Ein weiteres Beispiel: *Erstens ist Peter ..., zweitens hat er ... und drittens weiß er ...* Wenn Sie diese Sätze um ihre eigentlichen Inhalte ergänzen und dann laut sprechen, werden Sie entdecken, dass Sie automatisch Pausen vor dem „zweitens" und dem „drittens" einlegen – Pausen, die völlig natürlich sind und entsprechend unverkrampft wirken. Übrigens: Ein „viertes" kann es noch geben – ein „fünftens" nicht mehr. Sonst wird's ermüdend. Weitere Möglichkeiten für Aufzählungen wären: „Zum einen ... zum anderen ... und außerdem" oder auch die zeitliche Variante mit „*Vor einer Woche ... vor drei Tagen ... gestern*" oder die rhetorisch elegante Wiederholungsvariante „*Dies ist ein Tag, um ihn zu ehren ... ein Tag, um ihn zu feiern ... ein Tag, um sein Loblied zu singen ...*"

Auch die folgende Version spielt mit der Nostalgie, bedient sich dabei aber eines abgewandelten Zitats zum Einstieg. Erinnern Sie sich? Der Weltraum, unendliche Weiten. Wir schreiben das Jahr ... Und jetzt die Abwandlung:

„Die Nordseeküste, unendliche Weite. Wir schreiben das Jahr 1958: Vom Strand von Bremerhaven wird ein Pottwal mit Hilfe eines Motorbootes wieder ins offene Wasser gezogen, und auch du, Sonja, galtst als ziemlich molliges Baby. Bei der Fußballweltmeisterschaft in Schweden beschweren sich die deutschen Kicker über die Lautstärke der einheimischen Fans und dein Vater bemängelt die unerwartete Kraft deiner Lungen. In Kassel wird das erste deutsche Schlaflabor gegründet – du bringst es in der Kunst des Schlafens auch ohne professionelle Hilfe zur Meisterschaft ..."

Neben dem abgewandelten „Enterprise"-Zitat zum Beginn wird hier mit Assoziationen gespielt und kollektiven Erinnerungen ein neuer, sehr persönlicher Kontext verliehen. Dafür noch ein Beispiel:

„Konrad Adenauer trat zurück, als du geboren wurdest, und an deinem 18. Geburtstag wurde Marlon Brando zum fünften Mal Vater. An deinem Hochzeitstag gewann Niki Lauda sein erstes Formel 1-Rennen und heute verpassen wir alle hier die 500. Ausgabe von ‚Wetten, dass …?'. Ich muss sagen – deine privaten Großereignisse finden weltweit Beachtung …"

In diesen „aufgewärmten Erinnerungen", in den nostalgischen Textpassagen, ist – zumindest in unseren Beispielen – bereits viel Humor enthalten. Vor allem ein wenig liebevolle Ironie wird niemand dem Redner verübeln – vorausgesetzt, die Anspielungen treffen keinen wunden Punkt. Wenn Sie sich diesbezüglich nicht sicher sind, vermeiden Sie lieber jedes Risiko und verkneifen Sie sich einen diesbezüglichen Scherz. Aber: Derartige Spiele mit Erinnerungen und Ereignissen bedeuten natürlich auch eine gewisse Recherchearbeit, denn Sie dürfen nicht schlampen, sondern müssen den persönlichen Daten auch wirklich konkrete Ereignisse zuordnen können. Es besteht schließlich immer das Risiko, dass jemand nachprüft.

Einige sehr schöne Varianten gibt es übrigens natürlich auch abseits der Erinnerungen an vergangene Zeiten, wobei es sich einerseits anbieten kann, Meinungsäußerungen Dritter einfließen zu lassen oder bestimmte Entscheidungen in den Mittelpunkt zu rücken. Noch nicht ganz klar? Beispiele folgen:

*„Natürlich habe ich ein paar Freunde gefragt, was ich denn heute über dich sagen soll. **Die einen meinten,** ich soll deine Großzügigkeit betonen, **andere verwiesen auf** deine Loyalität, und **wiederum anderen war es wichtig,** deine Tüchtigkeit in den Mittelpunkt zu stellen …"*

„**Es gibt Menschen, die** dich in erster Linie **für** großzügig **halten. Andere bezeichnen dich als** hilfsbereit und **wieder andere nennen** deinen Mut als wichtigste Charaktereigenschaft. Ich will dies nicht entscheiden müssen, weiß aber, dass du tatsächlich alle diese Tugenden besitzt und ein wirklich guter Freund bist …"

(Wenn Sie diese Variante gut finden, dürfen Sie statt „die einen" und „die anderen" oder den „Menschen" auch konkrete Personen einsetzen. Wenn Sie aber behaupten: „Hansi sagte" und „Heidi meinte" dann dürfen Sie auf keinen Fall schummeln. Dann müssen Sie vorher wirklich gefragt haben. Kann aber auch wirklich nicht schaden – zuweilen erhalten Sie dadurch gute, frische Ideen für Ihre Rede.)

„Vor vielen Jahren (vor 30, 40, 50 Jahren – bitte einsetzen) **hast du dich entschieden,** auf die Welt zu kommen. Vor 27 Jahren hast du geheiratet und vor 24 Jahren einen Sohn gezeugt. **Du hast dich** für den richtigen Beruf **entschieden, du hast beschlossen,** ein wirklich guter Ehemann und Vater zu sein, **und außerdem hast du dich dazu entschieden,** mir ein wunderbarer Freund zu sein. Deine Entscheidungen sind einfach großartig."

(Diese Version geht am Ende natürlich auch mit „ein wunderbarer Ehemann", „eine wunderbare Mutter" oder „ein wunderbarer Patenonkel" – suchen Sie sich das Passende raus.)

Ansprechpartner

All den Beispielen, die wir bisher behandelt haben, ist gemeinsam, dass es um eine ganz bestimmte Person im Zusammenhang mit einem ganz bestimmten Ereignis geht. Jemand hat Geburtstag, jemand feiert Jubiläum, jemand wird geehrt. Etwas heikler wird die Sache, wenn es sich um eine Gemeinschaft handelt – wenn also zwei Personen (beispielsweise Ehepartner, Braut und Bräutigam, Gold-Hochzeiter usw.) oder sogar noch mehr Personen wie bei Taufen (Eltern und Kind), Trauerfeiern (Familie), Klassentreffen oder Vereinsjubiläen angesprochen werden. Vor allem bei der Frage des passenden Humors empfiehlt sich hier deutlich mehr Zurückhaltung, denn Sie müssen davon ausgehen, dass Sie nicht alle Personen gleich gut kennen und somit nicht einschätzen können, welche Form von Witz allgemein akzeptiert wird. Was den einen erheitert, verletzt jemand anderen. Vorsicht ist also geboten – eine wirklich gute Möglichkeit, unverfänglich und dennoch charmant zu sein, ist ein Lob für die Veranstaltung:

„... deswegen spreche ich wohl allen aus dem Herzen, wenn ich sage, dass wir uns freuen, heute und hier mit euch feiern zu dürfen ..."

„... die gute Stimmung heute Abend ist ein eindrucksvoller (guter) Beleg (Beweis) dafür, wie gerne wir mit euch feiern ..."

„... und deshalb möchte ich euch zunächst sagen, dass man mit euch wirklich großartig feiern kann, wie der heutige Abend beweist ..."

Derart allgemein gehaltene Begeisterungsbekundungen helfen möglicherweise schon einmal über eventuelle Klippen hinweg – sind aber natürlich lange nicht ausreichend. Wie gesagt: Das Hauptproblem ist natürlich, dass Sie als Redner nicht alle Anwesenden gleich gut kennen, dass Sie als Trauzeuge nur sie oder ihn wirklich einschätzen können, dass Sie als Taufpate womöglich bislang nur mit einem Teil der Familie zu tun hatten und so weiter. Die Lösung ist sonnenklar: Sprechen Sie diese Schwäche an – nutzen Sie ihre Stärke. Im Beispiel könnte das so aussehen:

„Ich kenne Eva noch nicht gut genug, um viel über sie erzählen zu können, doch zum einen ist sie eine wunderschöne Braut, und zum anderen muss sie eine großartige Person sein, wenn sich mein Freund Adam für sie entschieden hat. Und da ich davon ausgehe, liebe Eva, will ich dir und den anderen hier Anwesenden jetzt auch noch sagen, dass auch Adam ein großartiger Mensch ist. Allerdings gehe ich davon aus, dass du, Eva, das bereits weißt. Den anderen sei gesagt, dass ich Adam nun schon seit über 20 Jahren kenne. Er ist ... (Charaktereigenschaften, Kindheitserinnerungen, lobende Worte) ... Und so kann ich dir, Eva, am Ende sagen: Weil ihr beide einfach großartig seid, passt ihr ganz hervorragend zusammen."

Der Vorteil einer solchen Variante ist, dass Sie zwar fast ausschließlich über denjenigen sprechen, den Sie gut kennen – dass sich die andere Person jedoch nicht zurückgesetzt fühlt, weil Sie sie ja direkt ansprechen und ihr zum Einstieg auch gleich noch ein Kompliment servieren. Ein weiteres Beispiel ist das Fest bei einer Taufe. Hier kommt es darauf an, die Eltern anzusprechen, das Kind miteinzubeziehen und die anderen nicht zu langweilen. Gar nicht so einfach ...

„Ich bin mir sicher, liebe Uschi, lieber Werner, dass euer Markus sich zu einem prächtigen Burschen entwickeln wird. Ich durfte ihn heute über das Taufbecken halten, und er war genauso cool wie einst Uschi, als an unserem Abend des Abschlussballs zwei Minuten vor dem Walzer mein Kleid riss. Bis heute weiß ich nicht, wo Uschi so schnell Nadel und Faden her hatte, aber sie blieb völlig gelassen, und innerhalb von 90 Sekunden stand ich wieder züchtig bedeckt vor meinem Tanzpartner. Wenn der kleine Markus nur halb so gelassen und souverän wird wie seine Mutter, habe ich um ihn keine Angst ..."

Gemerkt? Eigentlich kennt die Sprecherin nur ihre Freundin Uschi, aber Sie hat deren Ehemann Werner und die übrigen Gäste mit einer Anekdote „gefüttert", die Uschi ins rechte Licht rückt, hat das Kind gelobt (cool über dem Taufbecken) und am Ende dieses Absatzes noch mal angesprochen – perfekt.

Noch eine kurze Zusammenfassung: Konzentrieren Sie sich bei den Inhalten einer Rede, einer Ansprache, eines Grußwortes auf das, was Sie können – meistens also auf die Personen, die Sie wirklich kennen. Allerdings müssen Sie auch immer darauf achten, dass sich die anderen nie ausgegrenzt fühlen. Dies können Sie mit sich wiederholenden direkten Ansprachen machen „*Und du musst wissen, Werner, dass Uschi …*" oder auch „*Sie können natürlich nicht ahnen, liebe Gäste, dass Adam damals …*"

Ein jugendliches Publikum

Ein sehr spezieller Fall sind Ansprachen, Grußworte oder kurze Toasts, die sich in erster Linie an junge Leute richten. Wenn Sie beispielsweise anlässlich einer Konfirmation oder Kommunion, bei der Geburtstagsfeier Ihres Neffen oder zur Feier einer bestandenen Führerscheinprüfung ein paar passende Worte sagen sollen, ist die Gefahr, sich zu blamieren, immens. Junge Menschen haben bekanntlich eine andere Wortwahl – teilweise sogar einen ganz eigenen Sprachschatz. Wenn der erwachsene Redner verstanden werden will, muss er sich der Sprache der Teenager bewusst sein – darf sich ihr aber auf keinen Fall annähern oder gar unterwerfen. Wenn Sie nämlich als 40-Jähriger versuchen, mit dem „Slang" eines 16-Jährigen umzugehen, wirken Sie anbiedernd, unglaubwürdig und lächerlich. Die Regel lautet also: Sprechen Sie kurz und knapp, bringen Sie die Dinge, die Sie sagen wollen, auf den Punkt, und seien Sie zwar herzlich, aber werden Sie bloß nicht rührselig. Das verzeihen Teenager nämlich nur selten. Vor allem den eigenen Eltern nicht. Auch hierzu einige – vielleicht hilfreiche – Formulierungsvorschläge:

„Als dein Vater (Onkel, Großvater, Pate) weiß ich natürlich genau, dass du kein Anhänger langer Reden bist. Deshalb will ich auch nur sagen, dass ich sehr stolz auf dich bin – auch wenn man es mir nicht anmerkt. Du hast diese Prüfung (Abi, Führerschein, Examen o. Ä.) gut (sehr gut, ausgezeichnet) bestanden und dazu meinen Glückwunsch …"

„Früher ist es dir furchtbar auf die Nerven gefallen, wenn alle Verwandten dir gesagt haben, wie sehr du gewachsen bist und was du doch für ein süßes Kind warst. Also beschränke ich mich heute auf das Notwendigste und sage dir ausdrücklich nicht, dass du eine wirklich tolle Tochter (Nichte, Enkelin, Patenkind) bist. Ich verschweige heute auch, wie stolz ich auf dich bin, wie glücklich du mich mit dem Quali (Abi, bestandenen Führerschein, Examen) gemacht hast und wie sehr ich mich für dich freue. Das alles soll heute kein Thema sein. Stattdessen gratuliere ich dir einfach …"

Diese Verneinungen – netter Trick, was? Wenn Sie jedoch der Typ sind, der zu einem feierlichen Ereignis auch ein wenig feierlich klingen will, müssen Sie darauf achten, dass es möglichst nicht pathetisch wird. Ungefähr so:

„Was es aus christlicher Sicht zu deiner Konfirmation zu sagen gibt, das hat der Herr Pfarrer schon gesagt. Ich will dir deshalb nur sagen, dass dieser Tag für dich ein sehr wichtiger Tag ist, weil du damit einen entscheidenden Schritt ins Leben der Erwachsenen gemacht hast. Dazu gratuliere ich dir und wünsche dir das Allerbeste …"

Noch einmal sei daran erinnert: Wenn Sie eine Rede halten wollen (müssen), die sich an einen oder mehrere junge Menschen richtet, ist die Regel „Fasse dich kurz" noch wesentlich wichtiger als sonst. Erlaubt sind eigentlich nur Grußworte – alles andere ist den meisten Jüngeren zumeist schon zu lang.

Reden und Geschenke

Ein wichtiger Aspekt bei Geburtstagsfeiern, aber auch bei Jubiläen, Hochzeiten, Taufen oder Ähnlichem, sind die Geschenke und die Übergabe derselben. So sind manche Grußworte eigentlich auch nur bessere „Geschenkübergabeeinleitungen", doch ist es trotzdem immer besser, wenn das Geschenk nicht allzu sehr in den Mittelpunkt gerückt wird:

„... und so darf ich dir, lieber Willy, zu deinem heutigen Ehrentag nicht nur meine allerbesten Glückwünsche sagen und alles erdenklich Gute wünschen, sondern dir auch noch ein kleines Präsent überreichen, von dem ich hoffe, dass es dir gefällt ..."

Natürlich könnte es auch sein, dass Sie „im Auftrag" sprechen und ein Geschenk im Namen etlicher Freunde oder Verwandter zu überreichen haben. Dann wird von Ihnen wahrscheinlich durchaus erwartet, dass Sie das Präsent etwas mehr in den Vordergrund stellen, doch sollten Sie dennoch darauf achten, dass es in den Kontext der Rede eingebunden wird:

„Da wir, deine Freunde, deine Begeisterung für den Sport kennen, dürfen wir dir zum heutigen Ehrentag eine Dauerkarte für den VFL Gummersbach überreichen. Jedes Mal, wenn du in den kommenden Monaten beim Handball jubelst, werden wir – zumindest in Gedanken – bei dir sein ..."

„Dein heutiger Geburtstag ist für deine Freunde natürlich nicht nur Anlass zum Gratulieren, sondern auch der richtige Moment, dir ein ganz besonderes Geschenk zu machen. Wir hoffen, du bleibst mit Hilfe dieses Mountainbikes fit und gesund ..."

„*Als dein Cousin (Bruder, Onkel, Tante, Nichte usw.) kenne ich natürlich auch deine Schwächen, liebe Heike. Und eine Schwäche hast du bekanntlich für grünen Tee aus exotischen Ländern, sodass ich dir nun eine kleine Auswahl davon überreichen darf ...*"

TIPP
Geld hat in einer Ansprache nichts zu suchen. Wenn Sie also Geld verschenken, dann erwähnen Sie es nicht. Präsentieren Sie keine Scheine, keinen Scheck und auch keinen unauffälligen Briefumschlag und gehen Sie auch im Zuge Ihrer Ansprache nicht darauf ein. Denn das Thema Geld wirkt in unseren Breiten nun einmal immer noch als stillos – ganz anders als in vielen südlichen Ländern, wo es beispielsweise bei Hochzeiten sogar als richtig, wichtig und angemessen gilt, die Höhe der Geldgeschenke vorzuführen.

Reden im privaten Kreis: Musterreden

Feiern Sie eine Verlobung, eine Hochzeit oder einen runden Geburtstag? Feste im privaten Kreis werden gerne mit einer Rede gewürdigt. Fest zum Programm einer Hochzeit gehört zum Beispiel die Rede des Brautvaters. Doch auch bei Geburtstagsfeiern freuen sich die Gäste immer, wenn jemand ein paar liebe Worte über das Geburtstagskind sagt. Tipps und Anregungen finden Sie hier.

Familienfeier

Oft sind die Gäste bei Familienfeiern von weither angereist – und freuen sich über eine herzliche Begrüßung.

Begrüßungsansprache bei einer Familienfeier

Angesprochene: Gäste einer Familienfeier
Redner: Gastgeber
Rahmen: nachdem alle eingetroffen sind
Atmosphäre: familiär, gelöst
Dauer: ca. zwei Minuten

Liebe Familie Baumann, liebe Mitglieder der Familie Müller, liebe Verwandte und Freunde,

als Gastgeber (Organisator) unseres heutigen Treffens (Festes) darf ich euch alle zunächst ganz herzlich in Hildesheim begrüßen. Manche von euch haben sich schon seit Jahren und Jahrzehnten nicht mehr gesehen – anderen begegnen wir wöchentlich. Ich hoffe und glaube, dass die familiären Bande stark genug sind, um uns allen einen harmonischen Tag zu bescheren, der viele interessante Gespräche, aber auch viele Erinnerungen an alte Zeiten beinhaltet. Ich möchte mich außerdem ganz herzlich dafür bedanken, dass mir Ilse und Werner bei den Vorbereitungen zu diesem Fest so tatkräftig geholfen haben – ohne euch beide wäre es deutlich schwieriger gewesen. Allen anderen danke ich, dass ihr heute gekommen seid – ein Familienfest wäre ohne Familie wahrscheinlich nur halb so lustig. Zum Programm des heutigen Tages sagt uns jetzt Ilse ein paar Worte.

Begrüßungsansprache

Angesprochene: Gäste einer großen Familienfeier
Redner: Organisator
Rahmen: nachdem alle eingetroffen sind
Atmosphäre: noch etwas unsicher, gespannt, freudig-erregt
Dauer: ca. zwei Minuten

Liebe Baumanns, Müllers, liebe Hubers, Meiers und Schicks, liebe Familien Kranz und Vonneguth und natürlich liebe Rahns und Adams,

nachdem dieses Familientreffen das erste seiner Art ist und ich zuverlässig weiß, dass hier längst noch nicht jeder jeden kennt, darf ich zunächst mich vorstellen. Ich bin Richard Baumann und habe zusammen mit tatkräftiger Unterstützung meiner Frau Ilse sowie meiner beiden Söhne Joachim und Bernd dieses Treffen in die Wege geleitet. Einfach war's nicht, denn wie ihr alle wisst, hat sich die Sippe in den letzten 50 Jahren buchstäblich in alle Winde verstreut, und es mussten sogar Adressen in Australien und den USA ermittelt werden. Wie auch immer — wir haben es geschafft und sind nun überwältigt, wie viele doch unserer Einladung in die alte Heimat gefolgt sind. Bevor wir uns gleich in den großen Saal des Hotels zum Essen begeben, möchte ich euch noch ganz kurz das Programm der kommenden beiden Tage vorstellen. Heute Nachmittag ist eine Führung durch die Altstadt geplant, ab 16 Uhr werden Kaffee und Kuchen hier im Hotel serviert und um 20 Uhr gibt es dann das Abendessen. Danach wird Wolfgang Schick seine eigens erarbeitete übersichtliche Familienchronik vorstellen, und ich hoffe, dass es danach noch zu interessanten Gesprächen kommt. Morgen werden wir … (usw.)

Ich danke euch allen für eure Aufmerksamkeit und wünsche euch eine schöne Zeit in Hamburg.

Geburt und Taufe

Reden zur Geburt und Taufe haben eine Besonderheit: Der eigentliche Adressat der Rede versteht diese noch gar nicht! Dafür werden sich die anderen Gäste über ein paar feierliche Worte freuen …

Rede zu einer Taufe

Angesprochene: Familie des Täuflings, Gäste, Pfarrer
Redner: Taufpate
Rahmen: nach der Taufe bei der Feier im Restaurant o. Ä.
Atmosphäre: feierlich
Dauer: ca. drei Minuten

Lieber Pfarrer Schmitt (sofern anwesend), liebe Familie Huber, liebe Gäste und natürlich mein lieber kleiner Fabian, der du mich jetzt noch kaum verstehen kannst,

die Geburt eines neuen Menschen ist — rein statistisch gesehen — eigentlich keine Besonderheit. Ich habe mal gelesen, dass weltweit alle paar Sekunden ein kleiner Erdenbürger das Licht der Welt erblickt — die genaue Zahl müssten Sie schon selbst nachschlagen. Und doch ist jede Geburt auch wie ein kleines Wunder und jedes Einzelne dieser Kinder ist ganz sicher etwas ganz Besonderes.

Im Falle des kleinen Fabian gilt diese Bemerkung ohnehin. Nicht nur, dass er — ich darf das als seine Taufpatin/sein Taufpate voll berechtigten Stolzes anmerken — ein ausgesprochen hübscher Bengel ist. Nein — er hat auch noch das unverschämte Glück, über zwei großartige Eltern zu verfügen, die ich zu ihrem Nachwuchs ganz herzlich beglückwünschen will. Ich möchte jetzt nicht mit Floskeln beginnen wie zum Beispiel „Ist es verantwortungsbewusst, ein Kind in diese schreckliche Welt zu setzen?", denn ich weiß, dass sich Jutta und Dieter sowohl den Unbilden und

Risiken der Welt als auch ihrer eigenen Verantwortung stets bewusst sind. Überhaupt lassen sich solche Phrasen nie auf den Einzelfall übertragen, denn — wie uns die Familie unseres Täuflings beweist — kann die Welt gar nicht so schlecht sein, wenn es derartige Eltern und derartige Kinder gibt.

Jutta und Dieter — ich wünsche euch und eurem prachtvollen Sohn eine goldene Zukunft. Ich weiß, dass ihr beide ihn zu einem großartigen Menschen erziehen werdet, auch wenn dies Kraft, Geduld und manchmal auch viele Nerven kosten wird. Aber ich bin sicher, dass ihr den Anforderungen gewachsen sein werdet und möglicherweise werden wir in absehbarer Zeit wieder zusammenkommen, um Fabians kleine Schwester oder seinen kleinen Bruder willkommen zu heißen. Dann werdet ihr, Jutta und Dieter, schon ein bisschen mehr Erfahrung haben, und wir können dann an dieser Stelle voller Zufriedenheit sagen: Wenn es mehr solche Kinder und mehr solche Eltern gäbe, dann wäre die Welt ein besserer Platz, und manche Fragen würden sich gar nicht mehr stellen.

Kleiner Fabian — du bist jetzt schon ein Glückskind. Ich wünsche dir von Herzen alles Gute. Dass deine Wünsche in Erfüllung gehen, dass du gesund bleibst und dass du deinen Eltern die Freude bereitest, die sie verdienen. Und damit möchte ich alle Gäste herzlich bitten, ihre Gläser auf die junge Familie zu erheben und mit mir einen Toast auf Jutta, Dieter und Fabian auszubringen.

Geburtstage und runde Geburtstage

Geburtstage – vor allem runde – sind immer ein willkommener Anlass für eine Rede. Ein paar Beispiele und Anregungen finden Sie hier.

Geburtstagsansprache

Angesprochener: weiblicher Teenager (15 bis 19 Jahre)
Redner: Mutter (Vater, Tante, Onkel, Oma oder Opa, Pate)
Rahmen: unter Verwandten und Nachbarn
Atmosphäre: locker, vertraut, gelöst
Dauer: ca. zwei Minuten

Liebe Petra, liebe Familie, Verwandte, Freunde und Nachbarn,

Mütter (Väter, Oma, Onkel o. Ä.) sind natürlich immer stolz auf Ihre Kinder (Enkel, Neffen, Nichten o. Ä.). Ich hoffe, Petra, dass es dir jetzt nicht peinlich ist, dass ich hier ganz öffentlich sage, dass ich auch auf dich heute furchtbar stolz bin. Du hast deine Quali (Mittlere Reife, Abitur, Gesellenbrief) in der Tasche – du stehst unmittelbar davor, einen Beruf zu lernen (auszuüben). Ich will jetzt nicht darüber sprechen (behaupten), dass du immer schon ein braves und fleißiges (nettes und folgsames) Mädchen warst. Du magst es ja überhaupt nicht, wenn man die alten Geschichten wieder aufwärmt. Stattdessen will ich dir heute sagen, dass du jetzt zwar schon fast erwachsen bist, aber dass du für Vater und mich (Mutter und mich, für deine Eltern und mich, für deine Eltern, deinen Opa und mich ...) niemals vollständig erwachsen werden wirst. So ist es eben. Du wirst nämlich immer in erster Linie unsere Tochter (Nichte, Enkelin) bleiben, für die wir immer versuchen werden, alles zu tun – ganz egal, wie alt du bist.

Bevor ich jetzt sentimental (rührselig) werde, gratuliere ich dir ganz herzlich und wünsche dir alles, alles Liebe für deine Zukunft.

Geburtstagsansprache

Angesprochener: männlicher Erwachsener
Redner: Freund
Rahmen: Geburtstagsfeier unter Verwandten und Freunden
Atmosphäre: herzlich, fröhlich, beschwingt
Dauer: ca. zwei Minuten

Lieber Hans, liebe Ilse, liebe Familie Huber, liebe Freunde,

dass ich ein paar Worte zu Hans' heutigem 40. (50., 60., 70.) Geburtstag sagen soll, finde ich großartig (toll, wunderbar, klasse). Denn ich kenne den Hans nun schon seit 30 (20, 10) Jahren und habe in dieser Zeit immer wieder festgestellt, was für ein großartiger Mensch er ist. Er ist ehrlich und freundlich, mitfühlend und großherzig, loyal und tüchtig. So weit ich weiß, ist auch Ilse stets (meistens, fast immer) mit ihrem Ehemann zufrieden gewesen, und angesichts seiner wunderbaren Kinder muss er auch als Vater erfolgreich gewesen sein. Hans, es ist mir eine Ehre und vor allem immer eine Freude gewesen, mich deinen Freund nennen zu dürfen. Ich hoffe, du bleibst deiner Ilse, deinen Kindern und auch deinen Freunden noch viele Jahre gesund und munter erhalten. Ich wünsche dir (auch im Namen der ...) alles Gute zu deinem heutigen Geburtstag und danke dir für die Einladung und die tolle Feier.

Geburtstagsansprache

Angesprochener: weibliche Erwachsene
Redner: Freundin
Rahmen: Geburtstagsfeier mit Freunden und Kollegen
Atmosphäre: heiter, herzlich
Dauer: ca. zwei Minuten

Liebe Simone, lieber Günther, liebe Freunde und Kollegen,

ich möchte die Gelegenheit nutzen und meiner allerbesten (besten, sehr guten, guten, lieben) Freundin Simone offiziell alles Gute zum Geburtstag wünschen. Die heutige Feier und vor allem die vielen Gäste beweisen dir, Simone, dass du nicht nur deinem Mann (Freund, Verlobten) Günther und einigen engen Freundinnen und Freunden ans Herz gewachsen bist, sondern dass viele Menschen dich einfach furchtbar (sehr) gern mögen. Dies liegt zum einen an deiner Freundlichkeit und deinem Charme (Fröhlichkeit und Humor), zum anderen aber auch an deiner Hilfsbereitschaft und Kollegialität (Mitgefühl und Verantwortungsbewusstsein). Deshalb werden mir alle zustimmen, wenn ich dir nun wünsche, dass diese Freundlichkeit (Fröhlichkeit) dir weiterhin erhalten bleibt, dass du weiter so humorvoll bleibst, dass deine Hilfsbereitschaft (Mitgefühl) nie ausgenutzt wird und deine Kollegen dir deinen Erfolg (Karriere, Ansehen, Reputation) niemals missgönnen. Ich trinke auf dein Wohl: Alles Liebe und Gute, Simone.

Geburtstagsansprache

Angesprochener: Vater (Mutter, Opa, Oma)
Redner: Tochter (Sohn)
Rahmen: Familienfeier
Atmosphäre: herzlich
Dauer: ca. zwei Minuten

Lieber Vater (Papa, Mutter, Mama, Oma, Opa),

du hast mir viel beigebracht im Laufe der vergangenen Jahre (Jahrzehnte), aber wie man eine Rede hält, war leider nicht dabei. Trotzdem will ich versuchen, zu deinem heutigen Geburtstag einige Worte zu sagen. Zuallererst: Du bist großartig (toll, wunderbar). Dann: Ich war und bin sehr stolz darauf, dein Sohn (Tochter, Enkel/-in) zu sein. Und außerdem: Ich hoffe, du bleibst mir noch mindestens 100 Jahre erhalten.

Falls du jetzt denkst, ich übertreibe wieder einmal, lass dir bitte gesagt sein, dass ich steinalt werden möchte, mir dabei aber einfach nicht vorstellen kann, dass du eines Tages nicht mehr da sein könntest. Denn deine Ratschläge und deine Geduld, deine Fürsorge und dein Schutz, deine Wärme und vor allem das Gefühl, von dir geliebt zu werden, möchte ich nie vermissen müssen. Ich habe dir für so vieles zu danken, dass es den Rahmen sprengen würde, dies alles aufzuzählen. Ich will eigentlich nur noch sagen, dass du der großartigste Vater (großartigste Mutter, Oma, Opa) der Welt bist. Danke für alles und herzlichen Glückwunsch zum Geburtstag. Ich liebe dich. (Der letzte Satz ist nicht einfach vor Publikum auszusprechen. Flüstern dürfen Sie ihn nämlich nicht – überlegen Sie sich also gut, ob Sie das sagen wollen.)

Geburtstagsansprache

Angesprochene: Bruder des Redners, Gäste
Redner: Bruder
Rahmen: private Geburtstagsfeier
Atmosphäre: heiter, familiär
Dauer: ca. zwei Minuten

Lieber Achim, verehrte Geburtstagsgäste,

kennt jemand hier den Begriff „brüderliche Harmonie"? Ja? Also — ich musste ihn mir neulich erklären lassen, und als ich verstanden hatte, worum es dabei geht, konnte ich es erst mal gar nicht glauben. Es soll also Brüder geben, die sich nicht ständig streiten? Die sozusagen „ein Herz und eine Seele" sind? Die es permanent gut finden, was der andere tut?

Nun ja — es mag sein, dass es solche Brüder gibt. Achim und ich sind es nicht. Als wir im Kindergarten waren, haben wir uns ungefähr einmal pro Woche geprügelt, als wir in der Schule waren, passierte das jeden zweiten Tag. Die Gründe waren ebenso vielfältig wie nachvollziehbar: So bin ich bis heute der Auffassung, dass Achim schrecklich unordentlich beim Aufräumen seiner Schuhe ist, während er mich bis zum jüngsten Tag bezichtigen wird, sein über alles geliebtes orangefarbenes Geo-Dreieck entwendet und versteckt zu haben. (Pause). Achim — zum letzten Mal: Das war ich nicht. Ehrlich.

Liebe Freunde, liebe Eltern — ihr merkt an diesen Beispielen schon, dass es immer sehr, sehr wichtige Gründe waren, die für unsere Differenzen gesorgt haben. Heute streiten wir uns kaum noch — wir sehen uns einfach zu selten dazu. Und wenn ich an Achim denke, dann ertappe ich mich immer wieder dabei, dass ich ihn vermisse, dass ich furchtbar stolz bin auf ihn und dass er wahrscheinlich der beste Bruder der Welt ist. Zum 40. (30., 50. o. Ä.) muss das einfach mal gesagt werden. Und wenn du anderer Ansicht bist, Achim, können wir nachher immer noch raufen.

Rede zum 18. Geburtstag

Angesprochene: Geburtstagskind, Gäste
Redner: Vater des Geburtstagskindes
Rahmen: Geburtstagsfeier unter Freunden und Verwandten
Atmosphäre: herzlich und fröhlich
Dauer: ca. zwei Minuten

Lieber Christian, liebe Geburtstagsgäste,

dass der 18. Geburtstag ein wichtiges Ereignis ist, brauche ich wohl kaum extra zu erwähnen. Christian, du wirst heute volljährig, oder — wie es zumindest der Gesetzgeber behauptet — „erwachsen". Nun, ich weiß es besser als das Gesetz, und für mich, deinen Vater, bist du zwar nun schon recht groß geraten, aber „erwachsen" wirst du für mich wahrscheinlich nicht so schnell werden. Denn schließlich ist es noch nicht allzu lange her, dass wir gemeinsam über deinen Mathehausaufgaben gebrütet haben, auch wenn dir die Erinnerung daran jetzt womöglich ein bisschen peinlich ist.

Spaß beiseite: Ich weiß, dass du nun das Recht hast, eigene Wege zu gehen, und ich hoffe, dass du davon auch Gebrauch machst. Ich denke nämlich, dass man als Vater ab einem gewissen Zeitpunkt dafür verantwortlich ist, die eigenen Küken flügge zu machen, und da drängt sich ein 18. Geburtstag geradezu auf. Ich denke aber auch, dass man in diesem Alter noch längst nicht allen Widrigkeiten des Lebens gewachsen ist. Deswegen möchte ich dich vorsichtshalber auf jeden Fall daran erinnern, dass deine Mutter und ich weiterhin für dich da sind. Wir werden dir sicherlich keine goldenen Löffel in den Mund stecken, und wenn du etwas gründlich verbockt hast, sind wir zumindest offiziell dafür nicht mehr verantwortlich. Zuständig allerdings fühlen wir uns immer noch und das wird wohl auch noch ein paar Jahre oder Jahrzehnte so bleiben.

Was ich damit sagen will? Nun, ich will dir sagen, dass du — egal, was du tust, und egal, wohin du gehst — in diesem unserem Haus immer willkommen bist. Ob du einen väterlichen Rat brauchst, ob du mütterliche Zuwendung suchst oder ob du Spritgeld benötigst: Wenn sich alles einigermaßen im Rahmen hält, kannst du immer auf uns zählen. Und wenn es mal aus dem Rahmen fällt — dann erst recht.

Alles Gute zu deinem Geburtstag und noch was: Ich bin mächtig stolz auf dich.

Rede zum 35. Geburtstag

Angesprochene: Geburtstagskind, Partner, Gäste
Redner: Schwiegervater des Geburtstagskinds
Rahmen: Geburtstagsfeier unter Freunden und Verwandten
Atmosphäre: herzlich, fröhlich
Dauer: ca. drei Minuten

Liebe Anna, mein lieber Sohnemann, liebe Geburtstagsgäste,

es gibt viele, sehr viele Witze und Vorurteile über Schwiegereltern. Sie mäkeln an allem herum, sie kommen immer im unpassendsten Moment zur Tür hereingeschneit, sie wünschen sich für den eigenen Sprössling eine „bessere Partie" oder sie verwöhnen die Enkelkinder viel zu sehr. Schwiegermütter sieht man in Karikaturen zumeist in Lockenwicklern und mit einem Nudelholz bewaffnet, und Schwiegerväter sind berüchtigt dafür, dass sie auf Familienfeiern zu viel trinken und sich unmöglich aufführen.

Nun — ich fürchte, an einigen dieser Vorurteile ist was dran. Streichen Sie in unserem Fall die Lockenwickler, das Nudelholz und bitte auch den Alkohol. Streicht den Wunsch nach der „besseren Partie" und ringt euch bitte dazu durch, das „Herummäkeln" ebenfalls zu streichen. Was bleibt dann noch übrig? (Blick in die Runde)

Wer hat aufgepasst? ... Richtig: Schwiegereltern kommen stets im unpassendsten Augenblick und Schwiegereltern verwöhnen die Enkel.

Liebe Anna – an deinem heutigen Ehrentag muss ich es zugeben: Deine Schwiegermutter und ich bekennen uns schuldig in beiden Punkten. Viel zu oft sind wir über euch hereingebrochen wie das viel zitierte Unwetter, viel zu lange dürfen eure Kinder unter unserer Aufsicht fernsehen, viel zu oft haben wir euer Gästezimmer beansprucht und viel zu viele Süßigkeiten werfen wir Alexander und Lea in die weit aufgesperrten Rachen. Ich gebe es zu – wir entsprechen in diesen Punkten dem Klischee und wir bereuen aufrichtig.

Aber, liebe Anna, man kann es auch positiv sehen, und ich hoffe, du tust das heute. Wir haben uns in dem Heim, das du unserem Sohn und unseren Enkeln geschaffen hast, einfach immer unglaublich wohl gefühlt. Deine Herzlichkeit und deine Wärme haben dafür gesorgt, dass wir uns immer willkommen gefühlt haben und in unseren Gedanken das kleine Wörtchen „Schwieger" schon schnell gestrichen hatten. Du bist wie eine großartige, wohlgeratene Tochter zu uns, und da ich zuverlässig weiß, dass deine Eltern furchtbar stolz auf dich sind, dürfen ich und Else das doch sicherlich auch sein.

Und dass wir deine Kinder so verwöhnen, liegt einzig und allein daran, dass sie es verdienen. Du und unser Sohn Sven habt es geschafft, zwei ganz wunderbare Kinder zur Welt zu bringen und aufzuziehen. Zwar sind bekanntlich die Augen von Großeltern nicht immer ganz objektiv, aber ich wette, dass keiner der Anwesenden hier nettere und aufgewecktere Kinder als diese beiden zeigen kann. Und wenn doch, dann höchstens ein Großvater wie ich, und der kann ja gar nicht – wie wir alle wissen – objektiv sein.

Anna – zu deinem heutigen Geburtstag wünsche ich dir nicht nur alles Gute, sondern möchte mich dafür bedanken, dass du unserem einzigen Sohn eine wunderbare Frau und für uns eine großartige Tochter bist. Else und ich wünschen dir von Herzen Glück, Gesundheit und ein langes, erfülltes Leben.

Rede zum 40. Geburtstag

Angesprochene: Geburtstagskind, Gäste
Redner: Freund des Geburtstagskindes
Rahmen: Geburtstagsfeier unter Freunden und Verwandten
Atmosphäre: herzlich und fröhlich
Dauer: ca. vier Minuten

Lieber Robert, liebe Freunde und Verwandte,

eigentlich sind Reden nicht unbedingt meine Sache, aber einer muss es zu diesem besonderen Anlass ja tun, und ich habe das kürzeste Streichholz gezogen. Also — lieber Robbi — erstmal alles Gute zu deinem 40. Geburtstag. Eigentlich wollte ich ja noch zu Hause am PC ein Buchcover für dich zusammenbasteln, auf dem in großen roten Lettern „Vierzig Jahre und kein bisschen weise" steht, aber das schien mir dann doch übertrieben zu sein.

Dass du heute deinen 40er feierst, ist für mich — ehrlich gesagt — eigentlich ein harter Schlag. Es erinnert mich urplötzlich daran, dass auch ich nicht mehr der Jüngste bin, dass sich an meinem Allerwertesten Falten bilden, und die Fülle meines Haupthaares einer Transplantation bedarf, um wieder ihren ehemaligen Zustand zu erreichen. Wie gesagt — daran erinnert mich dein 40. Geburtstag, und das ist eigentlich nicht schön, doch kann ich mich immerhin mit der Genugtuung trösten, dass es dir wahrscheinlich nicht anders geht, und dies wiederum versüßt mir den Tag schon wieder ein bisschen. Du weißt schon — geteiltes Leid ist halbes Leid und so.

Aber mal ganz im Ernst, Robbi: 40 Jahre sind für den Mann von heute doch wirklich kein Problem. Einerseits verfügen wir noch immer über jugendliche Spannkraft und Vitalität, andererseits sind wir auch gereift, können unsere Falten als „interessant" oder „markant" bezeichnen und lassen uns nicht mehr so schnell aus der Ruhe bringen. Noch haben wir die Möglichkeit, jungen Mädels in Miniröcken lüstern nachzugucken, ohne dass man uns als „Lustgreise" titulieren würde, und unsere Kinder sind noch jung genug, dass sie uns alle angeblichen Heldentaten unserer Schulzeit und Jugend fraglos abnehmen.

Wirklich, Robbi – du bist seit heute in einem beneidenswerten Alter. Ich kann das sagen, weil ich die ominöse Schwelle zum fünften Jahrzehnt schon vor einigen Monaten überquert habe und daraufhin beschloss, nur die Vorteile dieses Alters zu sehen. Und da wir seit mittlerweile über 20 Jahren befreundet sind und ich dich fast so gut kenne wie mich selbst, kann ich diese gesund-optimistische Einstellung wohl mit Fug und Recht auch bei dir voraussetzen.

Deshalb wünsche ich dir jetzt ehrlich, unverkrampft und aus vollem Herzen alles Gute zu deinem Geburtstag. Feiere schön, bleib wie du bist, und behandle mich und deine anderen Kumpel bitte weiterhin genau so, wie du es die vergangenen 20 Jahre getan hast. Denn ich lege viel Wert darauf, auch an deinem 50.Geburtstag noch immer so gut mit dir befreundet zu sein, und das wäre wohl kaum möglich, wenn du plötzlich weise und damit mir turmhoch überlegen wärst. Happy Birthday, Robert.

Rede zum 50. Geburtstag

Angesprochene: Geburtstagskind, Gäste
Redner: Freundin des Geburtstagskindes
Rahmen: Geburtstagsfeier unter Freunden und Verwandten
Atmosphäre: herzlich und fröhlich
Dauer: ca. fünf Minuten

Liebe Helga, liebe Geburtstagsgäste,

es wird ja gerne – vor allem von uns Frauen – behauptet, dass es immer die Männer sind, die alte Geschichten immer wieder aufwärmen und furchtbar gerne in der Vergangenheit schwelgen. Meiner Erfahrung nach ist diese Behauptung absolut zutreffend, denn bei Männergesprächen unter „alten Freunden" höre ich innerhalb von einer Stunde mindestens 20 Mal den Ausspruch „Weißt du noch?". Obwohl ich das bisher nicht unbedingt erfrischend fand, nehme ich mir heute doch mal das Recht heraus, es den Männern nachzutun, wobei ich allerdings einen wirklich guten Grund dafür habe: Helgas 50.Geburtstag.

Solche Geburtstage sind eine komische Sache. Wenn man sich die Zahl 50 nämlich genauer vor Augen führt, dann wird sie immer unrealistischer, je intensiver man sie betrachtet. Man könnte sagen: Je dichter man hingeht, desto mehr verschwimmt sie vor den Augen. So ging's mir auch mit deiner 50, Helga, denn irgendwie kann ich diese Zahl noch gar nicht fassen. Weißt du noch, als wir beide 20 waren? Beim Geruch von Räucherstäbchen in deiner 25 Quadratmeter großen Studentenbude in Heidelberg — Klo auf dem Gang und teilmöbliert —, da haben wir uns geschworen, alles anders zu machen. Wir wollten kreativ sein, bloß keine Hausmütterchen werden und der Welt unseren weiblichen Stempel aufdrücken. Helga — ich denke, dir ist dies alles bestens gelungen. Und weißt du noch, als wir 30 waren? Es war in meinem Wohnzimmer und mein Göttergatte Wilfried wollte uns etwas von der Überlegenheit des männlichen Geistes erzählen. Erinnerst du dich? Zu zweit haben wir seine Argumentation praktisch in der Luft zerpflückt, und noch heute entdecke ich in seinen Augen ein nervöses Zwinkern, wenn er uns beide zusammen sieht. Damals haben wir schon einmal ein Fazit gezogen und wir waren damals eigentlich schon recht zufrieden.

Und weißt du noch, als wir dann 40 waren? Jahrelang hatten wir uns zuvor über das so genannte „Schwabenalter" lustig gemacht, haben uns gefragt, ob wir diese neue „Gescheitheit", die ja mit den 40 angeblich kommen soll, auch wirklich irgendwo spüren. Wir haben uns damals darauf geeinigt, dass wir schon immer furchtbar gescheit waren und dafür eigentlich wirklich keine Zahlen brauchen. Nur ein bisschen „abgeklärter" seien wir geworden, hast du damals energisch behauptet, und heute muss ich dir auch in diesem Punkt zustimmen. Noch lange nicht weise, aber immerhin abgeklärt.

Weise sind wir auch heute noch nicht. Also – ich zumindest bin's ganz sicher nicht, und wenn ich sehe, wie grummelig du wirst, wenn du beim Tennis verlierst, habe ich auch bei dir noch so meine Zweifel. Aber Helga – *das ist nun auch wirklich nicht unsere Aufgabe.* Lass uns lieber gescheit und abgeklärt bleiben, lass uns unser Temperament und unsere Launen behalten, lass uns weiterhin gemeinsam über Männer, Macht und Mode kichern und lass uns vor allem – bitte – immer Freundinnen bleiben. Denn das gebe ich heute – an deinem 50.Geburtstag – unumwunden zu: Manchmal wüsste ich wirklich nicht, was ich ohne dich anfangen soll. Du bist eine Freundin, wie man sie sicherlich nur einmal im Leben findet. Ich will nicht irgendwelche Phrasen wie „Herz auf dem rechten Fleck" stammeln, sondern einfach nur sagen, dass du immer da warst, wenn ich dich gebraucht habe, dass keine einzige meiner Sorgen nicht auch zu deiner wurde und dass du noch Lösungen gefunden hast, wenn ich schon längst verzweifelt war. Und da ich in den letzten Wochen und Monaten weder äußerlich noch innerlich irgendwelche Veränderungen an dir festgestellt habe, gehe ich davon aus, dass das auch die nächsten 50 Jahre genauso bleiben wird. Dafür, für deine Freundschaft und für deine Wärme, für deine Hilfsbereitschaft und deine Ehrlichkeit – für das alles möchte ich mich bei dir einfach mal bedanken und dir gleichzeitig alles, alles Gute wünschen. Denk dran – mit 50 kennen Frauen endlich alle Tricks und Kniffe, mit 50 haben sie die Fähigkeit, das Leben wirklich zu genießen, und mit 50 haben sie die Möglichkeit, die Träume zu verwirklichen, die sie mit 20 gesponnen haben. Ich drück die Daumen, dass dir das auch weiterhin so gut gelingt wie bisher. Happy Birthday, liebe Helga – auf die nächsten 50 Jahre.

Rede zum 50. Geburtstag

Angesprochene: Geburtstagskind, Gäste
Redner: Freundin oder Freund des Geburtstagskindes
Rahmen: Geburtstagsfeier unter Freunden und Verwandten
Atmosphäre: herzlich und fröhlich
Dauer: ca. vier Minuten

Liebes Geburtstagskind (wahlweise auch der Name), liebe Freunde und Verwandte,

Udo Jürgens hat einmal gesungen „Mit 66 Jahren, da fängt das Leben an". Heute ist er selbst schon deutlich älter und kann den Wahrheitsgehalt seines Textes wohl selbst ganz gut beurteilen. Ich persönlich hab nie viel von diesem Lied gehalten, denn als gestandener Mittvierziger habe ich schon das Gefühl, dass mein Leben schon vor geraumer Zeit begonnen hat und durchaus lebenswert ist. Um wie viel mehr muss das für dich, Sigrid, zutreffen. Du feierst heute deinen 50. Geburtstag, und ich bin mir ganz sicher, dass auch dein Leben schon vor einer geraumen Weile begonnen hat und bisher auch sehr spannend war.

Liebe Sigrid – das Wichtigste vorweg: Ich gratuliere dir im Namen aller hier Versammelten noch einmal ausdrücklich zu deinem heutigen Wiegenfeste. Nun magst du argumentieren, dass 50 Jahre ein Zustand sind und kein Verdienst, aber du hast es sehr wohl verdient, dass man dich feiert. Ich kenne nun wirklich eine ganze Menge Leute, doch von kaum jemandem könnte ich so voller Überzeugung sagen, dass sein oder ihr Fest auch mir eine innerliche Feier ist. Deine Freundlichkeit, dein Humor, dein Verständnis selbst für die schwierigsten Lebenslagen, deine Toleranz, deine Wärme, deine Herzlichkeit und nicht zuletzt deine Gutmütigkeit – die auch von mir immer wieder ausgenutzt wird – dies alles macht dich zu einem besonderen Menschen und diese Feier zu etwas ganz Besonderem.

Ich will an dieser Stelle nicht aufzählen, wie oft ich mir bei dir schon Rat und Trost geholt habe. Vielleicht war dein Mann das eine oder andere Mal schon regelrecht eifersüchtig — und wenn ich mir dich so ansehe, dann hatte er durchaus Grund, an meiner Charakterstärke zu zweifeln. Aber du hast mir mit Freundschaft und gutem Rat schon sehr, sehr oft aus der Patsche geholfen. Es heißt ja immer, dass guter Rat teuer sei, doch in deinem Fall war er stets kostenlos, wenn auch nicht umsonst. Deine Klugheit hat mich und andere vor so mancher Dummheit bewahrt, und dein Charme und deine einfühlsame Freundlichkeit haben verhindert, dass wir uns dabei allzu dumm vorkamen. Dafür möchte ich dir an dieser Stelle ausdrücklich danken. Ich würde jetzt gerne sagen, dass ich mich in den nächsten 50 Jahren dafür revanchieren werde, doch guten Gewissens kann ich das nicht tun. Denn meine Tipps und Ratschläge sind meistens nicht allzu viel wert, und würdest du nun beginnen, ausgerechnet auf mich zu hören, hättest du's wohl in den nächsten Jahren ziemlich schwer. Deswegen begnüge ich mich an dieser Stelle mit der Bitte, dass du stets auch an mich denkst, wenn du mal ein bisschen Unterstützung brauchst und dass du dich weiterhin (kurze Pause) ... von deinen Freunden ausbeuten lässt. Du weißt schon, wie's gemeint ist.

Zum *Abschluss* noch einmal meine Gratulation: Du hast es verdient, dass man dich feiert, und ein runder Geburtstag ist dafür ein wundervoller Anlass. Sorgen über das Fortschreiten der Lebensjahre musst du dir nun wahrlich nicht machen, denn so manche 30-Jährige beneidet dich um *Aussehen* und *Energie*. In diesem Sinne: Alles Gute und bitte, bitte — bleib so, wie du bist.

Rede zum 60. Geburtstag

Angesprochene: Geburtstagskind, Gäste
Redner: Sohn des Geburtstagskindes
Rahmen: Geburtstagsfeier unter Freunden und Verwandten
Atmosphäre: herzlich und fröhlich
Dauer: ca. vier Minuten

Lieber Papa, liebe Geburtstagsgäste,

ich habe schon Feiern erlebt, auf denen Kinder ihren Eltern Ständchen dargebracht haben. Manche haben auch mehr oder weniger nette Gedichte vorgetragen, haben sich dann mit hochrotem Kopf und einem Knicks oder einer Verbeugung wieder an den Kindertisch verkrümelt, und die Erwachsenen haben geschmunzelt und artig geklatscht. Ich hatte immer den Verdacht, dass solche Einlagen eher zur Unterhaltung der Gäste dienen sollen und weniger zur Ehrung des Gefeierten. Deswegen verzichte ich ganz bewusst auf Liedchen, Gedicht und Verbeugung — mal ganz abgesehen davon, dass ich in meinem Alter damit wohl auch keinen Eindruck mehr schinden würde.

Nein, lieber Paps — ich möchte dir einfach nur danken und dir gratulieren. Du feierst heute deinen 60. Geburtstag, und ich hoffe, deine Erwartungen wurden erfüllt. Deine Kinder — samt und sonders wohlgeraten — sind bei dir, deine Frau — meine Mutter — sitzt an deiner Seite und passt wie immer auf dich auf, und deine besten Freunde sind hier versammelt. Ich denke und hoffe also, wir haben einen passenden Rahmen gefunden, um dich gebührend zu feiern.

Denn dafür gibt's eine ganze Menge Gründe. Zum einen natürlich deinen Geburtstag, denn — auch wenn sich's abgedroschen anhört — 60 Jahre wird man nicht alle Tage. Zum anderen aber auch dein bisheriges Leben, auf das du mit Fug und Recht stolz sein darfst. Ich weiß nicht, ob du alles erreicht hast, was du dir vorgenommen hast, aber aus meiner Sicht — aus der Sicht deines Sprösslings — fällt die Bilanz schon beeindruckend aus. Du hast eine wirklich großartige Frau geheiratet, du hast drei Kinder gezeugt, aus denen tatsächlich etwas geworden ist (Pause) — auch wenn manche ihre Zweifel hatten — und du hast Erfolg in deinem Berufsleben. Du warst und bist ein großartiger Vater und Mensch, und auch wenn ich heute nicht mehr auf deinem Knie sitze und mir die Funktionsweise eines Keilriemens (Wahlweise: „Die Theorie der schwarzen Löcher", „philosophische Fragen" oder „Bierherstellung" usw.) erklären lasse, werde ich diese Momente doch nie vergessen. Auch wenn's nicht immer einfach für dich war, hast du dir für deine Familie doch immer genügend Zeit genommen — warst uns Kindern Ansporn und Vorbild zugleich.

Dafür möchte ich mich an dieser Stelle noch einmal bedanken. Wir Männer tun uns ja angeblich furchtbar schwer mit Gefühlen und wir beide sind da sicher keine Ausnahme. Aber als dein Erstgeborener darf ich heute trotzdem mal Tacheles reden: Paps — ich hab dich lieb.

Alles Gute zu deinem Geburtstag, bleib so gesund wie du bist, nerv die Mama nicht zu viel und vergiss nicht, dass ich meine Kinder bei allen eventuell auftretenden Fragen über Keilriemen sofort zum Opa schicken werde. Du bist also gewarnt ...

Rede für einen 70-jährigen Hobbygärtner

Angesprochene: Geburtstagskind (ein begeisterter Hobbygärtner), Gäste
Redner: Freund des Geburtstagskindes
Rahmen: Geburtstagsfeier unter Freunden und Verwandten
Atmosphäre: herzlich und fröhlich
Dauer: ca. drei Minuten

Lieber Max, liebe Elfriede, liebe Verwandte und Freunde,

einem Gärtner, wie es der Max ist, kann ich eigentlich nicht viel vom Gärtnern erzählen. Ich versuch's trotzdem mal: Max – in deinem wunderschönen Garten gedeihen die Blumen vorzüglich. Die Büsche und Sträucher stehen an den richtigen Stellen, die Obstbäume tragen vortrefflich, und die Gemüsebeete sehen aus, als hätte sie ein Landschaftsarchitekt angelegt. Aber ganz hinten im Garten – in einer Ecke, die wir nur selten wirklich bewusst betrachten –, da steht ein alter knorriger Baum. Eine Eiche ist es, stämmig und widerspenstig, zäh und unbeugsam, faltig und stark. Ich kann nicht sagen – und vermag es nicht einmal zu schätzen –, wann diese Eiche ein junger Baum war. Wann sie erstmals ihre Knospen aus dem Boden streckte, wann sie sich zu einem Schössling, zu einem schlanken Stamm und schließlich zu einem richtigen Baum entwickelt hat. Ich weiß nicht, wie weit verzweigt ihre Wurzeln sind, ob sie weiterwachsen wird oder sich langsam doch dem Boden entgegenstreckt. Was ich aber weiß, ist, dass diese Eiche viel Ähnlichkeit mit dir hat. Mag sein, dass du mit deinen nunmehr 70 Jahren ein paar Jährchen mehr oder weniger auf dem Buckel hast. Aber ich kenne dich genauso unbeugsam und stark, genauso zäh und manchmal – du wirst mir das sicher nachsehen – genauso knorrig und widerspenstig. Du hast in deinem bisherigen Leben – genau wie dieser Baum – schon viele Stürme überstanden. Du hast deine Wurzeln fest in den Boden gegraben und dich auf deiner Scholle festgesetzt, du hast dich nie unterkriegen lassen und selbst den einen oder anderen Blitzschlag überstanden. Du bist an den Aufgaben gewachsen, und so, wie die Eiche Schatten spendet, so warst du deiner Frau und deinen Kindern immer ein starker, beschützender Halt, und deine

Arme waren die Äste, die über die junge Weide Elfriede ebenso wachten wie über die Schösslinge Dieter, Sigrid und Kati. Der Zeitgeist hat dich nie besonders interessiert, sondern du bist deinen Idealen und guten Ansichten treu geblieben. Und noch eins verbindet dich mit dieser Eiche: Ebenso wie sie hast du ein gutes, starkes Herz.

Lieber Max, an deinem 70. Geburtstag erinnerst du mich immer mehr an diesen Baum. Von der vielen Arbeit an der frischen Luft ist deine Haut so wettergegerbt, dass sie sich hinter der Eichenrinde in punkto Zähigkeit nicht verstecken muss. Und so, wie niemand auf die Idee käme, diesen Baum zu fällen, so würde auch niemand auf die Idee verfallen, Hand an dich zu legen. Du bist für mich ein Mann, der stolz auf das sein darf, was er im Leben erreicht hat, was ihn auszeichnet und was ihn stark gemacht hat, und ich bin stolz darauf, mich deinen Freund nennen zu dürfen. Die Eiche und du – ihr werdet noch viele zufriedene Jahre zusammen erleben. Jahre, in denen Elfriede für euer leibliches Wohlergehen sorgt. Denn ein Punkt unterscheidet dich durchaus von diesem mächtigen Baum: Während er sich als Nahrung nur das Regenwasser aus dem Boden und aus Elfriedes Hand ab und an ein bisschen Dünger holt, darf's für dich schon mal ein Krug des guten Gerstensaftes sein. Ich wünsche dir, dass dir das Bier noch lange schmeckt und dass du noch viele Jahre auf einer Bank im Schatten deiner Eiche sitzen kannst. Lieber Max – zu deinem Geburtstag alles Gute und viel Glück.

Toast auf einen 100-Jährigen vom Enkel

Angesprochene: Geburtstagskind, Gäste
Redner: Enkel des Geburtstagskindes
Rahmen: Geburtstagsfeier unter Freunden und Verwandten
Atmosphäre: herzlich, fröhlich, feierlich
Dauer: ca. zwei Minuten

Lieber Joseph, liebe Festgäste,

vor 100 Jahren hat deine Mutter bei deinem Anblick glücklich geseufzt und dein Vater hat gesagt: „Ach, dass ich das noch erleben darf". 10 Jahre später – du hattest als Kind gerade den Ersten Weltkrieg erlebt – hast du wahrscheinlich ausgerufen: „Ach, wie schön, dass ich noch leben darf". Wiederum knapp 20 Jahre später – der Zweite Weltkrieg hat gerade begonnen – hast du wahrscheinlich geseufzt: „Ach, dass ich das erleben muss". Als der Krieg dann vorbei war, das Wirtschaftswunder begonnen hatte und du dich immer noch bester Gesundheit erfreut hast, hast du möglicherweise gedacht: „Ach – erstaunlich, was ich alles so erleben darf". Als dann deine Kinder ihre ersten Kinder bekamen, hast du ihnen zugerufen: „Ach – schön, dass ich das noch erlebe", und als deine Enkel wiederum Kinder gebaren und um deinen Lehnstuhl schon wieder Babys krabbelten, hast du stillvergnügt vor dich hingedacht: „Ach – dass ich das noch erleben kann." Und heute sitzt du wieder in deinem Stuhl, feierst einen Geburtstag, den dir so schnell niemand nachmachen wird und denkst dir – angesichts der vielen Menschen hier – wahrscheinlich: „Ach – was ich alles erleben muss!". Aber so ist es halt, Joseph – bei einer so magischen Zahl darfst du dich nicht wundern, dass dir die Verwandtenhorde die Türe einrennt. In diesem Sinne hebe ich jetzt mein Glas und bitte alle Anwesenden es mir gleichzutun: Wir trinken auf dich, Joseph, meinen Großvater, auf deinen, 100. Geburtstag, auf dein langes, erfülltes und gutes Leben und hoffen, dass wir uns in dieser Runde in zehn Jahren in allerbester Gesundheit wieder zusammenfinden, um dann endlich auch sagen zu können: „Ach Joseph – 110 Jahre jetzt? Dass wir das noch erleben dürfen." Auf deine Gesundheit, Joseph, und alles Gute.

Kommunion, Firmung und Konfirmation

Kirchliche Feste wie Kommunion, Firmung oder Konfirmation können Sie mit einer Rede eine feierliche Note verleihen.

Begrüßungsansprache zur Konfirmation

Angesprochene: Konfirmand, Gäste
Redner: Familienvater
Rahmen: Konfirmationsfeier des Sohnes (der Tochter)
im Gasthaus
Atmosphäre: gelöst, geschwätzig
Dauer: ca. zwei Minuten

Lieber Kevin, liebe Familie, meine lieben Verwandten, Nachbarn und Freunde,

zunächst einmal möchte ich mich ganz herzlich bei euch bedanken, dass ihr unserer Einladung gefolgt seid und heute mit uns Kevins Konfirmation (Kommunion, bestandene Prüfung ...) feiert. Wir haben uns für dieses Gasthaus entschieden, weil die Küche hervorragend ist und die Atmosphäre sehr gemütlich. In diesem Zusammenhang auch gleich noch mein Dank an die Wirtsleute Gustav und Jutta und an das sehr aufmerksame und freundliche Personal. Dankeschön.

Liebe Familie: Wenn es nicht ab und zu etwas zu feiern gäbe, würde man sich wahrscheinlich nie in einer solchen Runde begegnen. Also nutzen wir Kevins großen Tag heute zum Plaudern (Schwätzen), zum Austauschen von Neuigkeiten und Erinnerungen. Lasst euch das Mittagessen und den Kuchen schmecken, seid nicht zurückhaltend, wenn es um das Nachbestellen der Getränke geht, und vor allem: Amüsiert euch gut.

Rede zur Konfirmation

Angesprochene: Konfirmandin
Redner: Großmutter der Konfirmandin
Rahmen: Konfirmationsfeier unter Freunden und Verwandten
Atmosphäre: herzlich, feierlich
Dauer: ca. drei Minuten

Liebe Bianca, liebe Verwandte und Freunde,

erst gestern habe ich dich, Bianca, noch auf einem Schaukelpferd im Garten gesehen und vorgestern hast du mich mit Fragen über Enten und Ameisen strapaziert. Oder ist das doch schon länger her? Na ja – sind wohl doch schon ein paar Jahre, denn wenn ich dich so ansehe, muss ich feststellen, dass du schon ganz furchtbar erwachsen geworden bist. Ich will jetzt den Unsinn mit der „jungen Dame" vermeiden, aber ich bin mir sicher, dass du sehr genau weißt, wie ausgesprochen hübsch und gar nicht mehr „kleinmädchenhaft" du heute aussiehst.

Du wirst es deiner alten Großmutter hoffentlich trotzdem verzeihen, wenn sie den vergangenen Jahren die eine oder andere Träne nachweint. Schließlich waren und sind wir immer gute Freundinnen gewesen, und ich habe mich stets darum bemüht, deinen Eltern zu helfen, aus dir eine großartige junge Frau zu machen. Wie ich heute sehe, ist uns dies mit vereinten Kräften wirklich toll gelungen und darüber freue ich mich natürlich auch aufrichtig. Aber gleichzeitig befürchte ich auch, dass du für deine Eltern und mich in Zukunft immer weniger Zeit haben wirst, und bei diesem Gedanken kann einer Großmutter schon mal ein bisschen das Herz wehtun.

Aber das soll dich heute, an deinem Festtag, nicht weiter belasten. Denn ich bin mir ganz sicher, dass du den Weg zu meiner Wohnung auch weiterhin finden wirst und mir weiterhin zumindest die wirklich wichtigen Dinge in deinem Leben erzählst. Denn dazu sind Omas in erster Linie da: zum Zuhören und zum Erteilen mehr oder weniger kluger Ratschläge.

Sicher bin ich mir auch, dass vor dir eine großartige Zukunft liegt. Du hast alle Fähigkeiten, um eine bezaubernde, kluge und erfolgreiche junge Frau zu werden, und ich glaube, du wirst diese Fähigkeiten nicht verschwenden. Du warst schon als Baby eine zielsichere Krabblerin, hast immer deinen Weg gefunden, und daran hat sich in all den Jahren seitdem nichts geändert.

Heute bist du – und das wollen wir nicht vergessen – konfirmiert worden. Damit bist du nun ein offizielles Mitglied der christlichen Gemeinde unserer Stadt und hast damit auch für andere eine gewisse Vorbildfunktion. Ich hoffe, dass dir auch diese Rolle Spaß macht, dass du so offen, so ehrlich und so fröhlich bleibst, wie du es immer warst, und dass dir das Erwachsenwerden nicht allzu schwer fallen wird. Deine Oma wird jedenfalls immer für dich da sein, wenn es doch einmal Probleme geben sollte.

Alles Gute, Bianca, eine wunderschöne Feier wünsch ich dir und alles Glück im Leben.

Verlobung

Viele Paare verloben sich heute ganz unspektakulär: Man beschließt eben, zu heiraten – eine offizielle Verlobungsfeier gibt es nur noch selten. Doch wenn es sie gibt, dann passt eine Rede ganz hervorragend ins Programm.

Verlobungsrede

Angesprochene: Schwiegereltern und Eltern, Gäste
Redner: Bräutigam (im Namen des Paares)
Rahmen: Verlobungsfest unter Freunden und Verwandten
Atmosphäre: herzlich, feierlich
Dauer: ca. drei Minuten

Liebe zukünftige Schwiegereltern, liebe Eltern, liebe Verwandte und Freunde,

eigentlich sind Verlobungen ja total out. Heute verliebt man sich und dann wird – manchmal zumindest – auch geheiratet. Regina und ich sind ganz bewusst einen anderen Weg gegangen. Zum einen natürlich – manche unter euch haben es vielleicht schon erraten –, damit wir wieder mal einen Grund zum Feiern haben, zum anderen aber auch, um etwas zu demonstrieren. Um zu demonstrieren, dass wir uns ganz sicher sind, dass wir zueinander gehören, dass wir uns füreinander entschieden haben und dass wir bereit sind, füreinander schon vor der Ehe Verantwortung zu übernehmen.

Klingt ein bisschen dramatisch, oder? Nein, nein – ich versichere noch einmal: Wir haben uns nicht verlobt, um zweimal Geschenke zu kriegen. Zugegeben: Verlockend ist diese Aussicht natürlich schon, aber jegliches Misstrauen in diesem Raum (Lächeln in die Runde) ist wirklich unangebracht. Wir verloben uns hier und heute – vor eurer aller Augen –, um euch die Gewissheit zu geben, dass ihr in zwölf Monaten auf unserer Hochzeit tanzen werdet. (Pause) Zumindest diejenigen, die tanzen können oder es wenigstens versuchen wollen. (Pause)

Regina und ich haben uns vor einem Jahr, zwei Monaten, sechs Tagen und siebeneinhalb Stunden kennen gelernt. Ich könnte jetzt sagen, dass wir vom ersten Moment an wussten, dass wir füreinander bestimmt waren. Aber erstens klingt das kitschig, und zweitens wär's nicht richtig. Denn eigentlich waren wir beide eher ein bisserl skeptisch, was Beziehungen anbelangt. Beide waren wir vor nicht allzu langer Zeit noch mit anderen Partnern mehr oder weniger fest liiert und unsere neu gewonnene Freiheit schien uns durchaus lebenswert zu sein. Also haben wir's zunächst sehr vorsichtig angehen lassen, um aber dann schnell einige Dinge festzustellen. Zum einen, dass jeder Tag, den wir nicht miteinander verbracht haben, irgendwie ein verlorener Tag war, zum anderen, dass wir beide ganz schön eifersüchtig sein können, und zum dritten, dass wir urplötzlich gar keine Bindungsängste mehr hatten. Im Gegenteil! Die Konsequenz dieser Einsichten feiert ihr heute mit uns, und ich danke euch, dass ihr dieser Einladung alle gefolgt seid. Wir rechnen fest damit, euch bei unserer Hochzeit wieder begrüßen zu können – Entschuldigungen sind eigentlich nicht zugelassen. Und jetzt – guten Appetit und viel Spaß in den kommenden Stunden.

Verlobungsrede

Angesprochene: Brautpaar, Gäste
Redner: Vater der Braut
Rahmen: Verlobungsfeier unter Freunden und Verwandten
Atmosphäre: herzlich, feierlich
Dauer: ca. vier Minuten

Liebe Martina, lieber Dieter, liebe Verwandte und Freunde,

Vätern und Töchtern wird ja immer eine ganz spezielle Beziehung angedichtet: Angeblich lassen sich Väter permanent auf der Nase herumtanzen, erlauben den Gören alles, und nehmen ihre Freunde ganz besonders streng unter die Lupe. Zu diesen Vorurteilen möchte ich an dieser Stelle nur eines sagen: (Pause) Sie stimmen alle.

(Pause) Oder – na ja – vielleicht nicht alle. Zumindest habe ich Martina nicht immer alles erlaubt, aber allzu viel verboten habe ich ihr wohl auch nicht. Ihre Mutter hat mich immer mal wieder ermahnt, etwas strenger zu sein, was gar nicht so einfach war. Aber ich hab's immer wieder probiert. Einer Behauptung jedoch stimme ich 100-prozentig zu: Die Freunde, die mein kleines Mädchen angeschleppt hat – die habe ich immer genauestens inspiziert. Und deswegen kann ich heute nach bestem Wissen und Gewissen sagen: Martina hat mit Dieter eine gute Wahl getroffen.

Natürlich war's für mich nicht so ganz einfach, mich mit dem Gedanken anzufreunden, dass meine Tochter nun ihr ganz und gar eigenes Leben führen wird. Ich werde euch jetzt sicher nicht mit Geschichten langweilen, wie goldig sie im roten Kleidchen aussah und wie sie das erste Mal „Papa" gesagt hat. Tatsache ist aber, dass ich – für Väter offensichtlich ein vollständig natürlicher Reflex – immer der festen Überzeugung war: Dieses Kind hat einen Vater – dieses Kind braucht keinen Mann. (Pause) Na ja – manchmal bringt das zunehmende Alter dann wohl doch eine Zunahme an Weisheit mit sich, und ich habe mich mit der Erkenntnis abgefunden, dass meine Tochter andere Vorstellungen hat, als den Rest ihres Lebens damit zu verbringen, ihrem alternden Papa den Kaffee zu machen oder mit ihm über das Familienauto zu diskutieren. Nicht einmal mehr die berühmte „Taschengelderpressung" konnte mir jetzt noch helfen – obwohl ich's natürlich probiert habe. Und damit kommen wir jetzt zu Dieter. Wie gesagt: Ich habe ihn gründlich unter die Lupe genommen, ich habe ihn mehrere Stunden unter dem gleißenden Licht meiner Schreibtischlampe verhört und ihn dabei Blut und Wasser schwitzen lassen und kann nun offiziell bestätigen: Er scheint mir der Richtige zu sein, um sich weiter um mein Mädchen zu kümmern. Er macht nicht nur einen sympathischen Eindruck – das könnte ja auch eine böswillige Täuschung sein –, sondern hat den notwendigen Humor, den man bei Martina jederzeit parat haben sollte. Er hat Geduld – auch dies ist kein Fehler – und genügend Selbstvertrauen, um auch ihre kleinen Krisen souverän meistern zu können. Natürlich sieht er nicht so gut aus wie ich, aber dieses Glück haben wohl nur Väter von so wunderbaren Töchtern. Also, Dieter: Pass gut auf sie auf und wenn du Rat und Hilfe in Erziehungsfragen brauchst, kannst du dich selbstverständlich an mich wenden (Pause). Äääh – ich meine natürlich bei euren Kindern. Versteht sich.

Liebe Martina, lieber Dieter – ich wünsche euch von ganzem Herzen alles Gute. Ich freue mich schon auf eure Hochzeit und natürlich freue ich mich auch auf die möglichen Enkel. Solltet ihr euch damit noch Zeit lassen wollen, ist das auch in Ordnung. Ich kann in der Zwischenzeit ja schon einmal an Martinas alten Kinderpuppen das Wickeln üben.

Viel Spaß noch auf unserer heutigen Feier.

Hochzeit

Bei einer Hochzeit steht immer die eine oder andere Rede auf dem Programm. Ein „echter Klassiker" ist die Rede des Brautvaters, doch auch Trauzeugen oder das Brautpaar selbst erheben gerne das Wort, sprechen gute Wünsche aus oder bedanken sich bei ihren Gästen.

Hochzeitsrede

Angesprochene: Hochzeitspaar, Gäste
Redner: Brautvater
Rahmen: private Hochzeitsfeier
Atmosphäre: herzlich, heiter, gelöst, erwartungsvoll
Dauer: ca. zwei Minuten

Liebes Brautpaar, liebe Eltern von Harald, liebe Verwandte, Bekannte und Freunde,

was für das Brautpaar der schönste Tag im Leben ist, ist für den Vater der Braut nicht einfach. Schließlich wird immer behauptet, das Verhältnis zwischen Vätern und ihren Töchtern sei ein ganz besonderes, und wenn dies heißt, dass Töchter besonders viel Chancen haben, ihren alten Vätern auf der Nase herumzutanzen (ihre Väter nach ihrer Pfeife tanzen zu lassen), dann kann ich dies nur bestätigen. Das bedeutet natürlich, dass es mir nicht leicht fällt, meine Hanna nun in den Stand der Ehe zu entlassen. Natürlich habe ich Harald geprüft und für akzeptabel befunden, natürlich wird er der beste Schwiegersohn von allen sein, doch ebenso natürlich werde ich mit Argusaugen darüber wachen, dass er mein kleines Mädchen immer gut behandelt. Allerdings kann ich mir bei Harald das Gegenteil nicht recht vorstellen. Was ich mir allerdings durchaus vorstellen kann, ist, dass er bald genauso nach ihrer Pfeife tanzen wird wie ich in all den vergangenen Jahren. Erste Anzeichen dafür habe ich schon bemerkt.

So wünsche ich also euch beiden alles Glück dieser Welt. Ihr sollt das bekommen, was ihr euch wünscht, ihr sollt euch brauchen und respektieren, und ihr sollt eure alten Eltern nicht vergessen. Alles Gute.

Hochzeitsrede

Angesprochene: Hochzeitspaar, Gäste
Redner: Trauzeuge
Rahmen: private Hochzeitsfeier
Atmosphäre: herzlich, heiter, gelöst, erwartungsvoll
Dauer: ca. zwei Minuten

Liebe Carina, lieber Peter, liebe Hochzeitsgäste,

erst vor Kurzem (wenigen Stunden, Tagen, Wochen) habe ich erfahren, dass es die Pflicht eines Trauzeugen ist, eine Rede bei der Hochzeitsfeier zu halten. Hätte ich das früher gewusst, hätte ich mir besser überlegt, ob ich diese ehrenvolle Aufgabe wirklich übernehmen will (ob ich den Job tatsächlich mache, ob ich wirklich geeignet bin). Angesichts dieser Unsicherheit will ich mich auch möglichst kurz fassen. Als Peters Trauzeuge, liebe Carina, kann ich dir versichern, dass du eine gute Wahl getroffen hast. Er ist gutmütig, nett, gescheit (freundlich, schlau, umgänglich, hilfsbereit, loyal …), und wenn du doch noch auf den Geschmack kommst, dann kannst du mit ihm auch prima Fußball gucken (Bier trinken, Wandern gehen, kegeln o. Ä.). Ich muss das wissen – ich bin schon seit zehn (15, 20 ...) Jahren mit ihm befreundet. Allerdings wollte ich ihn noch nie heiraten, aber dafür bist ja jetzt du da.

Ich wünsche euch alles Gute, keinen Stress und jede Menge Spaß. Und denkt immer daran: Auf eure Freunde könnt ihr euch auch in schlechten Zeiten verlassen.

Hochzeitsrede

Angesprochene: Hochzeitsgäste
Redner: Bräutigam
Rahmen: Hochzeitsfeier
Atmosphäre: heiter, aber gespannt
Dauer: ca. zwei Minuten

Liebe Schwiegereltern, liebe Eltern, liebe Verwandte, Freunde und Bekannte,

Katrin und ich wollen uns bei euch allen bedanken. Bedanken, weil ihr hier mit uns feiert, bedanken, weil ihr dieses Fest durch eure Anwesenheit zu etwas ganz Besonderem macht und natürlich bedanken für die vielen wunderbaren Geschenke. Es sind heute viele Menschen hier, denen Katrin und ich in der einen oder anderen Form verbunden sind und wir hoffen und glauben, dass sich daran in der Zukunft nichts ändert. Ob unsere Ehe ein Erfolg wird, lässt sich bekanntlich nicht garantieren. Allerdings glauben wir ganz fest daran, und vielleicht wird ja der eine oder andere von euch noch mit einem Ratschlag, einem Tipp oder auch nur einem Anruf im richtigen Moment ganz wichtig dafür. Könnte doch sein, oder? Katrins Eltern möchte ich noch sagen, dass ich eure Tochter nach bestem Wissen und Gewissen lieben und behüten werde. Ich verspreche es. Und jetzt zu den magischen Worten, auf die einige schon gewartet haben: Das Büffet ist eröffnet. (Der Kuchen steht bereit. Der Sekt wird serviert ...)

Hochzeitsrede

Angesprochene: Hochzeitspaar, Gäste
Redner: Trauzeugin
Rahmen: Nachmittag einer privaten Hochzeitsfeier
Atmosphäre: erwartungsvoll, freundlich
Dauer: ca. zwei Minuten

Liebe Nicole, lieber Uwe, liebe Eltern des Brautpaares, liebe Hochzeitsgäste,

als Nicole mich gefragt hat, ob ich ihre Trauzeugin sein möchte, habe ich mich ganz toll gefreut. Als sie mir dann auch noch gesagt hat, ich solle doch bitte eine kleine Rede halten, habe ich mich nicht ganz so toll gefreut. Und im Moment würde ich tatsächlich lieber mit meinem Bruder (meiner Schwester, meinem Freund, meinem Mann o. Ä.) tauschen, der dort hinten sitzt und grinsend darauf wartet, dass ich schrecklich ins Stottern komme.

Diesen Gefallen werde ich ihm jedoch nicht tun – einfach deshalb, weil ich mich sehr kurz fasse. Ich möchte euch beiden, Nicole und Uwe, alles, alles Gute wünschen. Als Nicoles Freundin weiß ich, dass sie ein wunderbarer, großmütiger, liebevoller und warmherziger Mensch ist, und was ich bisher von Uwe weiß, scheint gut dazu zu passen. Eigentlich kann also nichts mehr schief gehen. Solltet ihr dennoch einmal streiten, wäre es vielleicht gut, sich an die buddhistische Lebensweisheit zu erinnern, die da lautet: „Selbst der vom winterlichen Schnee geknickte Ast wird im Frühling neue Blüten treiben." Klingt schön, oder? Ich wünsche euch also, dass die winterlichen Phasen eurer Ehe ganz kurz sein mögen und der Frühling stets die wichtigste Jahreszeit bleibt.

Hochzeitsrede

Angesprochene: Hochzeitsgäste
Rednerin: Braut
Rahmen: Nachmittag der Hochzeitsfeier
Atmosphäre: gelöst, heiter
Dauer: ca. zwei Minuten

Liebe Eltern, liebe Schwiegereltern, liebe Verwandte und Freunde
und natürlich lieber Holger,

bevor in wenigen Minuten Kaffee und Kuchen serviert werden, möchte ich die Gelegenheit nutzen, mich bei euch allen zu bedanken. Bei meinen Eltern vor allem dafür, dass sie mich nicht nur aufgezogen, sondern auch behütet und manchmal auch verhätschelt haben, für all die Liebe und Hingabe, die sie mir in den letzten 27 Jahren geschenkt haben. Bei meinen Schwiegereltern dafür, dass sie mit Holger einen tollen (wundervollen, großartigen o. Ä.) Sohn aufgezogen haben – einen besseren hätte ich nicht finden können. Bei allen anderen möchte ich mich vor allem für die vielen guten Wünsche bedanken, für die Fähigkeit, sich mit uns zu freuen, dafür, dass ihr heute hier seid und mit uns feiert, und natürlich auch für die vielen großartigen (wunderschönen, nützlichen o. Ä.) Geschenke. Und abschließend möchte ich mich natürlich auch bei Holger bedanken. Einfach nur dafür, dass es ihn gibt und dass er so ist, wie er ist, und dass er nun mein Mann ist. Die Betonung liegt dabei auf „mein", denn ich habe nicht die Absicht, ihn wieder herzugeben.

Hochzeitsrede

Angesprochene: Brautpaar
Redner: Mutter des Bräutigams
Rahmen: Hochzeitsfeier unter Freunden und Verwandten
Atmosphäre: herzlich, fröhlich
Dauer: ca. vier Minuten

Liebe Anke, lieber Thomas,

wenn Söhne vor irgendetwas wirklich Angst haben, dann ist es der Moment, in dem ihre Mutter beginnt, über sie zu sprechen. Ist ja auch durchaus peinlich, wenn die stolze Mama erzählt, was für ein süßes Baby der Bub früher war, wenn sie berichtet, wie goldig er auf seinem Dreirad ausgesehen hat, wie schnell er „Mama" und „Papa" sagen konnte und wie gescheit er doch in der Schule war. So richtig unangenehm wird es dann, wenn die besagte Mama aus den Tiefen ihrer Handtasche noch das unvermeidliche Foto vom kleinen Nackedei auf dem Eisbärenfell herauskramt, und spätestens dann stammelt der Herr Sohn — mittlerweile schon über und über rot im Gesicht — ein „Ach bitte, Mutter, hör doch jetzt auf" in seinen eben mal flaumenden Bart hinein.

Lieber Thomas — du kannst aufatmen. Nichts davon werde ich dir antun, obwohl ich natürlich ausdrücklich bekräftigen kann, dass du ein ungemein goldiges Baby warst, dass du sehr süß auf deinem Dreirad ausgesehen hast, sehr schnell „Mama" und „Papa" sagen konntest und sehr gescheit in der Schule warst. Und natürlich besitze ich das obligatorische Nackedei-Foto auf dem Eisbärenfell ... aber — wie gesagt — das alles will ich dir ersparen. Ich will stattdessen deiner frisch angetrauten Ehefrau einige Worte mitgeben — Worte, die ihr helfen sollen, ihre Schwiegermutter schon frühzeitig nicht als solche, sondern eher als Freundin in der Not zu sehen.

Denn — liebe Anke — eine Freundin wirst du auf jeden Fall brauchen können. Ich bin jetzt seit 24 Jahren mit Thomas' Vater verheiratet, und ich weiß, was es heißt, in Not zu sein. Die Männer der Familie Groß sind nämlich nicht immer einfach. Zugegeben: Sie sind charmant, sehen gut aus, haben Stil und sind gescheit, aber manchmal verursachen sie auch heftige Bauchschmerzen. Die Männer der Familie Groß — ob sie nun Manfred oder Thomas heißen — haben nämlich, so lautet die Regel Nummer 1, immer Recht, und wenn sie einmal nicht Recht haben sollten, tritt automatisch Regel Nummer 1 in Kraft. Darauf muss man sich einstellen, und es ist auch kein Fehler, sich rechtzeitig darüber im Klaren zu sein, dass man den Männern der Familie Groß weder einen Hammer noch eine Schere noch eine Säge oder ein ungebührlich scharfes Messer in die Hand geben sollte, weil sie sich damit unweigerlich selbst verstümmeln. Es könnte auch nützlich sein zu wissen, dass die Männer der Familie Groß — ich nenne jetzt keine Namen — nicht immer viel von Ordnung in Kleiderschränken halten und immer noch der Meinung sind, dass sich Geschirrspül- und Waschmaschinen wie von Zauberhand selbst einräumen. Aber ansonsten kann ich natürlich nur das Beste über die Männer der Familie Groß sagen: Denn sie sind — und das sollte man nie vergessen — großartige und liebevolle Ehemänner und Väter, tolerant, geduldig, weltoffen und zuweilen auch zum Knuddeln tollpatschig. In diesem Sinne wünsche ich dir, Anke, dass du mit deinem Groß so gut zurechtkommst wie ich mit dem meinen. Wenn du mal Probleme haben solltest, weißt du ja nun, wohin du dich wenden musst — mir wirst du jederzeit willkommen sein. Und dir, Thomas, wünsche ich, dass du mit deiner schönen und klugen Braut ebenso großartig umgehst, wie es dein Vater mit mir getan hat, denn dann kann eigentlich nicht mehr viel schief gehen. Anke und Thomas — ich wünsche euch beiden von Herzen eine wunderschöne, romantische und tolle Ehe und freue mich schon jetzt auf meine Enkelkinder. Alles Gute.

Rede zum Hochzeitsjubiläum

Angesprochene: Ehepaar, das Hochzeitsjubiläum
(25 Jahre, 40 Jahre, 50 Jahre) feiert, Gäste
Redner: Sohn/Tochter
Rahmen: Familienfeier, inklusive Nachbarn und Freunde
Atmosphäre: heiter, beschwingt
Dauer: ca. zwei Minuten

Liebe Mutti, lieber Vati, liebe Verwandte, Freunde und Nachbarn,

das Erstaunliche an der Tatsache, dass meine Eltern, Willy und Gitta, es nun schon 25 (30, 40, 50) Jahre miteinander ausgehalten haben, ist nicht die Zahl der Jahre, sondern die Art ihrer Kinder. Denn obwohl Erika, Franz und ich uns von klein auf nach Kräften bemüht haben, viele Keile in den Familienfrieden zu treiben und für möglichst viel Streit (Zank, Ärger, Stress) zu sorgen, steuerte das Eheschiff unserer Eltern weiterhin in ruhigen, gleichmäßigen und zuverlässigen Bahnen. Wer weiß, was aus euren Kindern geworden wäre, wenn ihr beide, Mutti und Vati, uns nicht so ein großartiges Beispiel vorgelebt hättet? Dafür und für eure Liebe, eure Geduld und euer Verständnis danke ich euch — auch im Namen von Erika und Franz — an eurem Ehrentag. Ich wünsche euch und uns, dass ihr noch viele Jubiläen feiern werdet und dass die viele Arbeit, die ihr mit uns, euren Kindern, hattet, durch die Freude an euren Enkeln aufgewogen wird.

Rede zum 30. Hochzeitsjubiläum

Angesprochene: Ehepaar, das das 30. Hochzeitsjubiläum feiert, Gäste
Redner: Sohn
Rahmen: Familienfeier, inklusive Nachbarn und Freunde
Atmosphäre: heiter, beschwingt
Dauer: ca. drei Minuten

Liebe Mama, lieber Papa, liebe Gäste,

Mama hat vor vielen Jahren zu mir gesagt, ich sei ein absolutes Wunschkind gewesen. Das hat sie später auch zu meinem jüngeren Bruder Daniel gesagt und noch später auch zu meiner Schwester Christine. (Pause) Also — wenn ich mir Daniel und Christine so anschaue, muss ich sagen: Meine Eltern hatten schon komische Wünsche ...

(Pause) Entschuldigung Dani, Entschuldigung Chrissie — war natürlich nicht so gemeint. Aber ein bisschen Rache muss sein, denn wie immer habt ihr natürlich mit dem Hinweis auf meinen „Erstgeborenenstatus" mir das Reden überlassen. Aber heute tu's ich's gern, denn den 30. Hochzeitstag der eigenen Eltern in einem so tollen Rahmen zu feiern, macht unglaublich viel Freude.

(Zu den Eltern gewandt). Liebe Mama, lieber Papa. Zunächst einmal meine Glückwünsche. Und natürlich die von Daniel und Christine. Ich habe mich immer gefragt, warum man den Leuten zum Hochzeitstag gratuliert — spätestens seit heute weiß ich es. Ihr seid nun 30 Jahre verheiratet, habt drei Kinder mit Bravour großgezogen und kümmert euch jetzt schon wieder mit genauso viel Enthusiasmus um die Enkel. Natürlich habt ihr euch in diesen 30 Jahren auch ab und zu gestritten, wart nicht immer derselben Meinung und zuweilen habt ihr sogar mehrere Minuten miteinander geschmollt. Aber für uns Kinder war immer klar, dass ihr beide einfach zusammengehört, dass ihr genau so seid, wie man sich perfekte Eltern vorstellt. Ich will jetzt nicht sentimental werden, aber eine Liebe wie die eure zueinander ist schon eine großartige Sache. Dafür — und nicht zu irgendeinem bestimmten Datum — gratuliere ich deswegen zuallererst. Ihr habt das wunderbar hinbekommen, und ich bin mir sicher, die nächsten 30 Jahre werden für euch mindestens genauso gut. Schließlich könnten dann ja schon die Urenkel anstehen — es wird euch also höchstwahrscheinlich auch im gesetzteren Alter nicht so schnell langweilig werden.

Eine Bitte hab ich noch: Bleibt bitte gesund und verändert euch nicht unnötig. Ihr wisst ja — Kinder mögen Veränderungen an den eigenen Eltern nicht so sehr, und ich hatte schon genug an der Tatsache zu kauen, dass meinem Vater allmählich die Haare ausgehen. Also bitte — tut mir und meinen Geschwistern den Gefallen, einfach so großartig zu bleiben, wie ihr es immer wart. Gesund, aufgeschlossen und ausgestattet mit dem absolut notwendigen Sinn für Humor. Danke euch und alles, alles Liebe.

Ach so — noch etwas: Spätestens beim nächsten runden Hochzeitstag ist dann ein anderer mit der Rede dran. Einer der Enkel müsste dann eigentlich so weit sein.

Eine schöne Feier euch allen.

Dankesreden

Nicht nur die Gäste können einer Feier mit einer Ansprache einen besonderen Glanz verleihen — vielleicht möchte sich ja auch das Geburtstagskind oder das Brautpaar bei den Gästen für ihre Geschenke und guten Wünsche bedanken? Dann finden Sie hier einige Anregungen.

Dankesrede

Angesprochene: Gäste einer Feier
Redner: Gastgeber (Geburtstagskind)
Rahmen: im Verlauf einer Feier
Atmosphäre: sehr beschwingt (Alkohol), heiter
Dauer: ca. zwei Minuten

Liebe Freunde, liebe Feiernde,

bevor ich es im Zuge der Party noch vergesse, möchte ich mich in aller Kürze bedanken. Und zwar nicht nur für die vielen Geschenke, die ich bekommen habe und die ich noch gar nicht so recht fassen kann. Verdient habe ich sie wahrscheinlich nicht. Nein, bedanken möchte ich mich einfach auch dafür, dass ihr heute hier seid und mit mir feiert. Auch dass ich so viele, gute Freunde habe, habe ich wahrscheinlich nicht verdient.

Natürlich gilt mein Dank auch meiner Frau Ilse, die bei den Vorbereitungen für die heutige Feier wesentlich mehr getan hat als ich und wahrscheinlich auch beim Aufräumen in den kommenden Tagen viel nützlicher sein wird. Auch Ilse habe ich höchstwahrscheinlich nicht verdient. In diesem Sinne wünsche ich euch allen und mir selbst jetzt noch viel Spaß in den kommenden Stunden. Brennt keine Löcher in meine Möbel und widersprecht mir ab und zu, indem ihr mir sagt, dass ich das alles durchaus verdient habe. Danke im Voraus.

Dankesrede

Angesprochene: Geburtstagsgäste
Redner: der Beschenkte
Rahmen: im Laufe der Feier
Atmosphäre: heiter, freundlich, gelöst, übermütig
Dauer: ca. zwei Minuten

Liebe Freunde,

bevor die Ersten unter den Tischen liegen, möchte ich noch ein paar kurze Worte des Dankes verlieren. Zugegeben — ich habe heute Geburtstag, doch ich weiß es sehr zu schätzen, dass ihr gekommen seid, obwohl ich jetzt noch älter, noch unansehnlicher und noch ein wenig besserwisserischer geworden bin. Bedanken möchte ich mich auch für eure Sympathie, für eure Zuneigung und für eure Freundschaft. Nichts davon habe ich wirklich verdient, aber ich habe es dennoch immer wieder in Anspruch genommen. Schließlich und endlich bedanke ich mich auch noch offiziell und herzlich für die Geschenke, die heute über mich hereingebrochen sind. Ich könnte ja behaupten, das wäre doch echt nicht nötig gewesen, aber die meisten von euch kennen mich zu gut, um mir dieses Geschwätz abzunehmen. (Pause) Und ganz zum Schluss bedanke ich mich noch dafür, dass ich mich so schön bedanken durfte, ohne dass ihr reihenweise euer Missfallen über meine Ansprache kundgetan habt. Danke. Und Prost – auf euch alle.

Musterreden für die inoffizielle Öffentlichkeit (Reden bei Schulabschlüssen, bei Parteien und Vereinen)

Einige Anlässe sind nicht ganz privat, aber auch nicht öffentlich, denn das Publikum ist ein begrenzter Kreis. Dazu gehören Reden bei Schulabschlüssen, in Vereinen oder Parteien.

Reden zum Schul- oder Ausbildungsabschluss

Das Abitur oder die Ausbildung ist geschafft. Meist werden die Zeugnisse im Rahmen einer offiziellen Feier überreicht. Dabei richten oft der Schuldirektor und ein Vertreter der Schüler das Wort ans Publikum. Sie können sich von den folgenden Reden inspirieren lassen.

Rede zum Schul- oder Ausbildungsabschluss

Angesprochene: Abiturienten oder andere Schulabgänger
Redner: Direktor oder Ausbildungsleiter
Rahmen: im offiziellen Teil der Feier
Atmosphäre: feierlich
Dauer: ca. vier Minuten

Liebe Abiturientinnen und Abiturienten
(Auszubildenden, Lehrgangsabsolventen usw.),

neun Jahre (zwei Jahre, drei Jahre o. Ä.) haben Sie alle darauf hören müssen, was meine Kollegen und ich Ihnen erzählt haben. Nicht immer war das interessant und nicht immer war das spannend, aber jetzt haben Sie's fast geschafft. Jetzt müssen Sie nur noch einige Minuten durchhalten und dann entlasse ich Sie in die Freiheit – oder zumindest aus dieser Bildungsschmiede.

Es liegt mir fern, Ihnen hier und jetzt Ratschläge für Ihren weiteren Lebensweg geben zu wollen. Sie haben in den zurückliegenden Jahren bewiesen – beweisen müssen –, dass Sie mit mannigfaltigen Anforderungen zurechtkommen können, und ich drücke Ihnen allen ganz fest die Daumen, dass es Ihnen auch weiterhin gelingt. Meine Kollegen, Kolleginnen und ich haben versucht, Sie so gut wie möglich auf das vorzubereiten, was nun vor Ihnen liegt – wie gut es uns gelungen ist, wird die Zukunft zeigen. Sicher weiß ich in diesem Zusammenhang nur eines: Sie brauchen sich nirgendwo zu verstecken – Sie können stolz sein auf das, was Sie bisher geleistet haben.

Oh – ich weiß: Die Voraussetzungen waren unterschiedlich und beileibe nicht immer fair. Manche Prüfungen mögen Ihnen zu schwer erschienen sein, manche Lerninhalte waren Ihrer Ansicht nach überflüssig und manche Noten ungerecht. Ich will heute nichts davon in Abrede stellen, denn ich will mir nicht anmaßen, Ihre Meinungen oder Ihre Erfahrungswerte zu kritisieren. Aber ich möchte Ihnen zu bedenken geben, dass wir — die Lehrer (Ausbilder o. Ä.) dieser Schule — unser Bestes gegeben haben, und wenn es Ihnen zuweilen nicht gut genug erschienen ist, so können Sie vielleicht heute darüber lächeln — uns, die wir in Ihren Augen vielleicht versagt haben, sollte es länger beschäftigen.

Damit jedoch genug dieser fast entschuldigend-besinnlichen Töne. Sie sitzen sicherlich nicht hier, um Beichten entgegenzunehmen oder Rechtfertigungen zu hören. Sie sitzen hier, weil Sie einen würdigen Abschluss Ihrer Bemühungen verdient haben, und auch wenn ein Lehrer (Direktor, Ausbilder o. Ä.) auf dem Podium nicht unbedingt Ihrer Vorstellung von einem Happy End entspricht, so ist es eben doch ein Ritual, an das Sie sich irgendwann einmal mit einem gewissen, berechtigten Stolz und einem Gefühl der Zufriedenheit erinnern werden.

In diesem Sinne wünsche ich Ihnen also nun alles erdenklich Gute. Sie waren — und das sage ich aus voller Überzeugung — gute und angenehme Schüler. Manch einer hat mir das Leben etwas schwerer gemacht als andere, aber ich trage diesen nichts nach, und ich hoffe, die Betreffenden verzeihen auch mir und meinen Mitstreitern so manches harte und vielleicht vorschnelle Urteil. Ich wünsche Ihnen, dass Ihr Lebensweg so geradlinig und erfolgreich verläuft, wie Sie sich das vorstellen und erhoffen, und ich drücke Ihnen die Daumen, dass die Anforderungen, die Sie ans Leben stellen, mit der Wirklichkeit in Einklang zu bringen sind. Kurz gesagt: Ich bin stolz auf Sie alle und hoffe, Sie werden dies ebenfalls Ihr ganzes Leben lang sein.

Alles Gute Ihnen allen.

Rede zum Schul- und Ausbildungsabschluss

Angesprochene: Schulleiter, Eltern, Mitschüler
Redner: Schüler
Rahmen: im offiziellen Teil der Feier
Atmosphäre: feierlich, fröhlich, übermütig
Dauer: ca. vier Minuten

Lieber Direktor Schmidt, liebe Eltern, liebe Mitschülerinnen und Mitschüler,

„Geschafft" lautet das Zauberwort dieses Tages, und „geschafft" dürften sich nicht nur ich und meine Mitleidenden der vergangenen Wochen denken, sondern auch viele Eltern und Lehrer. Aber so sehr ich auch mit diesen fühle, so ist mir doch ganz naturgemäß ein Anliegen, zunächst allen Abiturientinnen und Abiturienten (Auszubildenden, Seminaristen o. Ä.) und damit auch mir selbst zu gratulieren. WIR HABEN ES GESCHAFFT. Wir sind durch. Fertig. Am Ende des Weges. Am Ziel. Gestatten Sie mir ein symbolisches Schulterklopfen bei mir selbst. (klopft sich auf die Schulter). So — das war angebracht, notwendig und verdient, und es galt natürlich nicht nur mir — aber auch —, sondern allen, die sich heute ebenso freuen dürfen wie ich.

Liebe Lehrer. Ich habe von Schulabschlussveranstaltungen gehört, auf denen die Schülerrede zu einer Art Tribunal wurde. Da wurde anscheinend fast eine Art „Generalabrechnung" mit den Damen und Herren Pädagogen gehalten, da wurde noch einmal kräftig vom Leder gezogen. Ich denke, das kann ich mir an dieser Stelle sparen. Sie wissen und ich weiß, dass wir nicht immer gleichermaßen gut miteinander ausgekommen sind. Das lag zum einen an menschlichen Schwächen, an Sympathien oder Antipathien, an Fehlern und an Missverständnissen. Zum anderen lag es aber auch in der Situation begründet: Sie mussten uns etwas beibringen, und zuweilen mussten Sie uns auch Dinge beibringen, die den einen oder anderen nun wirklich nicht interessiert haben. Das liegt nun einmal in der Natur der Schule und auch die Macht der Lehrer ist gewollt und eine Tradition. Dass wir uns manchmal dagegen aufgelehnt haben, fällt auch nicht unter die Rubrik „Besonderheit" und kam für Sie sicherlich nicht unerwartet. Im Großen und Ganzen jedoch dominiert — zumindest bei mir — heute ein Gefühl der Dankbarkeit für Ihre Bemühungen, für Ihre Geduld und für Ihre steten Versuche, uns das zu vermitteln, was wir brauchten, um heute hier sitzen zu können. Deshalb sage ich Ihnen, Herr Direktor Schmidt und Ihnen, meine Damen und Herren Lehrer, heute ein herzliches „Dankeschön" — auch wenn es natürlich beim einen kräftiger und aufrichtiger ausfallen mag als beim anderen. Aber das sehen Sie mir sicherlich nach.

Liebe Eltern. Auch eure Geduld war in den vergangenen Jahren und vor allem in den vergangenen Wochen gefragt. Wir wissen, dass ihr euch Sorgen gemacht habt. Wir wissen, dass ihr nur unser Bestes wolltet. Und wir wissen, dass ihr so gerne stolz auf uns seid. Nun — heute dürft ihr es sein. Wir haben es GESCHAFFT und auch euch danke ich deshalb heute von ganzem Herzen. Ihr hattet es nun wirklich nicht immer leicht mit uns, aber ich darf euch versichern: Umgekehrt war's sicher auch nicht immer einfach. Aber im Großen und Ganzen haben wir's doch prima hingekriegt. Oder?

Liebe Mitschülerinnen und Mitschüler. Ihr habt mich ausgewählt, dass ich an dieser Stelle ein paar passende Worte sage. Ich weiß nicht, ob sie für eure Ohren passend geklungen haben, und ich weiß nicht, ob ihr mich noch einmal hierher schicken würdet. Aber so ist das nun einmal mit Erwartungshaltungen: Im Überraschungsei ist nie genau das drin, was man sich eigentlich erhofft hat. Egal — ich will euch ebenfalls danken und will uns alle noch einmal beglückwünschen. Wir haben einen ziemlich beschwerlichen Weg hinter uns gebracht, und nachdem ich gesehen habe, wie wir in den letzten Wochen geackert haben, hoffe ich, dass wir auch genauso gut feiern können. Und ich finde, damit sollten wir schleunigst beginnen.

In diesem Sinn: Ihnen allen alles Gute.

Ehrungsrede

Angesprochene: Lehrerin, Rektorin
Redner: Abschlussschüler, Abiturient o. Ä.
Rahmen: Schulabschlussfeier
Atmosphäre: erwartungsvoll, gespannt, förmlich
Dauer: ca. zwei Minuten

Sehr geehrter Herr Schulrat Binder, verehrte Frau Dombrowsky,
sehr geehrte Eltern, verehrte Gäste, liebe Mitschüler,

heute ist ein Super-Tag. Wir haben unsere Zeugnisse bekommen, wir haben unsere
Schullaufbahn hochoffiziell beendet. Für die meisten von uns Schülern — jetzt muss es
ja schon „Ex-Schüler" heißen — ist das ein Grund zur Freude, auch wenn noch längst
nicht alle so ganz genau wissen, was auf sie zukommen wird. Viele Väter und Mütter
haben uns in den vergangenen Tagen und Wochen gefragt, ob wir die Schule nicht vermissen werden. Die Lehrer haben uns das nicht gefragt — die wussten eben Bescheid.
Die Antwort heute lautet „Nein" — ob das auch in einem Monat, in einem Jahr oder
in zehn Jahren Bestand haben wird, kann heute niemand von uns sagen. Denn offensichtlich neigt man mit zunehmendem Alter dazu, die Schulzeit mit nostalgisch-ver-
klärtem Blick zu betrachten — vielleicht wird uns das auch einmal so gehen.

Eine Person jedoch werden die meisten von uns vermissen. Ohne sie hätten viele
die letzten Jahre nicht so gut überstanden, ohne sie wären die Zeiten härter und das
Klima rauer gewesen. Ich spreche — die meisten werden es schon ahnen — von unserer Frau Dombrowsky. (Pause). Liebe Frau Dombrowsky: Ich stehe heute hier, um
mich im Namen meiner Mitschülerinnen und Mitschüler und auch ganz persönlich
bei Ihnen zu bedanken. Für Ihr Verständnis und Ihre Toleranz. Für Ihr Mitgefühl
und Ihr Pflichtbewusstsein. Für Ihre Gerechtigkeit und Ihre Fähigkeit, uns allen
zuzuhören, uns alle ernst zu nehmen — selbst dann, wenn das kaum sonst jemand
tun wollte. Wir wünschen Ihnen alles Gute, und vor allem hoffen wir, dass Sie
sich niemals ändern müssen. Vielen Dank für alles — wir werden Sie vermissen.

Reden in Vereinen

Ob Vorstandswahl, Aufstiegsfeier oder Vereinsfest: Anlässe für Reden gibt es im Vereinsleben viele.

Begrüßungsansprache

Angesprochene: Vereinsmitglieder
Redner: Vereinsvorsitzender
Rahmen: Vereinsfest im Zelt oder Vereinsheim
Atmosphäre: heiter, gelöst, recht laut
Dauer: ca. zwei Minuten

Liebe TSV'ler, liebe Kolleginnen und Kollegen der Vorstandschaft, liebe Freunde,

herzlich willkommen bei unserem Vereinsfest anlässlich unseres 50-jährigen Bestehens (40-jährigen, 100-jährigen, Aufstiegs unserer Fußballer, Fertigstellung des Vereinsheims …). Ein solches Jubiläum (Ereignis) feiert man bekanntlich nicht alle Tage, und so baue ich fest darauf, dass ihr diesen Tag und diesen Abend zu einem unvergesslichen Erlebnis macht. Bevor es so richtig losgeht, möchte ich mich noch bei den vielen ehrenamtlichen Helfern bedanken, die hinter den Kulissen dafür gesorgt haben, dass dieses Fest erst möglich wurde: Ilse, Sabine, Hubert, Karin, Trixi, Sascha, Günter, Jochen, Holger und Daniel: euch meinen Dank und meine Anerkennung – ihr habt das großartig hingekriegt. Sollte ich jemanden in meiner Aufzählung vergessen haben, so bitte ich um Entschuldigung und verspreche, meinen Dank noch persönlich auszusprechen.

Liebe TSV'ler: Bevor ich jetzt ins Schwafeln (Schwätzen, Labbern, Babbeln …) komme, mache ich es lieber kurz: Das Sommerfest (das Aufstiegsfest, das Jubiläum, das Vereinsheimfest …) ist hiermit offiziell eröffnet – viel Spaß.

Ehrungsrede

Angesprochene: verdiente Funktionärin des Vereins
Redner: Vorsitzender oder Mitglied des Vorstands
Rahmen: Vereinsfeier
Atmosphäre: vertraut, etwas unruhig, ein wenig ungeduldig
Dauer: ca. zwei Minuten

Liebe Gitta, verehrte Kollegen der Vorstandschaft,
liebe TSV'ler (FC'ler, TC'ler ...), sehr geehrte Damen und Herren,

was wäre ein Verein ohne seine Ehrenamtlichen? Die Frage ist schon so oft gestellt
worden, dass eine Antwort kaum noch lohnt, doch im Falle von Gitta Günther
sollte ich vielleicht doch noch einmal darauf eingehen. Seit 25 (15, 30, 40) Jahren nämlich leitet Gitta unsere Damengymnastikabteilung. Zuweilen mit strenger
Hand — meistens aber mit nachsichtigem Verständnis. Es ist ihr nicht nur gelungen, ihre Abteilung zu einem der beliebtesten (überaus beliebten) Angebote unseres Vereins zu machen, sondern im Laufe der Jahre verdanken wir ihr auch eine
stolze Reihe neuer Mitglieder. Ihr vorbildliches Engagement, ihr Durchsetzungs-
vermögen und ihre Fähigkeit, für die Gymnastikabteilung und damit auch für den
TSV immer das Beste herauszuholen, sind mittlerweile schon legendär. Gitta — im
Namen der Vorstandschaft darf ich mich bei dir ganz herzlich für all die vielen Stunden ehrenamtlicher Arbeit in den vergangenen 25 Jahren bedanken. Ich
hoffe und gehe davon aus, dass du uns in deiner Funktion noch mindestens weitere
50 Jahre zur Verfügung stehst: Gymnastik hält schließlich jung. Und nun darf
ich dich zu mir bitten, damit ich dir die Urkunde (den Orden, den Wimpel, die
Ehrennadel ...) überreichen kann.

Liebe Freunde (Anwesende) — ein Applaus für Gitta Günther.

Ehrungsrede

Angesprochener: erfolgreicher Vereinsvertreter
Redner: Vorsitzender oder Mitglied des Vorstands
Rahmen: Vereinsfeier
Atmosphäre: gespannt, erwartungsvoll
Dauer: ca. zwei Minuten

Lieber Werner, liebe Vorstandskollegen, meine Damen und Herren,

wenn ich heute sage, dass wir stolz auf dich sind, Werner, so ist das keine Über-
treibung. Nur wenige (noch niemand) in unserem Verein können (kann) einen
solchen Erfolg vorweisen, wie du ihn jetzt zuwege gebracht hast. Wir alle (viele
von uns, einige, ein paar) haben mit dir mitgefiebert, mit dir gebangt und waren
unglaublich glücklich, als es dann tatsächlich geklappt hat. Somit will ich dir nicht
nur gratulieren und dich mit der Ehrennadel (Urkunde, Wappenkrug ...) des Vereins auszeichnen, sondern mich auch ganz herzlich bei dir bedanken, weil du unseren Verein in so hervorragender Weise repräsentiert hast.

Alles Gute für die Zukunft, und im Namen des gesamten Clubs wünsche ich dir
weiterhin viel, viel Erfolg.

hätte es gedacht – wurde wieder einmal eine Gelegenheit zum Feiern genutzt: Diesmal wurden 25 Jahre Hintertupfinger Fußball zelebriert. Außerdem gab's wieder einmal eine Meisterschaft in der C-Klasse und Torjäger Anton Schmid wechselte zum großen Nachbarn FC Schondorf in die Landesliga. Hintertupfingen war stolz auf ihn. Nach dem Aufstieg hielt sich der TSV drei stolze Jahre in der B-Klasse, ehe er 1989 wieder nach unten musste. Es ist allerdings wohl nur ein böswilliges Gerücht, dass dieser Abstieg mit dem feuchtfröhlichen Besuch in Graben zusammenhing. Der Kontakt dorthin war durch den ehemaligen Grabener Fritz Paulich zustande gekommen und auch in den Folgejahren war im beschaulichen Graben immer wieder der Ruf zu vernehmen: „Frauen ins Haus und schließt das Bier weg: Die Hintertupfinger fallen ein".

Eine triumphale Saison erlebte der TSV Hintertupfingen dann 1991/92. Die erste Mannschaft, die Reserve und die A-Jugend sicherten sich jeweils die Meisterschaft in ihren Ligen und zwei Jahre später wiederholten die Erste und die A-Jugend dieses Kunststück sogar. Beflügelt von diesen grandiosen Erfolgen wurde 1993 das neue Sportheim eingeweiht. Die Erfolge und Misserfolge der vergangenen Jahre dürften Ihnen allen noch in ganz guter Erinnerung sein – deswegen nur in aller Kürze: 2001 der Aufstieg in die Bezirksliga, 2005 wurde die C-Jugend ungeschlagen Meister und unsere vorerst letzte Meistermannschaft konnten wir 2009 feiern.

So weit die Chronologie in Kurzform. Lassen Sie mich abschließend noch ein paar Worte zur Zukunft des Vereins verlieren. Seit einigen Jahren scheint es ein wenig an Motivation zu fehlen. Verlangt wären neuer Elan, wären neue Ideen und ein bisschen mehr Engagement. Mir ist klar, dass die neue Zeit viele Veränderungen gebracht hat, dass Fußball längst nicht mehr für alle Jugendlichen die Sportart Nummer 1 ist. Doch gerade deshalb sollten wir uns wieder vermehrt um den Nachwuchs kümmern, sollten die Kinder und Jugendlichen für den Sport im Verein begeistern. Es kann und darf eigentlich nicht wahr sein, dass es Jahr für Jahr immer wieder die Gleichen sind, die ihre Freizeit für den TSV opfern. Das Ehrenamt – das ist mir klar – mag nicht sonderlich beliebt sein, aber ohne ehrenamtliche Betreuer, Trainer und Funktionäre geht nun mal leider nicht mehr viel. Ich will Ihnen an dieser Stelle wirklich nicht ins Gewissen reden, aber ich erlaube mir den Hinweis, dass Sport im Verein – und das gilt auch für Hintertupfingen – kein Selbstläufer mehr ist. Wenn wir den Teamgeist, die Freude am Sport und das gemeinschaftliche Erlebnis bewahren wollen, dann werden wir wohl oder übel auch etwas dafür tun müssen. Ich würde mich freuen, wenn sich der eine oder andere angesprochen fühlt, und ich kann versprechen: Arbeit gibt's genug.

Dankesrede

Angesprochene: Gäste der Ehrung, Laudator
Redner: der Geehrte
Rahmen: offizielle Feier
Atmosphäre: feierlich, aber nicht angespannt
Dauer: ca. zwei Minuten

Sehr geehrter Herr Mustermann, sehr geehrte Anwesende,

es ist in den letzten Minuten so viel Gutes über mich erzählt worden, dass es mir beinahe leid tut, der Wahrheit die Ehre geben zu müssen und damit diese feierliche Stimmung ein wenig zu stören. Was Sie, lieber Herr Mustermann, über mich gesagt haben, ist wirklich in höchstem Maße schmeichelhaft, und wäre ich nicht ein so schamloser Mensch, hätte ich sogar erröten müssen. Aber allein die Tatsache, dass auf meinem Gesicht keine Spur von Rot zu entdecken war, sondern lediglich ein selbstzufriedenes Grinsen, könnte ihnen schon als Zeichen für meine wahre Natur dienen.

Falls Sie jetzt hoffen, dass ich diese „wahre Natur" nun vor Ihnen offenbare, muss ich Sie enttäuschen. Sie haben mir gerade diese wunderschöne Medaille (Urkunde, Orden o. Ä.) verliehen, und da ich nicht die Absicht habe, dieses Geschenk zurückzugeben, schweige ich über mein wahres Wesen und überlasse den Schmeichlern kampflos das Feld. So bleibt mir stattdessen nur, mich bei Ihnen, Herr Mustermann, ganz herzlich für Ihre Worte zu bedanken. Bedanken möchte ich mich auch bei denjenigen, die mich dieser Auszeichnung (Ehre o. Ä.) für würdig erachteten, und bei Ihnen, verehrte Anwesende, dass Sie so tapfer ausgeharrt haben. Lassen Sie mich mit dem Versprechen schließen, dass ich angesichts dieser Auszeichnung versuchen werde, mich ihrer würdig zu erweisen (ein Vorbild zu sein, ihr gerecht zu werden o. Ä.), aber ob es mir immer gelingen wird, wird erst die Zukunft lehren.

Reden bei Parteien

Sind Sie zum neuen Parteivorstand gewählt worden? Konnte Ihre Partei einen Wahlsieg verbuchen? Oder musste sie eine Schlappe hinnehmen? In all diesen Fällen können Ihre Künste als Redner gefragt sein.

Dankesrede nach einem Wahlsieg

Angesprochene: Parteimitglieder, Pressevertreter
Redner: Wahlsieger
Rahmen: Wahl zum Parteivorstand o. Ä.
Atmosphäre: feierlich, optimistisch
Dauer: ca. fünf Minuten

Liebe Parteifreunde, Weggefährten, meine Damen und Herren von der Presse (Genossen und Genossinnen o. Ä.),

bevor ich mich bei Ihnen für das in mich gesetzte Vertrauen bedanke, möchte ich Ihnen erklären, welche Hoffnungen und Vorstellungen ich mit meiner Kandidatur verbunden habe. Denn mein Programm – dessen bin ich mir sicher – kennen Sie zur Genüge und ich will Sie keinesfalls langweilen. Aber die Gedanken, die mich letztlich dazu bewogen haben, mich für dieses Amt zu bewerben, sind dem einen oder anderen höchstwahrscheinlich noch unbekannt und deshalb an dieser Stelle eine kurze Zusammenfassung.

Politik ist ja angeblich ein „schmutziges Geschäft". Glaubt man dem viel gehörten Vorurteil, so sind wir Politiker einzig und allein darauf bedacht, unsere Schäfchen mittels regelmäßiger Diätenerhöhungen rasch und möglichst ohne viel Aufwand ins Trockene zu bringen. Angeblich bewirken wir wenig und tun so gut wie gar nichts – wir scheinen eine überholte Gattung zu sein, eine parasitäre Spezies.

Meine Damen und Herren – ich will mich an dieser Stelle nicht erdreisten, diese Meinungen in Bausch und Bogen zu verdammen. Tatsächlich haben wir Politiker in der Vergangenheit sicherlich nicht immer den besten Eindruck gemacht, sicherlich ist es uns nicht immer gelungen, unsere Arbeit und unsere Ziele glaubwürdig zu vermitteln. Und ich bin der Letzte, der Ihnen heute erklären wird, dass sich mit mir alles ändert. Ich halte nichts von Supermann-Attitüden, ich erliege nicht der irrigen Auffassung, dass ein Einzelner ein System zum Besseren verändern kann. Aber ich bin der festen Überzeugung, dass Politik nicht nur aus Geschäftemacherei und halbherzigen Kompromissen besteht. Ich bin tatsächlich angetreten – und Sie werden mir den leicht abgenutzten Ausdruck hoffentlich verzeihen –, um Visionen, Ideale und Ideen so gut zu verwirklichen, wie ich es vermag.

Eine Partei ist nur so gut wie die einzelnen Menschen, die in ihr und für sie arbeiten. Und der Einzelne kann nur so gut sein, wie die Gruppe – in unserem Fall die Partei – ihn stützt und auffängt, ihn berät und trägt. Missverstehen Sie mich nicht: Ich erwarte keinen blinden Gehorsam, ich erwarte keine blutleeren Solidaritätsbezeugungen und ich erwarte kein aufmunterndes Schulterklopfen. Was ich erwarte, ist allerdings Ihre Hilfe, Ihre Unterstützung und Ihre Bereitschaft, sich zum Wohle der Demokratie und zum Wohl unseres/r Landes/Region/Stadt einzusetzen.

Nun mögen Sie sagen, dass dies gar zu dramatische Redewendungen sind. Dass wir hier auf Landesebene (Bezirksebene, Kreisverbandsebene usw.) doch gar nicht die Möglichkeiten besitzen, um entscheidende Weichenstellungen vorzunehmen. Dieser Meinung bin ich nicht. Demokratie beginnt an der Basis. Demokratie beginnt im Kleinen. Demokratie beginnt genau hier und endet noch lange nicht in Berlin. Demokratie bedeutet, dass Menschen Meinungen austauschen, dass sie beraten und sich auf die bestmöglichen Lösungen zum Wohle aller einigen und dass sie als gewählte Volksvertreter auch — verzeihen Sie den Ausdruck — sich am Abend der Schlacht noch im Spiegel anschauen können.

Es war und ist viel von gutem Stil und von Fairness die Rede. Diese Begriffe, die eigentlich zum normalen Alltagsrepertoire im Umgang der Menschen miteinander zählen sollten, haben wir alle zuweilen hintangestellt. Das so genannte „politische Tagesgeschäft" hat uns zuweilen blind werden lassen für die Realitäten abseits der Politik, und wer dann gegen den Strom geschwommen ist, wurde und wird noch immer gerne als „Sonderling" verspottet. Ich kann Ihnen nicht versprechen, dass ich ein besserer Mensch bin oder ein besserer Mandatsträger sein werde. Versprechen kann ich Ihnen allerdings, dass ich zumindest versuchen werde, das Streben nach Machterhalt niemals über die Visionen und Ideale zu stellen.

Somit danke ich Ihnen also sehr herzlich für das Vertrauen, das Sie mir durch Ihre Wahl entgegenbringen. Ich danke Ihnen, dass Sie mir die Möglichkeit geben, mich zu bewähren, und ich versichere Ihnen, dass ich mich voll und ganz für unsere Ziele — die auch die meinen sind — einsetzen und engagieren werde. Ich nehme die Wahl an.

Rede auf der Jahreshauptversammlung einer politischen Partei mit Rücktritt des Sprechers

Angesprochene: Parteimitglieder, Pressevertreter
Sprecher: 1. Sprecher der Partei
Rahmen: Versammlungsgaststätte, vor den Neuwahlen
Atmosphäre: sachlich
Dauer: ca. viereinhalb Minuten

Liebe Parteifreunde (Genossen und Genossinnen o. Ä.), Weggefährten, liebe Gäste, sehr geehrter Vertreter der Presse,

zu unserer ersten Jahreshauptversammlung darf ich Sie im Namen der Jungsozialisten (Jungen Union, Jungen Liberalen usw.) herzlich begrüßen. Mein besonderer Gruß gilt (hier Nennung der Honoratioren vom Bundestagsabgeordneten bis zum Ortsvorsitzenden sowie der Mitglieder.)

Seit rund einem Jahr besteht nun unsere Arbeitsgemeinschaft, und ich möchte behaupten, dass wir im Rahmen unserer Möglichkeiten einiges geleistet haben. Besonders hervorgetan haben sich hier Franz und Hubert, die auch auf Kreis- und Bezirksebene mitmischen und durch ihr Engagement den Ruf unserer jungen Organisation ziemlich aufpoliert haben.

Auf einer politischen Tagung traf ich kürzlich den Bezirksvorsitzenden der Konkurrenzpartei, der sich durchaus beeindruckt über den Sachverstand der beiden geäußert hat, obwohl sie ihm in diversen Gremien das Leben ziemlich schwer machen.

Selbstverständlich stand unsere Arbeit in diesem Jahr im Zeichen der Landtagswahl. Und dieser Wahlkampf hat uns Junge sicher mehr an Zeit gekostet als so manches der älteren Parteimitglieder, die ansonsten gern bei der Hand sind, wenn es darum geht, uns, den Jungen, einen Maulkorb umzubinden. Aber über parteiinterne Kritik werden wir sicher in der anschließenden Diskussion einiges zu sagen haben.

Betonen möchte ich jedoch, dass unser Ortsverbandsvorsitzender sich immer hinter uns gestellt hat. Wir fühlten uns von dir, lieber Eberhard, nie in irgendeiner Weise bevormundet und danken dir sehr für deine tolle Unterstützung.

Aber wir haben nicht nur plakatiert, Flugzettel verteilt und uns auf Info-Ständen engagiert. Nein, auch mit ganz praktischen Aktionen haben wir die Bevölkerung auf unsere kleine, aber schlagfertige Truppe aufmerksam gemacht: Trotz Regen waren rund zwei Dutzend von uns bei der Umweltaktion entlang des Gemeindewaldes mit von der Partie, wo wir drei Traktoranhänger voll Unrat aufgesammelt haben. Vor allem über die positive Presseresonanz haben wir uns sehr gefreut. Und auch darüber, dass Landwirt Hans Mittermeier uns seinen Traktor nebst Anhänger zur Verfügung stellte, obgleich er bekanntlich eher unseren politischen Gegnern zuzuordnen ist.

In sachlicher Weise mussten wir uns im Wahlkampf mit einem Zeitungsbericht des politischen Gegners auseinandersetzen, der uns vorwarf, zunehmend einen radikalen Kurs zu steuern. Leider hat die Zeitung unseren Leserbrief sinnentstellend gekürzt. Aber das kennen wir ja bereits.

Auf unser Angebot zu einer gemeinsamen Podiumsdiskussion hat unser politischer Gegner bisher nicht geantwortet und wird dies vermutlich auch weiterhin nicht tun. Ich schätze, man setzt dort weiterhin auf Volksverdummung durch Freibier für alle.

Nach diesem kurzen Rückblick möchte ich euch – die meisten wissen es ja schon – noch einmal offiziell mitteilen, dass ich aus beruflichen Gründen nicht mehr für das Amt des ersten Sprechers kandidiere. Ich schlage als meinen Nachfolger den Franz vor, der in den letzten Monaten bewiesen hat, welches Potenzial in ihm steckt. Selbstverständlich werde ich die Arbeitsgemeinschaft auch in Zukunft nach besten Kräften unterstützen.

Noch einmal vielen Dank für die Solidarität, die wir in den vergangenen Monaten erfahren durften. Das macht uns Mut, auch künftig engagiert zu arbeiten. Als mündige Bürger für mündige Bürger.

Die Ehrungsreden und die Dankesrede aus dem Kapitel „Reden in Vereinen" können ebenfalls bei Parteien oder anderen Organisationen gehalten werden.

Reden bei Vernissagen

Bei einer Ausstellungseröffnung richtet nicht nur der Künstler oder die Künstlerin selbst das Wort an die geladenen Gäste. Auch ein Mäzen oder der Besitzer der Ausstellungsräume hat meist etwas zur Arbeit des Künstlers oder der Künstlerin zu sagen. Das könnte zum Beispiel so aussehen:

Begrüßungsansprache zur Vernissage

Angesprochene: Gäste
Redner: Gönner (Mäzen) der Künstlerin
Rahmen: Ausstellungsraum, offizieller Teil der Vernissage
Atmosphäre: feierlich
Dauer: ca. zweieinhalb Minuten

Sehr geehrte Damen und Herren, liebe Freunde der Kunst,

Kunst ist ein schwieriges Thema, über das man unglaublich schwierige Dinge in unglaublich schwieriger Form sagen kann. (Pause, Blick in die Runde) Entdecke ich da einen leichten Anflug von Sorge in Ihren Gesichtern? Keine Angst — ich will — und vor allem ich kann — nichts wirklich Schwieriges sagen, denn ich liebe zwar die Kunst, aber ich maße mir nicht an, ein Experte zu sein. Allerdings glaube ich durchaus, im Laufe meines Lebens als Kunstinteressierter und Sammler einen kleinen Einblick in das Wesen der Kunst gewonnen zu haben. Ich glaube und hoffe, ein Talent als solches erkennen, es würdigen und fördern zu können, und selten hatte ich weniger Zweifel als bei dieser jungen Künstlerin, die ich Ihnen heute voller Stolz präsentiere. Mareike Wilhelms Bilder haben eine Eigenschaft — bitte hängen Sie jetzt nicht an meinen Lippen, sondern lassen Sie die Blicke im Raum ein wenig schweifen — … eine Eigenschaft, die nur wenige Bilder für sich reklamieren können. Sie binden, sie fesseln, sie faszinieren das Auge des Betrachters. Mir ist bewusst, dass dies für die Kunstkritik noch kein ernstzunehmender Ansatz ist, doch stehe ich hier nicht als Kritiker, sondern als aufrichtiger Bewunderer. Für mich ist das Schönste, was man über ein Bild sagen kann: „Ich kann mich daran einfach nicht sattsehen." Und genauso geht es mir mit den Bildern von Mareike Wilhelm. Beim Schlendern durch diese Ausstellung werden Sie Farben und Formen entdecken, die Ihnen gleichermaßen exotisch wie vertraut vorkommen. Sie werden Linien und Winkel sehen, die das Fremde mitten in den Alltag hineinversetzen. Ob es Ihnen gefällt, wage ich nicht zu prognostizieren, denn Geschmäcker sind bekanntlich höchst verschieden. Doch dass diese Werke Sie auf die eine oder andere Art ansprechen oder berühren — dessen zumindest bin ich mir sicher. Ich wünsche Ihnen einen schönen Abend, hoffe, dass Sie sich von der Ausstrahlung dieser Bilder ebenso einfangen lassen wie ich.

Rede des Künstlers

Angesprochene: Sponsoren, Gäste
Redner: Künstler
Rahmen: Ausstellungsraum, beim Sekt
Atmosphäre: freundlich, höflich
Dauer: ca. drei Minuten

Sehr geehrte Damen und Herren, geehrte Pressevertreter, liebe Gäste und Freunde,

ich darf Sie alle noch einmal herzlich willkommen heißen zu meiner Ausstellung mit dem Titel „Liebes Leben". Zu meinen Bildern möchte ich an dieser Stelle nicht allzu viel sagen – ich denke, der Künstler selbst ist der schlechteste aller Kritiker, und mir ist es lieber, Sie verschaffen sich selbst einen Eindruck.

Der Titel meiner Ausstellung spricht für sich. Es geht um die Liebe, um das Leben, um das liebe Leben, um das Liebesleben – kurzum: Es geht um Dinge, die wir alle gut kennen. Im Guten wie im weniger Guten.

An dieser Stelle möchte ich mich bei all denen bedanken, die so sehr an mich geglaubt haben, dass diese Ausstellung überhaupt möglich wurde.

Zunächst gilt mein Dank natürlich Herrn Gruber, dem Vorstandsvorsitzenden der Sparkasse, in deren Räumlichkeiten wir uns hier befinden. Ich habe Herrn Gruber als warmherzigen Menschen kennen gelernt, der darüber hinaus auch noch einen Sinn für Kunst besitzt – eine heutzutage leider sehr selten gewordene Kombination.

Bedanken möchte ich mich auch bei meinen Sponsoren und Gönnern, die ich jetzt gar nicht alle namentlich aufzählen kann. Doch das ausliegende Faltblatt nennt sie alle beim Namen – genau so wie die Bilder, die Sie hier zu sehen bekommen.

Wie Sie sicherlich wissen, kann der Künstler zwar von Brot alleine leben, doch ganz ohne Brot kann er nicht einmal mehr den Pinsel halten. Ich freue mich, dass es Menschen gibt, die mich fördern, mich in meiner Arbeit unterstützen und nicht in erster Linie an Profit und Rendite denken.

Und schließlich und endlich danke ich Ihnen, dass Sie heute Abend gekommen sind. Die Bilder, die Sie hier sehen, sind käuflich zu erwerben, was um Gottes willen keine Aufforderung sein soll. Aber vielleicht entdecken Sie etwas, das Ihre Seele berührt, oder etwas, das Ihnen einfach nur so gut gefällt, dass Sie ihm in den eigenen vier Wänden ein neues Zuhause anbieten wollen. Ich würde mich freuen.

Sollte dem nicht so sein, dann lassen Sie sich wenigstens den Sekt schmecken und freuen Sie sich, dass Sie hier einigen netten Leuten in angenehmer Atmosphäre begegnen können. Zumindest dafür nämlich kann ich garantieren.

Und nun viel Spaß mit dem Jazztrio „So what?", das uns den Abend musikalisch bereichern wird, und mit vielen guten Gesprächen.

Berufliche Reden: Musterreden

Im Berufsleben gibt es zahlreiche Anlässe für Reden: beim Einstand eines neuen Kollegen, bei der Verabschiedung eines Kollegen in den Ruhestand, beim Betriebsfest, bei einer Pressekonferenz … Musterreden für eine Vielzahl beruflicher Anlässe finden Sie auf den folgenden Seiten.

Unter Kolleginnen und Kollegen

Ob Geburtstag, Einstand oder Verabschiedung in den Ruhestand – hier finden Sie Musterreden für allerlei Situationen mit Kollegen und Kolleginnen.

Geburtstagsansprache für einen Vorgesetzten/Kollegen

Angesprochener: männlicher Erwachsener, Vorgesetzter
Redner: untergebener Mitarbeiter
Rahmen: Kollegen und Mitarbeiter im Haus des Chefs
Atmosphäre: kollegial, aber nicht ganz ungezwungen
Dauer: ca. zwei Minuten

Sehr geehrter Herr Direktor Huber, sehr geehrte Frau Huber,
meine Damen und Herren, liebe Kolleginnen und Kollegen,

ich muss gestehen, dass ich ein wenig nervös war, als man mich ausgesucht (gebeten, darauf angesprochen) hat, zum heutigen Ereignis ein paar passende Worte zu sagen. Schließlich möchte ich mich ausgerechnet vor Ihnen, Herr Direktor Huber, möglichst nicht blamieren, und diese Gefahr besteht angesichts meiner Fähigkeiten als Redner bekanntlich durchaus. So möchte ich mich also zunächst darauf beschränken, Ihnen zu Ihrem heutigen 50. Geburtstag nicht nur alles Gute – auch im Namen meiner Kolleginnen und Kollegen – zu wünschen, sondern mich auch für die bisherige und hoffentlich auch zukünftige gute und vertrauensvolle Zusammenarbeit zu bedanken. (Die folgende Passage bitte nur, wenn der Angesprochene wirklich beliebt ist.) Sie führen unsere Abteilung (unseren Betrieb, unser Unternehmen, unsere Firma) nun schon seit zehn (20, 30 ...) Jahren und für viele von uns sind Sie in dieser Zeit ein Vorbild geworden. Ihre Geduld und Ihr Einfühlungsvermögen (Ihre Freundlichkeit und Ihr Gespür), Ihre Menschlichkeit und Ihr unternehmerisches Geschick (Ihre Tatkraft und Entschlossenheit) – dies alles gibt mir, gibt uns das Gefühl, in einem sicheren Hafen zu sein. Vielen Dank für Ihr Engagement, Herr Direktor Huber, vielen Dank für diese Einladung, weiterhin viel Erfolg und eine glückliche Hand und alles erdenklich Gute zu Ihrem heutigen Ehrentag. Vielen Dank.

Rede zum Geburtstag des Vorstands

Angesprochener: Vorstand, Kollegen und Kolleginnen
Redner: stellvertretender Vorstand
Rahmen: Konferenzsaal oder Veranstaltungshalle
Atmosphäre: feierlich, fröhlich
Dauer: ca. vier Minuten

Lieber Willi, sehr geehrte Damen und Herren,
liebe Kolleginnen und Kollegen und Gäste,

mein Sohn – er ist mittlerweile auch schon elf Jahre alt – hat mich unlängst mal gefragt, ob ich mich alt fühle. Ich war ein bisschen überrascht und auch – ich gebe es zu – ein klein wenig gekränkt. „Wieso – schau ich denn so alt aus?", hab ich ihn dann zurückgefragt, und er hat einfach „Ja, schon" gesagt und mich dabei nachdenklich angeguckt. Und dann wollte ich's natürlich genauer wissen und habe gefragt, woran er denn das, bitte schön, festmachen will. „Du hast so wenig Haare, Paps", hat er dann gesagt und mir direkt auf die lichte Stirn geblickt. Und genau in diesem Moment ist mir dann Willis Geburtstag eingefallen ... (Pause)

Moment, meine Damen und Herren: Das hatte nicht unbedingt etwas mit lichter werdendem Haupthaar zu tun. Willi hat mich einfach daran erinnert, dass man wahrscheinlich tatsächlich genauso alt ist, wie man sich fühlt und wie man sich gibt. Heute feierst du, lieber und verehrter Freund, Vorgesetzter und Weggefährte, deinen 60. Geburtstag, doch wahrscheinlich käme mein Sohn nie auf die Idee, dich als „alt" zu bezeichnen. Zwar hat auch dein Haar heute nicht mehr die Fülle und

Spannkraft wie zu Beginn unseres gemeinsamen Weges, doch die Dynamik, die du ausstrahlst, macht dies mehr als wett.

Ich darf an dieser Stelle daran erinnern, wie Willi Kalteisen dieses Unternehmen vor nunmehr knapp 30 Jahren aus der Taufe gehoben hat. Es war eine Art „Bilderbuchstart" nach ebenso gründlichen wie nervenaufreibenden Vorbereitungen – Willi hat es von Anfang an geschafft, diesem Haus Profil zu geben, die nötigen Marktlücken zu finden und sie zielsicher zu besetzen. Von seinerzeit rund 20 Mitarbeitern sind wir heute zu einem respektablen Großbetrieb aufgestiegen – knapp 600 Menschen verdienen bei uns durch harte, ehrliche Arbeit ihren Lebensunterhalt und ein Ende der Fahnenstange ist nicht in Sicht. Es scheint alles wie selbstverständlich, doch viele in diesem Raum ahnen nicht einmal, wie viel Schweiß, Mühe und Opfer Willi Kalteisen für diesen Erfolg gebracht hat. Welche Energie und Beharrlichkeit er in die Verwirklichung seiner Ziele steckte, wie viel Privatleben und auch Lebensqualität für ihn auf der Strecke geblieben sein muss und mit welchen Widerständen er zu kämpfen hatte. Seit Jahren bin ich nun ein Begleiter auf diesem nicht immer einfachen Weg, und ich habe dabei nicht nur einen Freund und Kollegen gewonnen, sondern auch ein Vorbild gefunden: Willi – trotz deines unglaublichen Engagements, trotz deines starken Willens und der Kraft, die du zur Durchsetzung unserer Ziele einsetzt, ist es dir gelungen, ein fairer, großzügiger, offener und mitfühlender Mensch zu bleiben. Mit 60 Jahren soll man ja angeblich „weise" werden – Willi: Du hast diesen Geburtstag dafür nicht gebraucht.

Mir bleiben somit nur der Respekt vor deiner Lebensleistung und der Glückwunsch zu deinem heutigen, ganz und gar privaten Festtag. Ich kann mir nicht recht vorstellen, dass du diesem Unternehmen jemals den Rücken kehren könntest und – ehrlich gesagt – ich will es mir auch nicht vorstellen. Bleib uns noch möglichst lange erhalten, feiere schön und versuch immer wieder, ein Stück deiner Energie auf uns zu übertragen. Vielleicht sehen wir dann auch mal wieder so jung aus wie du.

Alles Gute, herzlichen Glückwunsch, Willi.

Rede für einen Mitarbeiter, der für seine langjährige Betriebszugehörigkeit geehrt wird

Angesprochener: der zu ehrende Mitarbeiter
Redner: Vorgesetzter
Rahmen: kleine Firmenfeier
Atmosphäre: heiter, fröhlich
Dauer: ca. vier Minuten

Lieber Kollege Braun, verehrte Kolleginnen und Kollegen, liebe Gäste,

Sie kennen alle die Floskel, dass es mir heute ein „besonderes Vergnügen" ist, vor Ihnen zu stehen. Heute trifft dieser Allgemeinplatz endlich einmal wirklich zu, denn ich habe nur und ausschließlich lobende Worte zu sagen. Und das ist bekanntlich eine äußerst dankbare Aufgabe.

Zu verdanken habe ich das Ihnen, Willi Braun. Am heutigen Tag feiern Sie Ihre 30-jährige Zugehörigkeit zu unserer Firma und, ehrlich gesagt, kann ich mir das Haus ohne Sie auch gar nicht so recht vorstellen. Sie sind jemand, der unser Handwerk von der viel zitierten Pike auf gelernt hat, und das — wenn ich sagen darf — unglaublich gründlich.

Willi, Sie waren und sind ein Vorbild für sehr viele junge Kolleginnen und Kollegen. Durch Ihr Wissen und Ihre Toleranz, durch Ihre Großherzigkeit und durch Ihre Sachkenntnisse, durch Ihre Geduld und nicht zuletzt auch durch Ihren nimmermüden Einsatz haben Sie mittlerweile mehrere Generationen von Mitarbeiterinnen und Mitarbeitern inspiriert. Sie haben über drei Jahrzehnte ein Beispiel für Anständigkeit und Opferbereitschaft abgegeben, Sie haben diesem Unternehmen einen ungeheuer hohen Stellenwert in Ihrem Leben eingeräumt.

Dafür möchte ich mich an dieser Stelle ganz herzlich bedanken. Ich könnte dies auch mit einer netten Karte und einem Geschenkkorb tun, aber das würde mir in Ihrem Fall nicht genügen. (Pause) Obwohl Sie den Geschenkkorb nachher auch noch bekommen. In Ihrem Fall möchte ich Ihre Leistungen und Ihre Verdienste in aller Öffentlichkeit würdigen — auch und obwohl Ihnen das wahrscheinlich gar nicht recht sein dürfte. Sie sind ja ein eher zurückhaltender, ruhiger und bescheidener Mensch, dessen rheinisches (bayerisches, schwäbisches, hessisches usw.) Temperament nur dann mit ihm durchgeht, wenn er Schlamperei oder Unfähigkeit ertragen muss.

Nominell bin ich Ihr Vorgesetzter, lieber Willi Braun, aber selbst ich würde mich hüten, dieser Firma unter Ihren Augen irgendeinen Schaden zuzufügen. So schnell, wie Sie den Schraubenschlüssel werfen würden, könnte ich mich gar nicht ducken. Sie sehen also — selbst ich und meine Vorstandskollegen haben den notwendigen Respekt vor Ihnen, doch ist dieser verbunden mit einem tiefen Gefühl der Zuneigung und des Vertrauens.

Meine lieben Kolleginnen und Kollegen. Andere Unternehmen haben als Identifikationsobjekte Symbole wie den Stern oder Leuchtreklamen. Das haben wir nicht nötig, denn wir haben mit Willi Braun einen Mann, der als Identifikations- und Integrationsfigur in einem dient — einen Mann, an dem wir uns messen und reiben können, einen Mann, der uns Ehrlichkeit, Zuverlässigkeit, Fleiß und Freude an der Arbeit vorlebt. Noch einmal also mein Dank an Sie, Willi — verbunden mit der Hoffnung, dass Sie diesem Haus noch möglichst lange gesund und munter erhalten bleiben. Ach ja — und noch etwas: Zu Ihrer Ruhestandsfeier möchte ich eigentlich nicht kommen — ich hoffe inständig, die findet nie statt.

Und damit darf ich Sie, Willi, bitten, für ein Foto zu mir ans Pult zu kommen.

Ehrungsrede

Angesprochener: Kollege zum 40-jährigen (30-jährigen, 50-jährigen)
Betriebsjubiläum
Redner: Kollege
Rahmen: betriebliche Feier
Atmosphäre: von herzlich bis gleichgültig – gemischt
Dauer: ca. eineinhalb Minuten

Lieber Gustav, sehr geehrte Damen und Herren der Geschäftsleitung,
liebe Kollegen,

dass ein Mitarbeiter einem Unternehmen 40 (50, 30) Jahre lang die Treue hält, ist keine Selbstverständlichkeit. Gustav Weber hat genau dies getan, hat viele Höhen und Tiefen erlebt und ist sich dabei auch selbst immer treu geblieben. Ehrlich und geradlinig, tüchtig, aufgeschlossen (fleißig, arbeitsam, sich für keine Arbeit zu schade) und dabei stets kollegial, freundlich und mitfühlend – diese Eigenschaften haben ihn zu einem echten Vorbild (guten Beispiel) für viele von uns, aber vor allem auch für viele junge Kollegen werden lassen. Zu deinem heutigen Jubiläum darf ich dir – auch im Namen der Kollegen – ganz herzlich gratulieren und dir auch für die Zukunft alles, alles Gute wünschen.

Ehrungsrede

Angesprochener: Kollege, der in den Ruhestand verabschiedet wird
Redner: Vorgesetzter (Chef, Betriebsleiter, Abteilungsleiter)
Rahmen: betriebliche Feier
Atmosphäre: herzlich, wehmütig bei einigen
Dauer: ca. zwei Minuten

Lieber (sehr geehrter) Hans Weber, sehr verehrte Mitarbeiterinnen und Mitarbeiter, liebe Kollegen, verehrte Anwesende,

dass sich Mitarbeiter in den Ruhestand verabschieden, ist ein alltäglicher Vorgang. Im Falle von Hans Weber ist es das jedoch nicht, denn bei diesem Mitarbeiter handelt es sich um einen ganz besonderen. 20 (30, 40, 50) Jahre gehörte seine Loyalität unserem Unternehmen — sein Fleiß, seine Kreativität und seine Hilfsbereitschaft waren und sind stets vorbildlich. Beliebt unter Kollegen und — wie ich betonen muss — geschätzt von seinen Vorgesetzten, werden wir ihn nur schwer ersetzen können. Lieber Hans (Lieber Herr Weber): Dir (Ihnen) droht nun der Alptraum Rente (das Schreckgespenst Pensionierung), doch ich hoffe für dich (Sie), dass du (Sie) aus diesem Ruhestand einen Unruhestand machst, der dich (Sie) ausfüllt und den Abschied vom Schreibtisch (der Maschine, dem Büro, dem Arbeitsplatz) nicht zu schwer werden lässt. Ich wünsche dir (Ihnen) alles Gute für die Zukunft und danke im Namen des gesamten Unternehmens für deinen (Ihren) vorbildlichen Einsatz (großes Engagement) in den zurückliegenden Jahren. Glück auf (Viel Glück).

Dankesrede

Angesprochene: Kollegen und Vorgesetzte
Redner: Jubilar oder Ruheständler
Rahmen: Betriebsfeier
Atmosphäre: zurückhaltend, feierlich
Dauer: ca. zwei Minuten

Sehr verehrter Herr Direktor Baierle, liebe Kolleginnen und Kollegen,

bevor diese kleine Feier gleich zu Ende geht, möchte ich mich noch bedanken. Bedanken für die lobenden und sehr netten Worte, die über mich gesagt wurden, und bedanken für die vielen guten Wünsche (Glückwünsche), die mich schon in den vergangenen Tagen immer wieder erreicht haben. Der bevorstehende (der in absehbarer Zeit drohende) Ruhestand wird keine leichte Sache für mich sein, denn ich befürchte, ich werde euch, Kolleginnen und Kollegen, ziemlich vermissen. Bedanken möchte ich mich auch bei meinen Vorgesetzten in all den Jahren, mit denen eine gute und vertrauensvolle Zusammenarbeit immer möglich war. Natürlich war man sich nicht immer einig, aber das ist in einer so langen Zeit ja auch kaum möglich – das klappt ja auch in einer langen Ehe nicht. Doch alle kurzfristigen Differenzen haben nie etwas am gemeinsamen Ziel geändert – dem Wohlergehen unseres Hauses (dieses Unternehmens, unserer Firma …). Ich hoffe, dass diese Einstellung auch in Zukunft im Vordergrund stehen wird. Danke, alles Gute euch allen.

Eröffnungsrede des Meisters an die neuen Auszubildenden

Angesprochene: Auszubildende eines Unternehmens
Redner: Meister, Ausbildungsleiter
Rahmen: Betriebsgelände, Beginn des ersten Ausbildungstages
Atmosphäre: freundlich, gespannt
Dauer: ca. drei Minuten

Guten Tag, meine Damen und Herren, meine lieben jungen Kollegen,

ich darf mich Ihnen kurz vorstellen: Mein Name ist Klaus Eder und ihr werdet in den kommenden drei Jahren in erster Linie mit mir das Vergnügen haben.

Ich hoffe jedenfalls, dass es ein Vergnügen sein wird. Denn ich bin euer Ausbildungsleiter.

Es freut mich, dass ihr euch für diesen Betrieb entschieden habt, und ich denke, ihr werdet es nicht bereuen. Meine Freude geht aber nicht so weit, dass ich darüber vergesse, was wir in den kommenden Jahren zu tun haben. Aus meiner Sicht sieht das so aus: Ich muss euch zum Lernen und Arbeiten bringen und zwingen, ich darf euch keine Nachlässigkeiten, Schlampereien oder Pfusch durchgehen lassen, ich muss eure Anwesenheit überprüfen, eure Leistungen in der Berufsschule und eure Einstellung zum Betrieb und zur Arbeit ganz allgemein.

Und schließlich und endlich muss ich am Ende eurer Ausbildungszeit eine Empfehlung aussprechen, wer von euch übernommen wird und von wem wir uns eventuell trennen müssen. Ihr seht also — ich habe nicht unbedingt den einfacheren Part von uns allen.

Andererseits bin ich garantiert kein Unmensch. Ich werde nichts Übermenschliches von euch verlangen, und die Tage, an denen ein Lehrling noch tagein, tagaus die Werkstatt fegen durfte, sind auch bei uns vorbei.

Eure Ausbildung ist abwechslungsreich und spannend, und wenn ihr sie mit dem notwendigen Ernst und dem hoffentlich vorhandenen Interesse betreibt, qualifiziert ihr euch für höhere und vor allem besser bezahlte Aufgaben.

Und, bevor ich es vergesse, möchte ich euch gleich heute ein Angebot machen, das ich für sehr entscheidend halte: Egal, welches Problem ihr bei der Arbeit oder in der Berufsschule habt: Meine Tür ist immer für euch offen. Probiert es aus.

In diesem Sinne: Einen schönen Anfang!

Einstand

Angesprochene: Vorstand der Firma, Kollegen und Kolleginnen
Redner: der oder die „Neue"
Rahmen: Foyer, Sitzungssaal o.Ä.,
nach der Vorstellung durch den Vorredner
Atmosphäre: freundlich, gespannt
Dauer: ca. vier Minuten

Sehr geehrte Vorstandschaft, sehr geehrte Damen und Herren,
liebe Kolleginnen und Kollegen,

gestatten: Ich bin der Neue. Sie werden in den kommenden Monaten und Jahren noch ziemlich viel und oft mit mir zu tun haben, und deswegen möchte ich mich an dieser Stelle einfach einmal vorstellen, damit Sie sich ein Bild von meinem Werdegang und meiner Person machen können.

Wie mein Vorredner schon erwähnt hat, ist mein Name Siegfried Bauer. Ich bin 38 Jahre alt, verheiratet und stolzer Vater zweier wohlgeratener Söhne. Bis vor wenigen Tagen war ich als Vorstand mit dem Zuständigkeitsgebiet Finanzen im Naumüller-Verlag tätig und habe mich nun entschlossen, eine neue Herausforderung in neuer Umgebung anzunehmen.

Ich darf mich an dieser Stelle zunächst für die ausgesprochen freundliche Aufnahme und die wohlklingenden Worte bedanken, die man mir zuteil werden ließ. Ich werde natürlich versuchen, den in mich gesetzten Erwartungen gerecht zu werden.

Ich kann Ihnen versichern, dass ich mich mit meiner ganzen Erfahrung und mit viel Elan in die neue Aufgabe stürzen werde, doch das ist ja ohnehin das Mindeste, das Sie von mir erwarten können. Darüber hinaus kehren neue Besen bekanntlich nicht immer besser als die alten, vor allem, weil die alten angeblich viel besser wissen, wo der versteckte Schmutz liegt. Doch zumindest kehren neue Besen anders.

Im Klartext bedeutet dies, dass ich die Leistung meines Vorgängers enorm hoch einschätze, dass ich aber natürlich einige Dinge in meinem direkten Arbeitsumfeld verändern werde. Das ist einfach eine Frage des persönlichen Stils, den Sie mir sicher zubilligen werden.

In diesem Zusammenhang darf ich Ihnen jedoch versichern, dass ich ein höchst kommunikativer Mensch bin. Veränderungen, sofern sie nötig sind, werden bei mir nicht im Alleingang entschieden, sondern ausführlich besprochen. Teamarbeit ist für mich nämlich einer der wichtigsten Begriffe in meinem Berufsleben. Denn wenn es eine Erfahrung gibt, die ich im Zuge meiner bisherigen Laufbahn gemacht habe, dann die, dass ein Unternehmen nur dann reibungslos funktioniert und erfolgreich arbeitet, wenn alle an einem Strang ziehen.

Ich werde also versuchen, meine Mitarbeiter und Mitarbeiterinnen so zu behandeln, wie ich es auch von ihnen erwarte: fair, respektvoll und immer gesprächsbereit.

Wenn ich den Worten, die zu meinem Abschied beim Naumüller-Verlag gesprochen wurden, Glauben schenken darf, so bin ich ein unkomplizierter und einigermaßen angenehmer Vorgesetzter. Ich hoffe, diesem Ruf hier gerecht zu werden. Dass Sie mir die Chance dazu geben, davon gehe ich aus. Also: Packen wir's gemeinsam an!

Verabschiedung eines verdienten Mitarbeiters

Angesprochener: der ausscheidende Mitarbeiter
Redner: Firmeninhaber
Rahmen: Gemeinschaftsraum, im Laufe des letzten Arbeitstages
(ideal: um die Mittagszeit)
Atmosphäre: heiter, wehmütig, dankend
Zeit: ca. drei Minuten

Lieber Herr Winter, liebe Mitarbeiterinnen und Mitarbeiter,

16 Jahre sind eine lange Zeit. Im Berufsleben sowieso. Und in der Gastronomie ganz besonders. 16 Jahre Treue zu ein und demselben Betrieb – das ist schon fast einen Eintrag ins „Guinness-Buch der Rekorde" wert. Wer wie Sie so lange Zeit am gleichen Arbeitsplatz beschäftigt war, der kann auf vieles zurückblicken. Auf gute Zeiten und auf weniger gute. Auf heitere und besinnliche Ereignisse, aber auch auf Hektik und Stress. Die bleiben in unserem Gewerbe nicht aus.

Keine Frage, lieber Herr Winter: Sie haben in der Geschichte unseres Unternehmens einen festen Platz. Sie haben viele Höhen und Tiefen miterlebt. Und Sie waren immer ein ruhender Pol. Napoleon hat einmal gesagt: „Wer einen Mitarbeiter sucht, sollte nicht nur die Frage prüfen: Was kann er? Sondern auch: Hat er Glück bewiesen?" Für Sie, lieber Herr Winter, trifft beides zu: Ihre Qualitäten waren absolut unbestritten. Und das Glück, nun, das lag auf unserer Seite: Mit Ihnen hatten wir einen Küchenchef, der sich durchsetzen konnte, der immer den Überblick behielt, der nie die Ruhe verlor. Und der – was auch sehr wichtig ist – bei seinen Mitarbeitern stets geachtet und beliebt war.

Es heißt: Ein Chef ist einer, der andere braucht. Mit Ihnen, Herr Winter, geht jemand, den ich sehr gebraucht habe. Ich bedauere deshalb Ihr Ausscheiden aus unserer Firma sehr. Aber ich habe auch Verständnis dafür, dass Sie nach so langer Zeit noch einmal etwas anderes anfangen wollen.

Im Namen aller danke ich Ihnen für die schöne und erfolgreiche Zeit bei uns. Und ich wünsche Ihnen, dass das gelingen mag, was Sie sich für die Zukunft vorgenommen haben.

Vielen Dank und alles Gute!

Rede zum Firmenjubiläum (mit Würdigung der Gründer)

Angesprochene: Vorstand und Mitarbeiter
Redner: Vertreter der Stadt o. Ä.
Rahmen: Teil der offiziellen Feier
Atmosphäre: fröhlich, feierlich
Dauer: ca. fünf Minuten

Sehr geehrter Herr Direktor (Herr/Frau Vorstand) Müller,
sehr geehrte Damen und Herren vom Vorstand, sehr geehrte Mitarbeiterinnen
und Mitarbeiter, meine Damen und Herren,

vor zwanzig Jahren — ungefähr um diese Zeit — habe ich mich furchtbar gefreut.
Ich bin sogar aus dem Haus gelaufen und bin meinem Nachbar in die Arme gefallen. Und dann hab ich eine Flasche Sekt aufgemacht. Vor zwanzig Jahren ist die
deutsche Fußballnationalmannschaft nämlich Weltmeister geworden. War toll,
oder?

Tja, aber vor zwanzig Jahren ist auch dieses Unternehmen gegründet worden. Und
für Sie, die Sie jetzt hier vor mir sitzen, war dieses Ereignis sicherlich bedeutender,
als der von Andy Brehme verwandelte Elfmeter im Endspiel gegen Argentinien.
Und mit Ihrer Wertung liegen Sie auch völlig richtig. Denn sportlicher Ruhm
ist schnelllebig und höchst vergänglich — der Ruhm — oder sagen wir besser „der
Ruf" — Ihrer Firma jedoch wächst immer weiter.

Sie haben Erstaunliches vollbracht. Sie haben sich mit fairen Mitteln, durch harte
Arbeit, durch Kreativität, Fleiß, Engagement und Willensstärke auf einem hart
umkämpften Markt behauptet. Vom Talent sind Sie zum Star geworden — Sie dürfen mit sich selbst mehr als zufrieden sein.

Denken wir doch einmal an 1990 zurück. Die wirtschaftlichen Rahmenbedin-gungen waren alles andere als rosig. Die Arbeitslosenzahlen wollten gar nicht mehr aufhören zu wachsen, die Konjunktur siechte vor sich hin, der DAX krabbelte müde umher und allenthalben sprach man von Perspektivlosigkeit, der deutschen Stand-ortkrise und den immensen Problemen der Wiedervereinigung. Die Gründer dieses Hauses haben sich davon nicht beirren lassen. Statt sich mit einigermaßen sicheren Pfründen im Tal des Jammers zufrieden zu geben, haben sie das Risiko der Selbst-ständigkeit gewählt. Sie haben Ideen und Visionen energisch in die Tat umgesetzt, sie haben Arbeitsplätze geschaffen, sie haben sauber gewirtschaftet und sie haben Profite erzielt. Und nicht zuletzt haben sie auch ziemlich viele Steuern gezahlt – ein Aspekt, der in solchen Ansprachen gerne mal unterschlagen wird.

Für diesen seinerzeit keinesfalls selbstverständlichen Mut gebühren Ihnen heute unsere Anerkennung und unser Respekt. Ich weiß, dass Sie hohe Klippen umfah-ren mussten, um dorthin zu gelangen, wo Sie heute stehen. Mir ist bewusst, dass der Weg ziemlich dornenreich und zuweilen auch holprig war. Mir ist klar, dass auch die Konkurrenz nie geschlafen hat, und ich kenne zumindest einen Teil Ihrer Sorgen, Nöte und Befürchtungen. Doch nach zwanzig Jahren ist es an der Zeit, das Erreichte zu feiern, und genau deshalb sind wir heute hier. Es geht um Leis-tung und deren Würdigung – es geht mir schlicht um einen Glückwunsch zu Ihrer Kraft und Ihrer Energie.

Dieses Unternehmen darf sich wahrlich glücklich schätzen. Es verfügt nicht nur über das notwendige Kapital, um seine Pläne voranzutreiben, sondern auch über einen Mitarbeiterstamm, der seinesgleichen sucht. Denn ohne das Engagement aller wäre eine Entwicklung, wie wir sie in der vergangenen Dekade erlebt haben, kaum möglich gewesen – auch den Kolleginnen und Kollegen an den Schreibtischen und Maschinen gilt mein ausdrücklicher Respekt. Ich denke, ich kann an dieser Stelle sagen: Mit der Wahl Ihres Arbeitsplatzes haben Sie alle eine der besten Entschei-dungen Ihres Lebens getroffen.

Nun habe ich viel gewürdigt und gratuliert – nun ist es an der Zeit für einen kleinen Ausblick und vielleicht auch – wenn Sie's mir nicht übel nehmen – auch für ein paar mahnende Worte. Ich bin der festen Überzeugung, dass wir uns an dieser Stelle in zehn Jahren wiedersehen werden, und ich bin mir sicher, dass wir dann nicht weniger Grund zum Feiern haben werden. Aber diese optimistische Prognose kann nur dann aufgehen, wenn sich niemand – wirklich niemand – in diesem Haus auf seinen Lorbeeren ausruht. Stellen Sie sich den Werdegang dieser Firma als ein Etappenrennen vor: Die ersten zwanzig Jahre waren nur der allererste Zieleinlauf – die weiteren Etappen erfordern mindestens ebenso viel Einsatz, Leidenschaft und Kampfeswille von Ihnen.

In diesem Sinne möchte ich zum Ende kommen. Ich wünsche diesem Haus alles erdenklich Gute. Bleiben Sie Ihrer Linie treu, bleiben Sie eine funkelnde Perle in unserer Wirtschaftslandschaft und gehen Sie das neue Jahrzehnt genauso schwungvoll an, wie Sie das alte beendet haben. Dann kann eigentlich nichts schief gehen.

Begrüßung zum Aschermittwochs-Fischessen

Angesprochene: Gäste, Freunde und Geschäftspartner
Redner: der gastgebende Gastronom
Rahmen: Stadthalle, vor Eröffnung des Büfetts
Atmosphäre: heiter
Dauer: ca. zwei Minuten

Sehr geehrte Damen und Herren, liebe Freunde,

in Bayern sagt man, dass alles, was zum dritten Mal stattfindet, bereits als Tradition gilt. Nun, so gesehen können wir hier und heute beinahe schon von einer alten Tradition sprechen. Denn ich darf Sie bereits zum siebten Mal zu unserem großen Fischbüfett am Aschermittwoch einladen.

Ich gebe gern zu: Mein Freund Heinz Raab und ich hätten niemals erwartet, wie beliebt diese Veranstaltung einmal werden würde, als wir die Idee hierzu aufgegriffen haben. An dieser Stelle möchte ich — wenn auch mit einiger Verspätung — noch einmal daran erinnern, dass ja der liebe Heinz vor Kurzem seinen 70. Geburtstag gefeiert hat. Und ich denke, ich spreche auch in Ihrem Namen, meine Damen und Herren, dass wir alle sehr froh sind, dass du, lieber Heinz, auch gesundheitlich wieder auf der Höhe bist.

Ich bin stolz darauf, dass Sie, liebe Gäste, auch heuer wieder so zahlreich erschienen sind. Der Andrang auf unser Büfett übertrifft von Jahr zu Jahr mehr unsere Erwartungen. Daher ist es uns besonders wichtig, Ihnen diesen festlichen, einigermaßen intimen Rahmen zu erhalten.

Ich hoffe daher, Sie fühlen sich auch heute wieder wohl bei uns. Nun wünsche ich Ihnen für die nächsten Stunden viel Vergnügen, gelungene Gaumenfreuden und anregende Gespräche.

Viel Spaß auch mit der musikalischen Untermalung, für die wieder Tim Rüttgers und seine Shotguns gesorgt haben.

Danke, dass Sie da sind. Lassen Sie es sich schmecken.

Weihnachtsansprache eines Mitarbeiters
(verkleidet als Weihnachtsmann) auf der Weihnachtsfeier

Angesprochene: Mitarbeiter eines jungen,
dynamischen Unternehmens der IT-Branche
Redner: Mitarbeiter
Rahmen: Gaststätte oder Foyer des Unternehmens
Atmosphäre: heiter, gelöst
Dauer: ca. zwölf Minuten

HO HO HO – das müsste ich jetzt eigentlich sagen, oder? Schließlich stehe ich hier als Weihnachtsmann und um dieser Rolle gerecht zu werden, sollte ich jetzt womöglich mit einem Glöckchen bimmeln und drohend mit einer Rute wedeln. Stimmt's? (kurze Pause) So haben Sie sich das doch vorgestellt, oder? (Pause) Pfui!!! Sie sollten sich schämen!! Gerade Sie, die Sie hier versammelt sind, müssten es doch eigentlich besser wissen. Auch an uns Weihnachtsmännern ist die Zeit nicht spurlos vorübergegangen. Von wegen Rentierschlitten, rote Nase und ständiges Rutschen durch rußige Kamine. Gerade von Ihnen hätte ich mehr Einfühlungsvermögen erwartet. Ich ordere meine Geschenke per Internet, und ich versichere Ihnen, dass alles ordnungsgemäß am 24.12. unterm Tannenbaum liegen wird. Ich segele auch nicht mehr durch die Lüfte und verlasse mich auf dusselige Vierbeiner, die mir die Haare vom Kopf fressen. Ich surfe vielmehr auf der Datenautobahn, und mein Rentier heißt nicht Rudolph, sondern „Pentium 3 Prozessor". Alles klar? (Pause)

Aber damit weiche ich vom Thema ab. Tut mir leid. Warum ich eigentlich hier bin, wollen Sie wahrscheinlich wissen ... Nun – bei uns Weihnachtsmännern hat sich zwar viel verändert, aber manches bleibt noch bis ans Ende aller Tage beim Alten. So zum Beispiel, dass wir vor der Bescherung alle großen und kleinen Sünden erfahren. Früher war es ein echter Stress, sich dieses gesamte Register zu merken. Heute jedoch – aber wem sage ich das? Die moderne Datenverarbeitung macht vieles leichter. Und in diesem Jahr habe ich jede Menge Bits und Bytes in Sachen Firma PC-time bekommen – (drohend) denn wisset ... der HERR SIEHT ALLES, meine Herren Müller, Huber, Hinz und Kunz. Bevor ich mich jetzt allerdings den Details zuwende, darf ich noch ein bisschen in der Vergangenheit wühlen, denn (drohend) ALLES ÜBEL HAT SEINE WURZEL HIENIEDEN, UND WER DIE VERGANGENHEIT LEUGNET, SCHLIESSET WAHRLICH DIE ZUKUNFT AUS … (leiser) Tut mir leid, aber ich muss ständig mit diesen unheilsschwangeren Zitaten um mich werfen. Befehl von oben. Sie wissen schon.

Na – dann gucken wir doch mal. (In Taschen wühlend, Zettel zückend) *Was haben wir denn da? Ah jaaaa – da ist es: Also – vor vielen, vielen Jahren, da wurde in einer kleinen Garage im Westen dieses riesigen Landes heftig mit diesen neuen Dingern namens Computer herumgebastelt … Äääääh … Moment … das war der falsche Zettel. Das ist der von dem kleinen, dicken Amerikaner mit der großen Brille … Moment …* (wühlt erneut in seinen Taschen) *… ah ja … da wäre der richtige. Also: Es trug sich aber zu, dass ein gewisser Müller und ein gewisser Huber im Hobbykeller des Letztgenannten –* (aufschauend) Sie dürfen ruhig „Kinderzimmer" sagen *– an den besagten Computern herumbastelten. Doch statt PacMan oder Tetris, statt kleine Leuchtkugeln in nicht identifizierbare Feinde zu schießen oder sich unzüchtige Bilder anzugucken, wie es jeder anständige Jugendliche heute tut … statt sich also jugendkonformen Themen zuzuwenden und damit den Computer seiner spezifischen Bestimmung zuzuführen, arbeiteten die beiden heftig. Jawohl – sie arbeiteten. Sie entwickelten Visionen und Ideen, schrieben Programme und hatten Erleuchtungen in Hülle und Fülle. Ja, ja – die Herren Müller und Huber waren Pioniere, duldeten keine anderen Götter neben sich und trugen sich mit fixen Ideen von Karriere, Macht und Geld. Aber sie wissen ja – der himmlische Vater straft manchmal spät, aber nie zu spät, und deshalb sind wir heute Abend hier.*

Denn aus dem unschuldigen Treiben der lauteren Knaben wuchs ein Moloch, ein schier unübersehbares Gebilde, ein Imperium heran … ein Konglomerat von Denkern, Träumern, Ingenieuren, Technikern und Arbeitern, in dem man sich als gewöhnlicher Sterblicher fast verloren vorkommen mag. Und Müller und Huber verirrten sich nicht etwa im Wald und naschten von verbotenen Lebkuchen, sondern sie beschlossen, diesem Monster, das sie erschaffen hatten, einen Namen zu geben und gut zu ihm zu sein. Und so heißt dieser neunköpfige Drachen, dieser wuchernde Koloss nun „PC-time" und gemahnt die beiden einst so unschuldigen Kinder täglich an die Sünden ihrer Jugend.

Und jetzt? Üben sich Müller und Huber in Demut? Bereuen sie? Streuen sie gar Asche auf ihr Haupt? Weit gefehlt, meine Damen und Herren — sie erfreuen sich sogar täglich ihres titanischen Werks und seit geraumer Zeit tun dies mit den Herren Hinz und Kunz noch zwei weitere Konkurrenten des Allmächtigen. Wo soll das enden? Wohin führt diese maßlose Reise? Das sind Fragen, die Ihnen auch der Weihnachtsmann nicht beantworten kann, aber von höherer Instanz habe ich immerhin ein paar gute Ratschläge bekommen, die ich den Genannten mit auf den Weg in die Unendlichkeit geben soll. Also, meine Herren des Vorstandes, aufgemerkt: Trotz intensiver Suche in den alten Büchern, trotz des Rekapitulierens der zehn Gebote und des Verhaltenskodex der Schweizer Garde habe ich das Gebot „Du sollst nicht rauchen" nicht entdecken können. Zugegeben — es klingt vertraut, doch zwischen „Du sollst nicht töten" oder auch „Du sollst nicht begehren deines Nächsten Weib" — was zuweilen übrigens gar nicht so einfach ist — und dem Satz „Du sollst nicht rauchen" besteht kein unmittelbarer Zusammenhang. Von höherer Instanz (Zeigefinger gen Himmel) habe ich sogar zu verstehen bekommen, dass die Erhebung dieses Satzes in den Stand eines Gebotes von Übel sei und keinesfalls angemessen. Und der Himmelspförtner hat mir vor der Abreise aus seinem reichen Erfahrungsschatz noch eine kleine Lebensweisheit mitgegeben: „Wer auf Rauchen, Trinken und — verzeihen Sie mir — Sex verzichtet, lebt nicht unbedingt länger, aber es wird ihm länger vorkommen." Und Herrn Huber darf ich in diesem Zusammenhang ins Stammbuch schreiben, dass nicht mit Steinen werfe, der im Glashaus sitzt. Oder wollen Sie abstreiten, dass Sie zu einer guten Zigarre nur schwer Nein sagen können? Dass man Sie auf dem Golfplatz unlängst mit einer solchen gesichtet hat? Wollen Sie leugnen? Ich warne Sie …

Nun ist es ja nicht so, liebe Anwesenden, dass die Tugendhaftigkeit das Fehlen jeglicher Laster voraussetzt. Im Gegenteil: Wir wollen beispielsweise Herrn Huber nicht der *Völlerei* bezichtigen, nur weil er auf schmackhafte Leckereien wie Lakritze, Milky Way oder Eiscreme nicht verzichten will, nur weil er sich mit Gorgonzola-Gnocchi den Tag versüßt und Butterbrezeln in Fülle konsumiert. Wer möchte ihm übel nehmen, dass der Fußballkult einen Teil seines Lebens beherrscht und dass er — so wurde mir zugetragen — seinem Kuschelsofa in Liebe verbunden ist. Nein, liebe Gäste, Toleranz ist hier ebenso angebracht wie im Falle des Herrn Müller. Wollen wir ihn etwa dafür verurteilen, dass er Oldtimer sammelt wie gewöhnliche Menschen vielleicht Briefmarken? Dass er Knoblauch und Schweinefleisch verschmäht, obwohl doch auch dies Gottes Gaben sind? Oder wollen wir ihm gar vorwerfen, dass er seine Visionen am liebsten schon vorgestern verwirklicht haben möchte und Entscheidungen zuweilen in unangemessener Spontaneität trifft? Zeihen wir ihn deswegen der Ungeduld? Des Fanatismus? Nein, liebe Anwesende — wir sehen ihm sogar seine übertriebene, fast besessene Hinwendung zu Checklisten aller Art nach, und so wollen wir auch mit Herrn Hinz verfahren. Gut — es mag sein, dass sein Geschmack ein wenig extravagant ist, dass er in der Wahl seiner Fortbewegungsmittel oder seiner Kleidung wenig Mäßigung walten oder gar Bescheidenheit erkennen lässt — aber tragen wir ihm dies nach? Nein — auch sein fast rührend anmutendes Bekenntnis zu abstrusen Speisen wie Currywurst und Pommes mit Mayo ist für uns kein Grund zum Hadern und dass man ihm zuweilen Ähnlichkeit mit dem deutschen Barden Konstantin Wecker unterstellt, ist für uns noch lange kein Grund, ihn zu verdammen. Toleranz und Nächstenliebe sind die vorherrschenden Motive und Antriebsfedern in dieser wachsenden PC-time-Gemeinschaft, und nicht zuletzt deswegen hat mir mein Herr und Meister auch zu Herrn Kunz einige Worte mit auf den Weg gegeben. Auch ihm soll verziehen werden, dass er Haus und Hof scheinbar verlassen und in der Firma eingezogen ist. Auch dass er sich für eine unangemessen brutale Sportart wie Rugby begeistern kann, lässt uns nicht an der Lauterkeit seines Wesens zweifeln, zumal er gleichzeitig ein wahrhaft begnadeter Sänger ist. Nun mag es manche irritieren, dass ihm die eigene Sprache der Heimat nicht mehr ausreicht, doch selbst seine häufigen Ausflüge in das Idiom der unbegrenzten Möglichkeiten geben uns keinen Grund, seine Schaffenskraft und Tugendhaftigkeit in Frage zu stellen. Gut — dass er seine Tür manchmal von innen versperrt, weil man ihm sonst — ich formuliere jetzt bewusst volkstümlich — „die

Bude einrennt", ist keine schöne Angewohnheit. Vor allem nicht in diesen Tagen, denn sagt nicht schon der Herr: „Lasset die Kindlein zu mir kommen"?

Doch – wie gesagt – dies alles lässt uns nicht zweifeln. Toleranz ist das Gebot der Stunde – Nächstenliebe soll unser Denken und Tun bestimmen. Und so will ich an dieser Stelle auch nur eine milde Buße für die Herren Huber, Müller, Hinz und Kunz aussprechen: Sie mögen sich jeweils eine Stunde im kommenden Jahr zu den Rauchern gesellen – dorthin, wo das Laster zu Hause ist. Atemschutzmasken seien ihnen gewährt, aber sie sollen sehen, wie der schlichte Zug an einem Glimmstängel – von dem wir natürlich alle wissen, dass er furchtbar ungesund ist – ein bisschen Glückseligkeit in die Gesichter ihrer Lieben zaubert. Und nicht dass wir uns falsch verstehen: Missionieren ist während dieser Stunde nicht erlaubt – stattdessen sollen Sie, meine Herren, den Rauchern vergeben und verzeihen, und es kann nicht schaden, die Nikotinsüchtigen in ihr Nachtgebet einzuschließen. Oder schicken Sie mir halt eine E-Mail. Adresse: Weihnachtsmann@gmx.de. In diesem Sinn, liebe Anwesende – ein frohes Fest.

Pressekonferenzen

Pressekonferenzen haben hauptsächlich zwei Aufgaben: Entweder verkünden sie gute Nachrichten oder sie erfolgen als Reaktion auf Krisen. In jedem Fall ist die Atmosphäre gespannt – und dieser Tatsache sollten die Eröffnungsansprachen auch Rechnung tragen.

Begrüßungsrede des Kommunalpolitikers zur Eröffnung der Pressekonferenz

Angesprochene: Pressevertreter
Redner: Bürgermeister
Rahmen: Pressekonferenz
Atmosphäre: sachlich
Dauer: ca. eineinhalb Minuten

Sehr geehrte Damen und Herren,

vielen Dank, dass Sie unserer Einladung gefolgt sind. Ich darf Ihnen unsere Runde kurz vorstellen: Zu meiner Rechten sitzt Herr Baureferent Wolfgang Wagenhauer, zu meiner Linken Frau Isolde Brenner, zuständig für die Öffentlichkeitsarbeit der Stadt Röbelhorn. Mein Name ist Burkhardt Beil, Bürgermeister dieser schönen Stadt. Bevor Sie in wenigen Augenblicken die Gelegenheit bekommen, Ihre Fragen loszuwerden — und ich bin sicher, wir werden Ihnen die nötigen Antworten geben können —, gestatten Sie mir einige einleitende Worte. Wir haben uns zu dieser Pressekonferenz entschlossen, um die Vorgänge, um die es hier geht, so transparent wie möglich zu machen. Die Zeit der „Mauscheleien" hinter verschlossenen Rathaustüren gehört in Röbelhorn schon seit Längerem der Vergangenheit an, und in einer Situation wie dieser kommt ein Rückzug in die alten deutschen politischen Gepflogenheiten für mich nicht in Frage. So werden Sie jetzt also alle Informationen bekommen, die Sie für Ihre Berichterstattung benötigen — im Gegenzug hoffe ich, dass Sie unserer Darstellung der Sachlage den gebührenden Raum einräumen und das Feld der Spekulationen nicht noch weiter öffnen. Ich möchte Sie nun bitten, unter Nennung Ihres Namens und Ihres Mediums mit Ihren Fragen zu beginnen.

Eröffnungsrede zu Beginn der Bilanzpressekonferenz eines Unternehmens

Angesprochene: Pressevertreter
Redner: Öffentlichkeitsbeauftragter
Rahmen: Empfangszimmer oder -saal
Atmosphäre: sachlich
Dauer: ca. zweieinhalb Minuten

Sehr geehrte Damen und Herren von den Medien,

vielen Dank, dass Sie unserer Einladung zur heutigen Bilanzpressekonferenz so zahlreich gefolgt sind. Eigentlich müsste mich das ja in eine besorgte Stimmung versetzen, denn normalerweise gilt ja die Formel: Je mehr Journalisten vor Ort sind, desto größer ist die Katastrophe. Da ich aber zuverlässig weiß, dass wir Ihnen heute keine Katastrophe servieren werden und dass auch die Feuermelder in diesem Raum anstandslos funktionieren, sehe ich der kommenden Stunde gelassen entgegen. Bevor wir zu den so genannten „harten Facts" kommen, darf ich Ihnen noch unsere wunderbar weichen Butterbrezeln ans Herz legen. Bitte greifen Sie zu, und wenn Sie außer Kaffee oder dem bereitgestellten Mineralwasser einen anderen Getränkewunsch haben, zögern Sie bitte nicht, das einer der anwesenden Damen aus dem Sekretariat mitzuteilen. (Pause)

Meine Damen, meine Herren — wir haben Sie heute eingeladen, um Sie mit Zahlen zu bombardieren. Zahlen sind ja bekanntlich durchaus heikel. Manchmal werden sie in einer derartigen Fülle benutzt und in einem derartigen Tempo verbreitet, dass sie eher der Verschleierung als der Transparenz dienen. Dieser Eindruck soll hier und heute gar nicht erst entstehen, und deswegen darf ich Sie schon im Vorfeld ausdrücklich zum Einhaken und Zwischenfragen ermuntern, wenn Ihnen etwas nicht klar ist oder nicht nachvollziehbar erscheint. (Pause)

An dieser Stelle darf ich kurz die Damen und Herren an dieser Seite des Tisches vorstellen. Rechts neben mir (Blick nach rechts, leichte Handbewegung) hat Herr Direktor Bernhard Platz genommen, der Ihnen im Folgenden die Gesamtbilanz vorstellen wird. Zuständig für die Ergänzungen zu den Aktiva ist Frau Lindner — in unserem Hause verantwortlich für Disposition und Einkauf (Blick und Geste nach links), und über die Passiva wird Sie unser Prokurist, Herr Dietrich, informieren. (Pause, Blick in die Runde). Dann würde ich sagen, wir gehen in medias res — bitteschön (Blick nach rechts), Herr Direktor Bernhard.

Gute Nachrichten

Haben Sie gute Nachrichten über Ihr Unternehmen zu verkünden? Dann kann Ihnen die folgende Musterrede zeigen, wie's geht.

Eröffnungsansprache bei der Jahreshauptversammlung eines erfolgreichen Unternehmens

Angesprochene: Mitarbeiter, Aktionäre
Redner: Öffentlichkeitsbeauftragter
Rahmen: Veranstaltungshalle
Atmosphäre: sachlich
Dauer: ca. zwei Minuten

Sehr geehrte Damen und Herren, liebe Aktionäre,

es gibt Pflichten, die werden zur reinen Freude. Eine solche obliegt mir heute, denn ich bin von unserem Vorstandsvorsitzenden Dr. Karl Gärtner damit beauftragt worden, Sie zu begrüßen und Sie auf die kommenden Minuten und Stunden einzustimmen. Nichts leichter als das, denn ich habe keine – absolut keine – schlechten Nachrichten für Sie.

Natürlich haben Sie den Kurs unseres Konzerns im Verlauf des vergangenen Jahres verfolgt. Natürlich sind Sie über die Entwicklung unserer Aktie auf dem Laufenden, denn schließlich gehören Sie ja als Aktionäre zu den Miteigentümern dieser Firma, und zu dieser Eigenschaft und zu dieser Entscheidung darf ich Ihnen heute gratulieren. Gut – es gibt selbstverständlich Branchen und Firmen, in denen das Wachstum noch ein bisschen dynamischer verlaufen ist als in der unseren. Es gibt und gab immer wieder börsennotierte Einsteiger, die eine 100-, 200-, 500-prozentige Rendite ihrer Wertpapiere vermelden konnten und können. (Pause) Aber wie lange? Die Namen sind zum Teil heute schon Geschichte – lediglich noch eine Erinnerung in den Archiven der Pressevertreter, denn es gibt an der Börse bekanntlich keinen Boom, der nicht irgendwann einmal zum „Bumerang" wird. Nein – wir werden Ihnen heute keine märchenhaften Zahlen präsentieren können, sondern die solide Erfolgsbilanz einer Aktie im spürbaren Aufwind. Wir beglückwünschen Sie zum Kauf eines Wertpapiers, das Ihr Vermögen dynamischer als jeder Bausparvertrag und solider als jeder Investmentfond vermehrt und auf das Sie sich auch im kommenden Jahr uneingeschränkt verlassen können. Für uns ist das ein Grund zur Freude und ich denke, für Sie ebenfalls.

Bevor ich das Wort an unseren Vorstandsvorsitzenden Dr. Gäbler übergebe, darf ich mich im Namen der gesamten Vorstandschaft und aller Mitarbeiterinnen und Mitarbeiter noch bei Ihnen bedanken. Bedanken für Ihre Entscheidung, in unseren Konzern zu investieren, Danke für Ihr Vertrauen und Danke für Ihre moralische und zuweilen auch sehr tatkräftige Unterstützung. Für Kritik, Anregungen, Verbesserungsvorschläge und Wünsche werden wir auch in Zukunft immer ein offenes Ohr haben – egal, was Sie uns auch zu sagen haben. Ich wünsche Ihnen einen angenehmen Tag in unserem Haus und übergebe das Wort an den Vorsitzenden unseres Vorstandes. Herr Dr. Gärtner, ich darf Sie zum Pult bitten.

In schwierigen Zeiten

In Zeiten der Krise ist die Kunst des Redners besonders gefordert. Hier heißt es oft Schadensbegrenzung: Gerüchte müssen zerstreut und Mitarbeiter zum Durchhalten motiviert werden. Wie Sie das erreichen, zeigen Ihnen die folgenden Musterreden.

Begrüßungsansprache anlässlich einer Krisensitzung eines Unternehmens

Angesprochene: Mitarbeiter des Unternehmens
Redner: Geschäftsführer
Rahmen: Konferenzsaal
Atmosphäre: angespannt, mahnend, motivierend
Dauer: ca. zwei Minuten

Sehr geehrte Damen und Herren, liebe Kolleginnen und Kollegen,

die Lage ist ernst, aber nicht hoffnungslos (Pause, Blick in die Runde). Ich bin sicher, Sie haben diesen Satz schon das eine oder andere Mal gehört. Ich weiß allerdings nicht genau, inwieweit sich alle, die heute hier versammelt sind, über die Lage wirklich im Klaren sind. Wir werden in den kommenden Minuten versuchen, die Situation zunächst so genau wie möglich zu umreißen und anschließend Lösungswege erarbeiten. Eine Krise ist immer erst dann eine Bedrohung, wenn wir zulassen, dass die Krise uns die Fähigkeit zum Denken raubt. Ich bin jedoch der festen Überzeugung, dass alle hier Anwesenden diese entscheidende Fähigkeit nicht verloren haben. Dennoch halte ich ein paar mahnende Worte für angebracht: Lassen Sie uns bitte auf emotionale Bekenntnisse verzichten. Schuldzuweisungen mögen zuweilen notwendig und nützlich erscheinen — momentan sind sie es nicht. Stattdessen erwarte ich von jedem Einzelnen von Ihnen eine möglichst präzise Schilde-

rung der Situation in seinem Verantwortungsbereich, und wenn wir diese Bestands-
aufnahme durchgeführt haben, hoffe ich auf ein kollegiales Miteinander, um die
nächsten Schritte gemeinsam planen zu können. Denken Sie bitte daran – in der
Kürze liegt die Präzision: Monologe von epischer Länge werden uns heute kaum zum
Erfolg führen. Ich darf das Wort gleich an die Abteilung XY und damit an Frau
Petersen weitergeben. Bitteschön … (Blickkontakt und Nicken zu Frau Petersen).

Eröffnungsansprache bei der Jahreshauptversammlung eines krisengeplagten, börsennotierten Unternehmens

Angesprochene: Mitarbeiter, Aktionäre
Redner: Öffentlichkeitsbeauftragter
Rahmen: Veranstaltungssaal
Atmosphäre: beschwichtigend, aufmunternd
Dauer: ca. vier Minuten

Sehr geehrte Damen und Herren, liebe Aktionäre,

ich stehe hier – ich kann nicht anders: So soll es dereinst ein gewisser Martin
Luther gesagt haben, und ich mache mir heute diesen Satz eines großen Gelehrten
einfach einmal zu Eigen. Denn ich erzähle Ihnen sicher nichts Neues, wenn ich
Ihnen sage, dass unser Unternehmen ein schwieriges Jahr hinter sich hat. Sie haben
schon im Vorfeld der heutigen Veranstaltung zahlreiche Fragen an uns gerichtet,
zahlreiche Wünsche geäußert und sind etliche Beschwerden losgeworden. Dies ist
verständlich, denn der Kurs unserer Aktie hat sich in den vergangenen zwölf Monaten nicht so entwickelt, wie Sie und wir es erwartet und erhofft hätten. Aktien
aber – und damit erzähle ich Ihnen wiederum nichts umwerfend Neues – sind
bares Geld, und wenn Sie fallen, dann verlieren diejenigen, die sich zu ihrem Kauf
entschlossen haben, dieses Geld. Und bei Geld – ich darf eine weitere Phrase präsentieren – hört der Spaß bekanntlich auf.

Meine Damen und Herren Aktionäre. Auch für uns hat der Spaß aufgehört. Wir wollen Sie in den kommenden Stunden über die Gründe des Kursverfalls ins Bild setzen – so offen und umfassend, wie das nur möglich ist. Unser Vorstand wird Ihnen im Zuge der auf der Einladung vermerkten Spielregeln ausführlich Rede und Antwort stehen, und wir werden versuchen, die Situation der Firma so transparent wie möglich zu gestalten. Lassen Sie mich aber eines vorweg klarstellen: Die Lage ist ernst, aber sie ist nicht so verzweifelt, wie manche Medien sie gerne darstellen. Es gibt sehr gute Gründe für Zuversicht und steigendes Selbstbewusstsein, es gibt viel Licht am Ende des Tunnels, und es gibt Lösungsansätze, Ideen und Innovationen, die hoffentlich auch Ihre Zustimmung finden werden. (Pause) Aktien sind ja bekanntlich höchst sensible Papiere – der Schnupfen eines Geschäftspartners in Hongkong kann zum Infarkt eines Zulieferers in Malaysia führen und dies wiederum bedeutet urplötzlich ein Minus von etlichen Punkten in Frankfurt. Über plötzliche Niesanfälle, über Infarkte, Intensivstationen und auch über Therapien und Rehabilitationsmaßnahmen wird Sie nun unser Vorstandsvorsitzender Hans Klein höchstpersönlich ins Bild setzen.

Aufräumen mit negativen Gerüchten

Angesprochene: Mitarbeiter des Unternehmens
Redner: Vorstandsvorsitzender
Rahmen: Betriebsversammlung
Atmosphäre: verärgert, mahnend, motivierend
Dauer: ca. 30 Minuten

Meine Damen und Herren, sehr verehrte Kolleginnen und Kollegen,

es gibt nicht viele Dinge, die mich auf die Palme bringen. Um mich ärgerlich zu machen, muss man schon ziemlich schwere Geschütze auffahren, und es bedarf einigen Aufwands, um mich richtig sauer werden zu lassen. Aber heute Abend haben Sie als die hier Anwesenden das zweifelhafte Privileg, mich so richtig wütend zu erleben. Ich darf Ihnen versichern, dass das auch für mich kein ungetrübtes Vergnügen ist.

Nun fragen Sie sich höchstwahrscheinlich, was mich so wütend gemacht hat. Es war nicht das klägliche Abschneiden der deutschen Nationalkicker beim gestrigen Länderspiel gegen Australien — das darf ich schon mal vorausschicken. Nein — die Ursache meiner Wut ist in unserem eigenen Haus zu suchen. Meine Damen und Herren — ich bring's mal auf den Punkt: Ich habe endgültig genug von der eifrig blubbernden Gerüchteküche. Oder — wenn Sie mir diese verbale Entgleisung gestatten — ich hab die Schnauze richtig voll.

Was mir in den letzten Tagen, Wochen und Monaten an Gerüchten, Verleumdungen und barem Unsinn zu Ohren gekommen ist, spottet jeder Beschreibung. In unserem eigenen Haus, in einem Unternehmen, das ich als mein Lebenswerk bezeichne, in einer Firma, für die ich mich mit ganzem Einsatz engagiere — genau hier muss ich Gerüchte hören wie „PC-time ist doch schon längst Pleite", „Wir sind zahlungsunfähig" und „Wir schaffen es doch nie". Wohlgemerkt — das sind keine Phrasen, die ich in schlecht beleuchteten Seitenstraßen aufgeschnappt habe. Das ist Wortmüll aus der Ziegeleistraße. Das ist — wie der Amerikaner so schön sagt — „internal trashtalk". Und genau deswegen bin ich so unglaublich wütend.

Meine Damen und Herren Mitarbeiter: Ich habe seit geraumer Zeit den Verdacht, dass einige in unserem Hause immer noch nicht erkannt haben, worum es eigentlich geht und was wir hier tun. Viele von Ihnen waren schon 2004 an Bord. Erinnern Sie sich noch an unseren Börsengang? Erinnern Sie sich noch an die Euphorie, die damals herrschte? Erinnern Sie sich noch, wie unser Wertpapier olympische Höhen erklimmen durfte? Wenn Sie sich daran erinnern, dann müssen Sie sich jetzt auch eine Frage gefallen lassen: Haben Sie ernsthaft gedacht, das geht alles genauso weiter? Waren Sie ernsthaft der Überzeugung, es kann nur noch weiter aufwärts gehen? Haben Sie sich mit dem Thema Börse wirklich befasst?

Ich zweifle, meine Damen und Herren – ich zweifle entschieden. Jeder, der die Gesetzmäßigkeiten des Wertpapierhandels kennt, weiß um dessen Unbeständigkeit. Jeder, der sich jemals mit Geldanlagen, Aktien, Fonds und Kursen beschäftigt hat, kennt die Unwägbarkeiten. Niemand – aber auch wirklich niemand – durfte von der PC-time AG den Sturm auf den Gipfel des Marktes erwarten. Dafür waren wir damals noch nicht reif und wir sind es heute immer noch nicht. Sollte irgendjemand das anders sehen, dann empfehle ich dringend einige Nachhilfestunden in Betriebswirtschaftslehre. Manchmal kann die Schulbank noch ganz hilfreich sein.

Meine Damen und Herren – ich gebe zu, das sind harte Worte. Der eine oder andere mag sich nun denken „Was will der Müller denn von uns? Was geht mich das eigentlich an?" Ich erklär's Ihnen gerne: Ein wichtiger Aspekt unseres Absturzes am Markt ist unsere Außenwirkung. Auch da kann ich Ihre Einwände buchstäblich schon hören. „Ja, ist denn nicht der Vorstand für die Außenwirkung verantwortlich?", mögen Sie sich fragen und haben damit auch sicherlich nicht ganz Unrecht. Aber die Präsenz eines Unternehmens nur am Vorstand festzumachen, ist ebenso kleinkariert wie falsch. Wenn Sie so denken, dann haben Sie weder unsere Ziele noch die Gesetze eines börsennotierten Konzerns verstanden. Noch deutlicher: Wenn Sie so denken, dann sind Sie bei uns fehl am Platze.

Außenwirkung, meine Damen und Herren, beginnt nämlich innen. Wir alle, die wir hier sitzen, führen mehr oder weniger auch ein Privatleben. Wir plaudern und unterhalten uns, wir tauschen Meinungen aus und diskutieren über verschiedene Themen. Wir tun das teilweise auch während der Arbeitszeit, und ich bin der Letzte, der Ihnen Kommunikation verbieten möchte. Wogegen ich aber ganz entschieden Einspruch einlege, ist die permanente Verbreitung von Latrinenparolen.

Vor wenigen Wochen hatten wir die Hauptversammlung. Das war kein leichtes Brot für uns, denn dort saßen Aktionäre, die Angst um ihr Geld hatten, da saßen Analysten und Pressevertreter, denen schlechte Nachrichten immer lieber sind als gute. Kein Wunder: „Bad News" sind gut für die Auflagen. Trotzdem: Es ist meinen Vorstandskollegen und mir gelungen, diese Hauptversammlung ohne Blutvergießen, ohne größeren Ärger und ohne schlechte Presse zu überstehen. Nicht etwa, weil wir besonders um Sympathien geworben haben oder weil wir unsere Gäste mit Kaffee und Kuchen bewirtet haben. Nein — es ist uns gelungen, weil unsere Zahlen überzeugend waren, weil die Damen und Herren Aktionäre uns am Ende Recht geben mussten, weil die Analysten unserem Kurs zugestimmt haben und weil wir selbst einige unserer ärgsten Kritiker überzeugen konnten.

Meine sehr verehrten Mitarbeiter und Mitarbeiterinnen: Einige von Ihnen waren doch bei dieser Hauptversammlung dabei. Haben Sie unsere Vorträge gehört? Waren Sie nicht nur präsent, haben nicht nur einen neuen Anzug oder ein neues Kostüm spazieren getragen, sondern haben Sie wirklich zugehört? Ich hege auch daran gewisse Zweifel, denn die Gerüchte innerhalb des Hauses sind seit dem 31. Mai nicht verstummt. Im Gegenteil: Zahlen, die wir in aller Offenheit auf den Tisch gelegt und ausführlich begründet haben, werden jetzt dazu benutzt, um das PC-time-Bild auch intern zu zerstören. Wir waren doch vor nicht allzu langer Zeit schrecklich stolz darauf, ein funktionierendes Team zu sein. Eine Einheit. Wo ist dieser Mannschaftsgeist geblieben? Wo ist die Begeisterung von damals?

Ich würde schlechte Stimmung unter der Belegschaft ja verstehen, wenn es Grund zur Klage gäbe. Wenn wir reihenweise Angestellte gefeuert hätten. Wenn die Gehälter nicht pünktlich bezahlt worden wären. Wenn wir mit eiserner Knute in jeden Bereich hineinregieren würden und Sie an der freien Entfaltung Ihrer Kreativität und Ihrer Möglichkeiten hindern würden. Doch nichts von alledem ist der Fall. Wir haben unsere Mitarbeiterzahl im vergangenen Jahr beinahe verdoppelt. Wir bemühen uns redlich und nach Kräften, mit den Anforderungen des Marktes auch personell Schritt zu halten. Wir versuchen, Ihre Arbeitsbelastung nicht allzu hoch werden zu lassen, indem wir immer neue Spezialisten engagieren. Und wenn ich die Gehaltsabrechnungen vor meinem geistigen Auge Revue passieren lasse, so kann ich Ihnen versichern, dass das keine billige Angelegenheit ist.

Woher also kommen die Gerüchte? Wie kann irgendjemand innerhalb des Hauses tatsächlich ernsthaft der Meinung sein, wir wären pleite? Oder noch schlimmer: diese Meinung sogar öffentlich äußern. Liegt es daran, dass wir im vergangenen Jahr einen Verlust geschrieben haben? Ist es das? Nun — auch in diesem Fall rate ich zu einer Nachhilfestunde in Betriebswirtschaft: Wir haben rote Zahlen geschrieben, weil wir in gewinn- und zukunftsträchtige Unternehmen und Technologien investiert haben. Und wir mussten Abschreibungen in Kauf nehmen, um langfristig konkurrenzfähig, stabil und zukunftsorientiert zu sein. Denn wenn wir das nicht getan hätten, meine Damen und Herren — auch das sage ich in aller Offenheit —, dann hätten Sie spätestens im nächsten Jahr tatsächlich einen Grund, sich Sorgen zu machen. Denn dann hätte es passieren können, dass wir den Anschluss an den rasant galoppierenden Weltmarkt verpasst hätten. Dann hätten wir uns hier in Ulm eine kleine, dem Untergang geweihte Insel der seligen Träumer gebaut. Wäre dies in Ihrem Sinne gewesen? Ich denke nicht. Denn — und das sollten Sie in Zukunft in Ihre Überlegungen miteinbeziehen — es gibt Menschen, die sind an langjährig sicheren Arbeitsplätzen interessiert und genau für diese Menschen wollte und will PC-time eine Heimat sein.

Ich will nicht verhehlen, dass diese schlichte Wahrheit in der Vergangenheit nicht immer besonders geschickt vermittelt worden ist. Wir sind noch immer ein vergleichsweise junges Unternehmen in einer unglaublich dynamischen Wachstumsbranche. In einem solchen Unternehmen kommt es zwangsläufig zu personellen Fluktuationen. Auf allen Ebenen trennt sich allmählich die Spreu vom Weizen — einige sind überfordert und gehen von sich aus, anderen muss man dies erst nahelegen. Das mag menschlich nicht immer schön sein, doch es ist eine Gesetzmäßigkeit der freien Marktwirtschaft. Was mir aber einfach nicht in den Kopf will, ist die Tatsache, dass es stets die Kündigungen sind, über die wochen- und monatelang getratscht wird. Wer spricht von denen, die von Anfang an dabei waren, denen wir viel verdanken und die uns nach wie vor die Treue halten? Ich erkenne hier im Publikum eine ganze Reihe dieser Personen, und ich freue mich, dass sie den Anfangsgedanken der PC-time AG noch immer verinnerlicht haben: Nur als Team sind wir stark, nur als Team haben wir Erfolg.

Zugegeben — das sind große Worte und das klingt vielleicht auch ein bisschen pathetisch. Aber dabei will ich es nicht belassen — ich will Sie auch mit einigen Fakten und Zahlen versorgen, die Sie getrost nach außen tragen können. Wir haben im abgelaufenen Jahr ein Umsatzplus von sage und schreibe 335 Prozent geschrieben. Natürlich ist Etliches davon auf Akquisitionen zurückzuführen und natürlich schlug sich dieses Umsatzplus nicht automatisch in Gewinn nieder. Die Gründe dafür habe ich eben bereits kurz angesprochen. Aber wir haben eindrucksvoll bewiesen, dass für unsere Produkte ein gigantischer Markt vorhanden ist, und meine Vorstandskollegen und ich haben ein ganz wesentliches Ziel niemals aus den Augen verloren: Innerhalb der nächsten Jahre wollen wir einer der weltweiten Marktführer in der IT-Branche werden und noch bin ich zuversichtlich, dass uns das auch gelingen wird.

Worauf sich mein Optimismus gründet, wollen Sie nun vielleicht wissen? Ich verrate es Ihnen gerne: auf Sie. Auf die Mitarbeiterinnen und Mitarbeiter der PC-time AG, denn wir haben nicht irgendwelche Leute eingestellt, sondern wir haben uns bemüht, die Besten zu holen. Und in Sachen Arbeitsleistung, Kreativität und Innovationsfähigkeit wurden wir auch nicht enttäuscht.

Was Sie, meine Damen und Herren, in den vergangenen Monaten und Jahren auf die Beine gestellt haben, verdient allerhöchsten Respekt. Warum also — um Himmels willen — bemühen sich einige in diesem Haus, diese grandiose Leistung durch verbalen Dünnpfiff in den Dreck zu ziehen? Oder — anders gefragt: Wer und warum hat Spaß daran, sich selber klein zu reden?

Wir seien beinahe pleite, habe ich in den vergangenen Wochen hören müssen. Das ist so lächerlich, dass ich mir gar nicht die Mühe machen würde, darauf zu antworten, wenn dieses Gerücht nicht so furchtbar hartnäckig durch die Flure geistern würde. Wer das verbreitet, der hat seine Hausaufgaben nicht gemacht. Der hat keine Ahnung von unserer Situation. Und der ist zu feige, um zu fragen. Ich komme noch einmal auf die Hauptversammlung zu sprechen. Haben Sie dem Kollegen Gruns eigentlich zugehört? Wissen Sie um unsere so genannten „hidden values"? Ist Ihnen bekannt, dass unser Tochterunternehmen PWI mit 200 Millionen Euro an die Börse geht? Dass wir in eigenen Aktien rund 100 Millionen Euro stecken haben? Dass wir unsere Reserven noch nicht einmal angebrochen, geschweige denn aufgebraucht haben?

Für mich gibt es in diesem Zusammenhang nur zwei mögliche Antworten: Entweder der oder die Gerüchteverbreiter wissen sehr wohl um diese Fakten und ignorieren sie aus Bösartigkeit, oder aber sie plappern einfach nur gedankenlos daher und haben keinen Schimmer, über was sie eigentlich reden. Im zweiten Fall könnte es mir ja eigentlich egal sein, denn ich bin sicher nicht angetreten, um die Ignoranz vom Planeten zu verbannen. Aber es kann und darf mir nicht egal sein, dass dieses geist- und substanzlose Geplauder sich zum Selbstläufer entwickelt. Dass da eine Dynamik entsteht, die unserem Haus massiv schadet. Dagegen gilt es mit allen Mitteln vorzugehen und wenn ich von „allen Mitteln" spreche, dann meine ich es auch so.

Meine sehr verehrten Mitarbeiterinnen und Mitarbeiter: Ich sage es an dieser Stelle in aller Deutlichkeit. Wir werden in Zukunft nicht mehr zögern, uns von Schwätzern und Saboteuren zu trennen. Ich bin es leid, ständig irgendwelchen Phantomen hinterherzujagen, ich habe die Schnauze voll vom permanenten Dementieren dreister Lügen. Auch ich habe eine Schmerzgrenze, auch meiner Geduld sind Grenzen gesetzt. Es geht mir hier nicht darum, Drohungen auszustoßen. Es geht mir vielmehr darum, die notwendige und angebrachte Loyalität zum Unternehmen einzufordern — ein Unternehmen, das sich in der Vergangenheit stets schützend vor seine verdienten Kräfte gestellt hat und dies guten Gewissens auch in der Zukunft tun will.

Ich will an dieser Stelle noch einmal auf das Thema Börse zu sprechen kommen. Eine Aktie ist ein Produkt. Nicht mehr und nicht weniger. Eine Aktie will verkauft werden, denn sonst verliert sie an Wert und damit verliert auch das Unternehmen an Wert. Kurzfristig mag sich dies nicht besonders dramatisch äußern — langfristig kann es verheerende Folgen haben. Wie aber verkauft sich eine Aktie? Nun —

in erster Linie durch eine positive Darstellung des Unternehmens. Wer dies vergisst oder ignoriert, handelt zumindest grob fahrlässig. Muss ich Sie daran wirklich erinnern? Natürlich gibt es Situationen, in denen eine positive Darstellung nach außen nicht möglich ist. Ein solches Beispiel musste ich unlängst am eigenen Leib erfahren und dafür hat leider auch der Konzern verbale Prügel einstecken müssen. Als Firma mit sozialer Verantwortung für die Region fördern wir auch den Sport und dabei auch den FC Ulm. Nun backen wir dort kleinere Brötchen und prompt werden wir für das finanzielle Desaster des Vereins verantwortlich gemacht. Wehren kann ich mich dagegen schlecht, denn leider darf ich nicht alles sagen, was ich über die finanzielle Situation des Vereins weiß.

Ihnen aber möchte ich heute die Frage stellen: Würden Sie es gerne sehen, wenn die PC-time AG Jahr für Jahr sehr viel Geld in ein Fass ohne Boden pumpt? Ich glaube nicht, dass dies in Ihrem Sinne wäre – ich kann mir nicht einmal vorstellen, dass dies für irgendjemanden Sinn machen kann. Dass wir dennoch den schwarzen Peter bekommen haben, liegt daran, dass der FCU in dieser Stadt eine Lobby hat, die auf Tradition, Respekt und Sportbegeisterung beruht. Meine Damen und Herren – diese Lobby hätte ich auch gerne, aber derzeit scheinen es einige unserer eigenen Angestellten zu sein, die uns den Weg dahin verbauen.

Es fällt mir nicht besonders schwer, mit persönlichen Beleidigungen zu leben. Wenn man sich in einer exponierten Stellung befindet, dann muss man damit rechnen. Womit ich aber nicht rechne, ist die Tatsache, dass Mitarbeiter dieses Hauses, die mir persönlich bekannt sind und denen ich meines Wissens nie etwas angetan habe, im Biergarten meinen Namen und auch den Namen dieser Firma in den Dreck ziehen. Nein, meine Damen und Herren – glauben Sie jetzt bitte nicht, der Müller hat seine Spione überall. Aber es ist fast unvermeidlich, dass in einer Stadt wie Ulm das eine oder andere auch mir zugetragen wird. Und wenn ich es schon erfahre, dann dürfen Sie mit an Sicherheit grenzender Wahrscheinlichkeit davon ausgehen, dass auch andere zugehört haben und es weitertragen. Und blitzschnell macht dann die Runde, was für üble Kerle doch die PC-time-Vorstände sind, wie schlecht der Laden geführt wird und wie schnell der zusammenbrechen wird. Und wie hoch ist nun die Wahrscheinlichkeit, dass auch der Besitzer einer PC-time-Aktie die Ohren spitzt? Kann das im Sinne unserer Zukunft sein? Im Sinne Ihres Arbeitsplatzes?

Meine sehr verehrten Damen und Herren: Jeder Einzelne von Ihnen muss sich darüber im Klaren sein, dass er über unser Unternehmen jederzeit befragt werden kann. Dass die Meinung eines PC-time-Mitarbeiters über die Firma PC-time ungleich schwerer wiegt als die eines Außenseiters. Und wenn Sie dazu beitragen, Gerüchte, Unterstellungen und Unwahrheiten zu verbreiten – ob nun böswillig oder nicht –, so schaden Sie damit langfristig dem Unternehmen und sich selbst.

Wir haben den Konzern im vergangenen Jahr einer radikalen Umstrukturierung unterworfen. Diese Neuausrichtung war für die Übersichtlichkeit und die Leistungsfähigkeit des Hauses unumgänglich notwendig. Natürlich kam es dadurch in einigen Bereichen zu Irritationen, natürlich waren nicht alle Beteiligten mit allen Maßnahmen einverstanden und natürlich hat uns das Geld gekostet. Aber Wirtschaftsprüfer haben uns bestätigt, dass wir auf dem richtigen Weg sind, und auch die Analysten haben nichts an dieser Neuorientierung auszusetzen gehabt. Da kann also der Grund für die Panikmache kaum zu finden sein. Oder?

In aller Bescheidenheit darf ich auch auf die folgenden Fakten verweisen. Unsere Hauptinvestoren – die zu einem Teil in der Schweiz beheimatet sind, und dort versteht man bekanntlich viel von Geld – halten uns ohne Wenn und Aber weiterhin die Treue. Sie stehen zu uns und dies, obwohl unser Kurs in den vergangenen Monaten dramatisch gefallen ist. Niemand, aber auch wirklich niemand unter unseren Partnern zweifelt an unserer Leistungsfähigkeit, und niemand dort käme auf die Idee, wir wären zahlungsunfähig und kurz vor dem Bankrott. Wie also kann es passieren, dass in meinem engsten Umfeld derartige Behauptungen verbreitet werden?

Meine Damen und Herren, ich tue mich fast ein bisschen schwer, das Folgende auszusprechen. Mir wurde zugetragen, dass das Gerücht von gefälschten Bilanzen umgeht. Das ist eine solche Ungeheuerlichkeit, dass ich nun fast versucht bin, kriminalistischen Spürsinn zu entwickeln, um diese Parole an ihren Ausgangspunkt zurückzuverfolgen. Und wenn mir das wider Erwarten gelingen sollte, dann dürfen Sie ganz sicher sein, dass der Verursacher mit juristischen Schritten zu rechnen hat. Den meisten von Ihnen dürfte durchaus klar sein, dass eine solche Aussage nicht nur ehrenrührig ist, eine ungeheure Beleidigung darstellt, sondern auch den Tatbestand der Verleumdung erfüllt. „Careless whisper" nennen unsere britischen und amerikanischen Freunde das, doch diese nette Umschreibung reicht nicht aus. Hier handelt es sich ganz offensichtlich nicht mehr um sorgloses Geflüster, sondern um den gezielten Versuch, PC-time zu diskreditieren. Ich habe nicht vor, mir das gefallen zu lassen.

Es liegt mir fern, auf die Tränendrüse zu drücken, aber ich möchte Sie dennoch an etwas erinnern. Mein Kollege Meier und ich — wir haben dieses Unternehmen aus dem Nichts geschaffen. Sie alle kennen die Legende vom Kinderzimmer, in dem wir unsere ersten Programme geschrieben haben. Ich gebe es gerne zu: Ich war immer stolz darauf, vor allem — und das ist das Schönste an dieser Legende — weil es absolut wahr ist. Alexander Meier und meine Wenigkeit haben seit Jahren all unsere Energie und unseren Ehrgeiz in dieses Projekt gesteckt, wir haben in vergleichsweise kurzer Zeit unglaubliche Erfolge erzielt und wir sind — auch dank der Hilfe ungeheuer fähiger Mitarbeiterinnen und Mitarbeiter — zu einem weltweiten Begriff geworden. Können Sie sich vorstellen, wie hart das ist, wenn ich mitansehen muss, wie diese Arbeit in den Dreck gezogen wird? Als wie unfair ich das empfinde?

Noch einmal, meine Damen und Herren: Meine Wut betrifft keinesfalls alle, die hier heute versammelt sind. Von der Loyalität der meisten Mitarbeiter bin ich absolut überzeugt — von ihrem Ideenreichtum und ihrem Engagement bin ich größtenteils sogar begeistert. Aber ich möchte an das Gewissen, an die — hoffentlich — gute Erziehung und an das Ehrgefühl derjenigen appellieren, die anscheinend nicht mit ganzem Herzen bei der Sache sind. Denen es vielleicht zu langsam oder vielleicht zu schnell geht. Die sich benachteiligt fühlen oder nicht genügend gewürdigt. Wenn dies Gründe sein sollten, unser Unternehmen in der Öffentlichkeit schlecht zu machen, dann zweifle ich am Charakter dieser wenigen. Denn ein Credo unseres Hauses war es stets, dass es immer eine Möglichkeit gibt, sich Gehör zu verschaffen. Dass man für harte Arbeit honoriert wird. Und dass Leistungsbereitschaft auch anerkannt wird. Dass ich nicht jeden Einzelnen persönlich streicheln und abbusseln kann, werden Sie mir sicherlich verzeihen. Und dass ich gegenüber Profilneurotikern und gedankenlosen Schwätzern in Zukunft entschieden durchgreifen werde – das werden Sie mir wohl nachsehen müssen. Ich rechne mit dem Verständnis der Mehrheit.

Was ich damit sagen will? Ganz einfach: Wenn in Ihrer Umgebung über den Zustand des Unternehmens gelogen wird, wenn Sie selbst erfahren, dass Ihre eigene Leistung und die Leistung Ihrer Kollegen von einem anderen Kollegen durch den Dreck gezogen werden, wenn Sie Gerüchte über unser Haus hören, deren Wahrheitsgehalt zweifelhaft ist – dann schreiten Sie bitte ein. Missverstehen Sie mich nicht – ich will Sie nicht zur Denunziation anstiften. Ich möchte nicht mit E-Mails überschwemmt werden, dass Kollege XY lauter garstige Worte benutzt. Nein – aber ich verlange, dass Sie mit dem oder der Betreffenden reden, dass Sie Kollegen und Kolleginnen ansprechen und warnen, dass Sie alles Erdenkliche tun, um denjenigen zu ermuntern, sich Fakten zu beschaffen, anstatt Gerüchte zu verbreiten. Damit wäre uns schon viel geholfen.

Und weiter: Ich möchte jeden Einzelnen von Ihnen ganz konkret dazu auffordern, seine Wortwahl bezüglich unserer Firma auch im privaten Bereich zu überdenken. Nein – ich will Ihnen wirklich nicht ins Privatleben hineinpfuschen, aber ich möchte Sie noch einmal ausdrücklich erinnern: Ein börsennotiertes Unternehmen lebt von seiner Darstellung nach außen mindestens genauso wie von seiner Leistungsfähigkeit. Jeder, der das vergisst, beweist nicht nur ein hohes Maß an Illoyalität, sondern gefährdet damit den eigenen Arbeitsplatz und den von vielen Kolleginnen und Kollegen. Beispiele dafür, wie man eine Firma kaputt reden kann, gibt es wahrlich genug.

Meine sehr verehrten Mitarbeiterinnen und Mitarbeiter: Denken Sie bitte auch daran, dass absolute Offenheit in manchen Fragen einfach nicht möglich ist. Mir ist zu Ohren gekommen, dass die Informationspolitik der Vorstandschaft in der Vergangenheit viel ausführlicher gewesen sei, dass viel weniger Fragen im Raum gestanden hätten. Das ist durchaus richtig, aber die neue Zurückhaltung, die wir uns auferlegen, ist nicht gewollte Geheimnistuerei, sondern taktische und juristische Notwendigkeit. Wir haben als börsennotiertes Unternehmen bestimmte Spielregeln einzuhalten. Sie kennen den Begriff des „Insiderwissens"? Ich gehe davon aus, dass Ihnen auch bekannt ist, dass wir manche Details und Möglichkeiten einfach nicht publik machen dürfen, bevor sie nicht zu harten, nachvollziehbaren Fakten gemacht wurden. Bitte berücksichtigen Sie auch diese simple Wahrheit bei der Beurteilung unserer Führungspolitik.

Meine Damen und Herren: Ich will allmählich zum Ende kommen. Vorher allerdings darf ich in aller Kürze noch auf unsere kurz- und mittelfristigen Perspektiven und Notwendigkeiten zu sprechen kommen. Wie Sie wissen, haben wir uns nie als kurzfristigen Wert betrachtet. Wir sind nicht an die Börse gegangen, um den Spekulanten ein neues Spielzeug an die Hand zu geben. Warum wohl, glauben Sie, haben wir Vorstände damals, als unsere Aktien praktisch durch die Decke schossen, keine einzige unserer eigenen verkauft? Ich sage es Ihnen: Weil wir vom langfristigen Erfolg der PC-time AG überzeugt waren und es immer noch sind. Und weil es diese Vorstandschaft einfach nicht nötig hat, sich am damals hervorragenden Ruf dieser Firma zu bereichern. Für andere gilt dies leider offensichtlich nicht: Es gibt im Unternehmen einige Aktionäre, die ihre Papiere bei jeder noch so geringen Kursbewegung abstoßen, als würde der Teufel mit Weihwasser in Berührung kommen. Eine Handhabe gibt es dagegen natürlich nicht und selbstverständlich ist dieses Verhalten auch legal. Sehr hilfreich jedoch ist es sicherlich nicht.

Wie Sie wissen, haben Börsenunternehmen jederzeit die Chance für eine Kapitalerhöhung. Wir haben diese Möglichkeiten im vergangenen Jahr genutzt und dies war gut und richtig. Wir haben das Geld nicht verpulvert, sondern wir haben sinnvoll und zukunftsweisend investiert und somit sind wir — was unsere Leistungsfähigkeit, unsere Ressourcen und unser Know-how anbelangt — für die Zukunft gerüstet. Aber wir wissen auch ganz sicher, dass Kapitalerhöhungen vor allem in der derzeitigen Situation kein Allheilmittel sind. Es ist vielmehr an der Zeit, Umsatz und auch Ertrag zu erwirtschaften, und ich möchte in absehbarer Zeit schwarze Zahlen in allen Bereichen schreiben. Dafür bedarf es manchmal auch unpopulärer Maßnahmen und wir werden ab sofort auch verstärkt auf die Kosten achten. Bedenken Sie bitte – wir sind noch immer ein schwäbisches Unternehmen und schon diese Tatsache allein müsste als Verpflichtung zu Leistungsbereitschaft und Sparsamkeit durchgehen.

Kurz vor dem Abschluss dieser Ansprache will ich noch einmal auf die bereits angesprochene Umstrukturierung zu sprechen kommen. Die meisten von Ihnen werden es schon gehört haben: Wir begrüßen mit Hans-Peter Huber einen neuen Mann in der Spitze unseres Konzerns. Herr Huber ist unser neuer COO – unser Chief Operating Officer – und er wird sich ab sofort um das Tagesgeschäft kümmern. Wie wir schon auf der HV angekündigt haben, werden die Vorstände nun vermehrt für die strategischen Entscheidungen und langfristigen Perspektivplanungen Zeit gewinnen. Und mit Herrn Huber haben wir einen kompetenten und erfahrenen Mann gewonnen, der uns als Garant für das PC-time-Bewusstsein 2011 dient: Dieses Unternehmen wird jetzt ausschließlich nach Zahlen geführt.

Meine sehr verehrten Kollegen, liebe Mitarbeiterinnen und Mitarbeiter. Bevor ich jetzt schließe, möchte ich Ihnen einen letzten Appell mit auf den Weg geben: Glauben Sie an die PC-time AG und glauben Sie dadurch an sich selbst. Wenn Sie sich vor Augen halten, was wir gemeinsam in den letzten Jahren erreicht haben, dann dürfte Ihnen das eigentlich nicht allzu schwer fallen.

Die Trauerrede – eine spezielle Herausforderung

Trauerreden sind immer eine besondere Herausforderung für den Redner. Oft selbst vom Todesfall betroffen, muss er die richtigen Worte finden, um den Verstorbenen oder die Verstorbene zu würdigen und den Hinterbliebenen Trost zu spenden. Einige Musterreden finden Sie hier.

Traueransprache

Angesprochene: Witwe und Kinder
Redner: Freund des Verstorbenen
Rahmen: Trauerfeier
Atmosphäre: gefasste Traurigkeit
Dauer: ca. zwei Minuten

Liebe Margarete, liebe Sylvia, lieber Klaus, verehrte Anwesende,

dass Herbert eines Tages sterben könnte, erschien mir immer unmöglich. Nicht, weil ich ihn für unsterblich gehalten hätte, sondern weil ich mir einfach nicht vorstellen wollte und konnte, wie ich ohne einen Freund wie ihn auskommen könnte. Wie viel schlimmer muss dieses Gefühl des Verlustes für dich sein, Margarete, für euch, Sylvia und Klaus.

Herbert war ein wunderbarer (großartiger) Mensch. Stets bescheiden, trotz seines Erfolges. Großherzig, trotz der Anstrengungen seines Berufes. Aufrichtig und ehrlich, trotz der vielen Unwägbarkeiten des Lebens. Er war ein liebevoller Ehemann und Vater, ein loyaler Kollege und ein verständnisvoller Vorgesetzter. Für mich war Herbert einfach ein wunderbarer Freund — einer, auf den ich mich stets verlassen konnte, der mich nie im Stich gelassen hätte.

Wie ich es schon vermutet habe, können Worte nicht einmal annähernd das ausdrücken, was ich euch und was ich über Herbert gerne sagen würde. So belasse ich es einfach bei dem Satz, dass ich mit euch fühle und versuchen werde, euch ein so guter Freund zu bleiben, wie es Herbert mir war.

Traueransprache

Angesprochene: Angehörige, Freunde, Vereinskameraden
Redner: Vereinsmitglied (Vorstand) oder Freund
Rahmen: Vereinssitzung
Atmosphäre: gedämpft
Dauer: ca. zwei Minuten

Liebe TSV-Familie, liebe Freunde,

wir haben vor wenigen Tagen einen Freund verloren. Jockel Müller ist nach kurzer schwerer Krankheit im Alter von 68 Jahren gestorben. Unser ganzes Mitgefühl gilt seiner Witwe Babette und seinen Kindern Dieter, Frank und Erika.

Viele von euch waren bei der Beerdigung und werden mir zustimmen, wenn ich sage: Mit Jockel haben wir eines der hervorragendsten Mitglieder unseres TSV zu Grabe getragen. Bescheiden und zurückhaltend im Auftreten (energisch und zupackend), immer an vorderster Front, wenn es ums Helfen ging, einfühlsam und großzügig (kommunikativ und freundlich, gutherzig und stets ein fairer Sportsmann) – so war unser Jockel. Wir werden ihn vermissen und wir werden ihm ein ehrendes Andenken bewahren. Ich bitte euch nun, euch für eine Schweigeminute in Erinnerung an Jockel Müller von den Plätzen zu erheben. Vielen Dank.

Traueransprache

Angesprochene: Angehörige, Trauergäste
Redner: politischer Mandatsträger
Rahmen: offizielle Trauerfeier für einen Würdenträger
Atmosphäre: feierlich
Dauer: ca. zwei Minuten

Liebe Juliane, verehrte trauernde Angehörige, verehrte Gäste,

wir sind heute hier versammelt, um Abschied von Paul Müller zu nehmen. Paul, der vor drei Tagen nach kurzer, schwerer Krankheit einschlief, war einer der großartigsten Menschen, die ich kennen lernen durfte. Ausgestattet mit großen Fähigkeiten und vielen Talenten, doch stets bescheiden und freundlich. So uneitel wie es Paul Müller war, so genügsam und dabei so aufgeschlossen und interessiert an allem Neuen – so muss ein großer Mann beschaffen sein.

Liebe Juliane, wenn ich heute deine Trauer sehe, so kann ich sie nicht nur nachfühlen, sondern ich spüre sogar den Stich meines Gewissens. Denn allzu oft wurde dir dein Paul in den letzten Jahren entführt. Ob in der Gemeinde oder in der Partei, ob beim Verein oder im Komitee – überall war sein Rat gefragt, überall drängte man ihn dazu, Verantwortung zu übernehmen. Ich weiß, dass es ihm manchmal zu viel war, ich weiß, dass er sich nicht selten einen etwas besinnlicheren Lebensabend gewünscht hätte. Dennoch hat er nie nachgelassen in seinem Engagement, in seinem Fleiß und seiner Hingabe an seine ehrenamtlichen Aufgaben. Wir alle haben Paul in der einen oder anderen Form viel zu verdanken und wir werden ihm stets ein ehrendes Andenken bewahren. Er ruhe in Frieden.

Traueransprache zur Beerdigung des Firmengründers

Angesprochene: Hinterbliebene, Mitarbeiter
Redner: Firmeninhaber
Rahmen: offizielle Trauerfeier in der Friedhofskapelle
Atmosphäre: feierlich
Dauer: ca. vier Minuten

Liebe Elfriede, lieber Günter und liebe Ines, liebe Kolleginnen und Kollegen, liebe Trauergäste,

Sterben ist bekanntlich ein Teil des menschlichen Lebens und angeblich keine Tragödie. Und dennoch fühle ich mich heute unsagbar traurig und kann gar nichts dagegen tun. (Pause)

Johannes Meier ist vor fünf Tagen gestorben. Aus meiner ganz persönlichen Sicht habe ich damit nicht nur einen großartigen Kollegen verloren, ein Vorbild in beruflicher Hinsicht, sondern auch einen väterlichen Freund und Ratgeber. Aber wie viel schwerer wiegt dieser Verlust für dich, Elfriede, die heute ihren lieben Mann zu Grabe tragen muss, und für euch, Ines und Günter, die ihren liebevollen und fürsorglichen Vater verlieren. Es ist keine Floskel, wenn ich an dieser Stelle sage, dass ich mit euch fühle — es ist keine Worthülse, wenn ich sage, dass euer Mann und Vater einer der großartigsten Menschen war, denen ich je begegnen durfte.

Johannes Meier hat mich vor vielen, vielen Jahren unter seine Fittiche genommen. Er hat mir mehr gezeigt und mich mehr gelehrt, als alle Schulen und Universitäten es je vermocht haben — er war für mich die Verkörperung der Tüchtigkeit, des Willens und des Anstands. Seine Erfolge als Unternehmer sollen heute nicht das Thema sein, sondern vielmehr seine Menschlichkeit und seine Wärme. Lange bevor es das Schlagwort vom „sozial orientierten Unternehmer" gab, hat Johannes Meier es bereits vorgelebt. Nicht nur ich war einer seiner Ziehsöhne — Generationen von Angestellten profitierten von seiner Fairness und seiner Güte. In seinem Betrieb war jeder wichtig und jeder konnte bei ihm Gehör finden. Keine Angelegenheit war ihm zu klein, keine Unzufriedenheit blieb ihm verborgen und keinen Kummer schätzte er zu gering. Er hat gelobt und getröstet, er hat getadelt und ermahnt – aber niemals hat er wissentlich gekränkt oder jemandem wehgetan. Er war kein Heiliger, und ich werde mich stets gerne an gemeinsame Abende erinnern, in denen das Feiern vor der Arbeit rangierte. Er war einfach nur ein wirklich guter Mensch, den ich schrecklich vermissen werde.

Liebe Elfriede, liebe Kinder, die ihr heute keine Kinder mehr seid. Ich hab nur Worte, um euch zu sagen, dass euer Mann und Vater ein großartiges Leben geführt hat. Er war – wie ich aus vielen, vielen Gesprächen ganz genau weiß – unglaublich stolz auf seine Familie. Er hat mehr Liebe in sich gehabt als die meisten Menschen, die ich kenne, und ich bin sicher, ihr habt diese Liebe gespürt. Ich trauere mit euch und fühle den Verlust. Und ich weiß, dass ihr ihm – genau wie ich und genau wie alle hier Versammelten – einen Platz in eurem Herzen bewahren werdet. Denn dann ist Johannes Meier nicht wirklich fort – dann hat er sich nur an einen anderen Ort zurückgezogen und guckt uns allen zu, wie wir in seinem Sinne das Leben meistern. Ich danke Ihnen.

Zitate und flotte Sprüche

Zitate sind ein hervorragendes Mittel für eine griffige Einleitung. Doch damit allein würde man den Zitaten nicht gerecht, denn sie sind wahre Wundermittel, die viel zum Gelingen einer guten Rede beitragen können. Allerdings gilt – ich zitiere – stets der Satz: „Wahrheit kommt mit wenigen Worten aus" (Laotse). Denn nur wenn Zitate kurz und knackig sind, wenn sie schnell und unmittelbar sowohl inhaltlich als auch in ihrem Kontext innerhalb der Ansprache verstanden werden, sind sie sinnvoll.

Die Rolle von Zitaten in einer Rede

Warum eigentlich Zitate? Nun, wenn Sie als Redner kluge Menschen zitieren, so fällt ein Licht dieser Klugheit auch auf Sie. Das ist doch schon mal so übel nicht. Ein zweiter Grund ist schlicht und ergreifend der, dass es Menschen gab und gibt, die bestimmte Sachverhalte einfach besser ausdrücken konnten als andere Menschen – und warum sollte man sich dieser zeitlosen Wahrheiten nicht bedienen, wenn sie schon vorhanden sind? Und der dritte Grund ist das Publikum: Wenn Sie diesem etwas mit Wiedererkennungswert liefern – sei es ein so genanntes „geflügeltes Wort" („Hier stehe ich, ich kann nicht anders"), das jeder schon einmal gehört hat, oder sei es ein Name (Luther), den jeder kennt, so schaffen Sie ein angenehmes Gefühl der Vertrautheit mit Ihnen, dem Redner.

TIPP

Je prominenter der Zitierte, je bekannter das Zitat, desto größer ist auch die Gefahr, dass andere Redner vor Ihnen genau dieses Zitat schon verwendet haben. Der Trick könnte beispielsweise in einem Kompromiss liegen: Nehmen Sie einen bekannten Namen (Goethe) und suchen Sie nach einem weniger bekannten Zitat („Aberglaube ist die Poesie des Lebens").

Übrigens: Zitate und Aphorismen sollten keinesfalls mit volkstümelnden Redensarten verwechselt werden. „Frech wie Nachbars Lumpi", „Bei Hempels unterm Sofa" oder „Das geht auf keine Kuhhaut" sind solche pseudowitzigen Phrasen, mit denen sich vergleichsweise wenig anfangen lässt. Sie sind zumeist so populär, dass ihnen jede Originalität abgeht, und lassen sich zum anderen nicht wirklich elegant in einen Text integrieren. Die einleitende Floskel „Wie schon der Volksmund sagt" ist nämlich zum Gähnen.

TIPP

Beginnen Sie die Integration eines Zitates in eine Rede niemals mit den Worten „Schon XY sagte:" Das ist abgedroschen und klingt furchtbar hölzern.

So bauen Sie Zitate in Ihre Rede ein

Im Folgenden soll Ihnen anhand einiger Beispiele zunächst demonstriert werden, wie sich Zitate mühelos in einen Text einbauen lassen. Denn die Spruchweisheit alleine bringt gar nichts – entscheidend ist immer, wie elegant sie sich einfügt.

„… Und so darf ich dir gerade heute an deinem 70. Geburtstag, lieber Willy, die folgenden Sätze des berühmten irischen Dichters George Bernhard Shaw ans Herz legen: Das Alter hat zwei große Vorteile: Die Zähne tun nicht mehr weh, und man hört nicht mehr all das dumme Zeug, das ringsum gesagt wird."

Diese Form der Integration eines Zitats ist sozusagen der Traditionalist unter den Einbauten: Der zu Ehrende (Willy) wird direkt angesprochen, das Zitat hat direkt mit dem Anlass der Ansprache (Geburtstag) zu tun und bildet zudem einen idealen Ein- oder auch Ausstieg in oder aus einer Rede.

„Der fränkische Dichter und Pädagoge Jean Paul hat vor rund 200 Jahren einen Satz geprägt, der mich sofort an die Person, der wir heute gedenken, erinnert hat. Der Charakter ist ein Fels, an welchem gestrandete Schiffe landen und anstürmende scheitern. Denn wenn wir zu Julius kamen, den wir heute betrauern, waren nicht wenige von uns auf die eine oder andere Art gestrandet – nicht wenige von uns brauchten seinen Rat und seine Fürsorge und keinem von uns hat er sie verweigert – egal, was andere dachten oder sagten."

In diesem Fall wird an einen verstorbenen Menschen (Julius) erinnert – das Zitat dient zur Vorstellung, zur Charakterisierung seiner Person. Im nun folgenden Beispiel wird anhand eines Zitats keine Person, sondern ein Sachverhalt (Verabschiedung in den Ruhestand) beleuchtet, wobei dieser inhaltliche Schwerpunkt naturgemäß auch immer mit Menschen (Willy Weber) zu tun hat:

„Der Ruhestand hat so viel mit Ruhe zu tun wie der Verstand mit stehen, sagte der deutsche Dichter Herrmann Lahm, und wenn wir heute unseren Kollegen Willy Weber in eben diesen Ruhestand verabschieden, dann können wir sicher sein, dass sein Verstand keine Pause einlegen wird und dass ihn ein echter Unruhestand erwarten wird."

Das Prinzip ist klar, oder? Das Zitat muss – egal, ob es sich an eine Person wendet, einen Sachverhalt beschreibt, oder der Redner sich einfach nur selbst „spiegelt" („Hier stehe ich, ich armer Tor" oder „Geistreich sein heißt sich leicht verständlich zu machen, ohne deutlich zu werden") – mit wenigen, leicht verständlichen Worten in den Text integriert werden. Nur so kann es seine volle Wirkung entfalten.

Einige Floskeln oder Redewendungen, mit denen sich Zitate „einleiten" lassen:

„... möchte ich Ihnen die folgenden Worte des Dichters XY ans Herz legen ..."

„... und in diesem Zusammenhang denke ich natürlich an den Satz des ehemaligen Bundespräsidenten XY, der zu diesem Thema Folgendes sagte ..."

„... angesichts dieses Themas kommen mir die Worte des bekannten Journalisten XY in den Sinn: ..."

„... und vielleicht hatte der große deutsche Romantiker XY Recht, als er sagte: ..."

„... und deshalb erlauben Sie mir bitte, an dieser Stelle den Sportwissenschaftler XY zu zitieren, der sich folgendermaßen äußerte: ..."

„... und wer denkt da nicht an die berühmten Worte des englischen Dramatikers XY, die da lauten: ..."

„... und so kann ich im Nachhinein unseren Altbundeskanzler gut verstehen, als er sagte ..."

Standard-Zitate für viele Gelegenheiten

Auf den folgenden Seiten finden sich eine ganze Reihe origineller, geistreicher, witziger, nachdenklicher, eleganter, charmanter und ironischer Zitate, Aphorismen oder geflügelter Worte. Um Ihnen die größtmögliche Hilfe bei der Suche nach dem Passenden anzubieten, wurde eine Einteilung nach Ereignissen vorgenommen. Unter der Rubrik „Hochzeit" beispielsweise findet der Trauzeuge sicherlich ebenso den passenden Ausspruch wie der Brautvater.

TIPP

Denken Sie stets daran: Ein Zitat entfaltet nur dann seine volle Wirkung, wenn der Zitierte erwähnt wird. Noch überzeugender wirkt es, wenn Sie eine ungefähre Zeit oder sogar eine Jahreszahl nennen können: „Schon 1792 sagte der große deutsche Dichterfürst Goethe ..." oder auch „Vor knapp 60 Jahren äußerte sich diesbezüglich schon Altbundeskanzler Konrad Adenauer mit den Worten ..."

Zitate zum Geburtstag

Geburtstage sind Markierungspunkte auf dem Weg
zwischen Vergangenheit und Zukunft.

(Helga Schäferling, geb. 1957, deutsche Sozialpädagogin)

Kummer sei lahm!
Sorge sei blind!
Es lebe das Geburtstagskind!

(Theodor Fontane, 1819–1898, deutscher Dichter)

Wer so lebt, dass er mit Vergnügen
auf sein vergangenes Leben zurückblickt, lebt zweimal.

(Martial, 40–102/104, römischer Dichter)

Das wirkliche Alter eines Menschen steht nur ganz selten
in seinen Personalpapieren.

(Werner Misch, geb. 1936, deutscher Aphoristiker)

Nicht der Mensch hat am meisten gelebt, welcher die höchsten Jahre
zählt, sondern derjenige, welcher sein Leben am meisten empfunden hat.

(Jean-Jacques Rousseau, 1712–1778, französischer Philosoph und Schriftsteller)

Wenn wir alt werden, verkriecht sich die Schönheit nach innen.

(Ralph Waldo Emerson, 1803–1882, amerikanischer Geistlicher und Autor)

Nichts Schnelleres gibt's als die Jahre.

(Ovid, 43 v. Chr. – 17 n. Chr., römischer Dichter)

Wer das Alter nicht achtet,
hat die Jugend nicht gepachtet.

(Sprichwort)

Wer seine Falten nicht zeigen will, hat etwas zu verbergen.

(Karin Heinrich, geb. 1941, deutsche Autorin)

Man ist so alt, wie man sich fühlt.

(Sprichwort)

Das Alter, das man haben möchte, verdirbt das Alter, das man hat.

(Paul von Heyse, 1830–1914, deutscher Autor und Nobelpreisträger für Literatur)

Wer im zwanzigsten Jahr nicht schön, im dreißigsten nicht stark,
im vierzigsten nicht klug, im fünfzigsten nicht reich ist,
der darf danach nicht hoffen.

(Martin Luther, 1483–1546, deutscher Theologe)

Es gibt Menschen, die mit achtzig Jahren innerlich noch jung sind –
und solche, die mit zwanzig steinalt sind.

(Detlev Fleischhammel, geb. 1952, deutscher Theologe)

Du kannst dein Leben nicht verlängern, noch verbreitern, nur vertiefen.

(Gorch Fock, 1880–1916, deutscher Schriftsteller)

Man darf nur alt werden, um milder zu sein;
ich sehe keinen Fehler begehen,
den ich nicht auch begangen hätte.

(Johann Wolfgang von Goethe, 1749–1832, deutscher Dichter)

Keine Grenze verlockt uns mehr zum Schmuggeln als die Altersgrenze.

(Robert Musil, 1880–1942, österreichischer Schriftsteller)

Keine Kunst ist's alt zu werden; es ist Kunst es zu ertragen.

(Johann Wolfgang von Goethe, 1749–1832, deutscher Dichter)

Die Musik bei einem Hochzeitszug erinnert mich immer an die Musik
von Soldaten, die in den Krieg ziehen.

(Heinrich Heine, 1797–1856, deutscher Dichter)

Eine gute Ehe beruht auf dem Talent zur Freundschaft.

(Friedrich Nietzsche, 1844–1900, deutscher Philosoph und Schriftsteller)

Jeder, der heiratet, ist wie der Doge, der sich mit dem Adriatischen Meer
vermählt. Er weiß nicht, was drin ist, was er heiratet: Schätze, Perlen,
Ungetüme, unbekannte Stürme.

(Heinrich Heine, 1797–1856, deutscher Dichter)

Man muss sich untereinander helfen, das ist eigentlich das Beste von
der Ehe. Sich unterstützen und vor allem nachsichtig sein und sich in
das Recht des anderen einleben. Nachgiebigkeit einem guten Menschen
gegenüber ist immer recht.

(Theodor Fontane, 1819–1898, deutscher Dichter)

In einer guten Ehe fügen sich Erde und Himmel zusammen.

(Aus Brasilien)

Ehe ist nie ein Letztes, sondern Gelegenheit zum Reifwerden.

(Johann Wolfgang von Goethe, 1749–1832, deutscher Dichter)

Lieber Schlesien verloren, als DEN geheiratet!

(Maria Theresia, 1717–1780, Kaiserin, über Friedrich den Großen)

*Man ist doch nur ein vagabundierender Räuber und Spitzbube, wenn man
das dreißigste Jahr überschritten hat, ohne verheiratet zu sein.*

(Franz Grillparzer, 1791–1872, österreichischer Schriftsteller)

*Es ist ein Unsinn zu glauben, man könne glücklich werden,
wenn man vierhändig eine Sonate spielen kann.
Die Ehe ist auf anderen Sachen aufgebaut.*

(Theodor Fontane, 1819–1898, deutscher Dichter)

*Heirate unter keinen Umständen des Geldes wegen.
Es ist immer möglich, irgendwo anders ein Darlehen zu bedeutend
niedrigerem Zinsfluss zu erhalten.*

(George Bernard Shaw, 1856–1950, anglo-irischer Dramatiker)

*So weit die Erde Himmel sein kann,
so weit ist sie es in einer glücklichen Ehe.*

(Marie von Ebner-Eschenbach, 1830–1916, österreichische Schriftstellerin)

*Wer eine glückliche Ehe führen will, muss vom ersten Tage an den
mannhaften Entschluss fassen, bei allen Streitfragen mit unerbittlicher
Energie auf dem Willen seiner Frau zu bestehen.*

(Oskar Blumenthal, 1852–1917, deutscher Theaterkritiker und Journalist)

*Es ist Sache der Frau, sich so schnell wie möglich zu verheiraten,
und es ist Sache des Mannes, so lange wie möglich ledig zu bleiben.*

(George Bernard Shaw, 1856–1950, anglo-irischer Dramatiker)

Die Ehe ist und bleibt die wichtigste Entdeckungsreise,
die der Mensch unternehmen kann.

(Sören Kierkegaard, 1813–1885, dänischer Philosoph)

Eine Ehe geht so lange gut, solange jeder glaubt,
die bessere Hälfte erwischt zu haben.

(Werner Mitsch, geb. 1936, deutscher Aphoristiker)

Heiraten ist eine wunderbare Sache,
solange sie nicht zur Gewohnheit wird.

(William Somerset Maugham, 1874–1965, englischer Dramatiker und Schriftsteller)

Die Ehe ist ein Bauwerk, das jeden Tag neu errichtet werden muss.

(André Maurois, 1885–1967, französischer Schriftsteller)

Die Ehe ist die Fortsetzung der Liebe mit anderen Mitteln.

(Dr. Phil. Michael Richter, geb. 1952, Historiker)

Wer seiner Frau alles erzählt, ist erst jung verheiratet.   (Aus Schottland)

Mathematik und Ehe haben etwas gemeinsam:
Beides sind an sich ganz normale Dinge –
aber beide können manchmal ganz schön kompliziert sein.

(Willy Meurer, geb. 1934, deutsch-kanadischer Kaufmann und Publizist)

Die Ehe soll unablässig ein Ungeheuer bekämpfen, das alles verschlingt:
die Gewohnheit.   (Honoré de Balzac, 1799–1850, französischer Schriftsteller)

Die moderne Frau versteht alles – ausgenommen ihren eigenen Mann.
(Oscar Wilde, 1854–1900, anglo-irischer Dichter und Dramatiker)

Ehen werden bekanntlich im Himmel gefertigt. Die laufende Unterhaltung
und die Reparaturen fallen jedoch auf der Erde an.
(Willy Meurer, geb. 1934, deutsch-kanadischer Kaufmann und Publizist)

Im Ehestand muss man sich hin und wieder streiten,
sonst erfährt man ja nichts voneinander.
(Johann Wolfgang von Goethe, 1749–1832, deutscher Dichter)

Es löst der Mensch nicht, was der Himmel bindet.
(Friedrich von Schiller, 1759–1805, deutscher Dichter und Philosoph)

Zitate für Geburt und Taufe

Wohl- oder wehgeboren, Hauptsache geboren.
(Manfred Hinrich, geb. 1926, deutscher Philosoph,
Lehrer, Journalist, Kinderliederautor, Aphoristiker und Schriftsteller)

Wo Kinder sind, da ist ein Goldenes Zeitalter.
(Novalis, 1772–1801, deutscher Schriftsteller)

Das Leben ist eine Flamme, die sich selbst verzehrt,
aber sie fängt jedes Mal wieder Feuer, wenn ein Kind geboren wird.

(George Bernard Shaw, 1856–1950, anglo-irischer Dramatiker)

Kinder sind eine Brücke zum Himmel.   (Aus Persien)

Die Mixtur, Mensch genannt, ist wohl das tollste Ragout,
welches je dem himmlischen Kochbuch entschlüpfte.

(Karl Christian Ernst Graf von Bentzel-Sternau, 1767–1849,
deutscher Staatsmann, Herausgeber und Schriftsteller)

Im Augenblick der Geburt beginnt für die Eltern der Abschied.

(Japanische Lebensweisheit)

Glücklicher Säugling! Dir ist unendlicher Raum noch die Wiege;
werde Mann und dir wird eng die unendliche Welt!

(Friedrich von Schiller, 1759–1805, deutscher Dichter und Philosoph)

Das Kind ist eine sichtbar gewordene Liebe.

(Novalis, 1772–1801, deutscher Schriftsteller)

Kinder sind das lieblichste Pfand in der Ehe,
sie binden und erhalten das Band der Liebe.

(Martin Luther, 1483–1546, deutscher Theologe und Reformator)

Eine Geburt mag gefährlich sein.
Aber auch nicht gefährlicher als das folgende Leben.

(Erhard Blanck, geb 1942, deutscher Heilpraktiker, Schriftsteller und Maler)

Ein Baby ist ein Engel, dessen Flügel schrumpfen,
je länger die Beine werden.

(Aus Frankreich)

Kinder erfrischen das Leben und erfreuen das Herz.

(Friedrich Schleiermacher, 1768–1834, deutscher Theologe und Philosoph)

Vor Gott muss man sich beugen, weil er so groß ist,
vor Kindern, weil sie so klein sind.

(Peter Rosegger, 1843–1918, österreichischer Schriftsteller)

Jedes Kind, das zur Welt kommt,
predigt sogleich das Evangelium der Liebe.

(Karl Ferdinand Gutzkow, 1811–1878, deutscher Schriftsteller)

Kinder sind die Flügel des Menschen.

(Arabisches Sprichwort)

Ein Kind ist ein Buch, aus dem wir lesen und in das wir schreiben sollten.

(Peter Rosegger, 1843–1918, österreichischer Schriftsteller)

Wer Kinder hat, hat auch Segen.

(Aus Kamerun)

Die Geburt? Auch nichts anderes als ein Rausschmiss.
Der Erste, aber selten der Letzte!

(Erhard Blanck, geb 1942, deutscher Heilpraktiker, Schriftsteller und Maler)

Jeder Mensch schlägt die Vorteile der Geburt bloß deswegen so hoch an,
weil sie etwas Unbestreitbares sind.

(Johann Wolfgang von Goethe, 1749–1832, deutscher Dichter)

Die Neugeborenen weinen, zu betreten die große Narrenbühne.

(William Shakespeare, 1564–1616, englischer Dichter und Dramatiker)

Das Glück eines Kindes beginnt, lange bevor es geboren wird,
im Herzen von zwei Menschen, die einander sehr gern haben.

(Phil Bosmans, geb. 1922, belgischer Ordenspriester und Schriftsteller)

Mit jedem Menschen ist etwas Neues in die Welt gesetzt,
was es noch nicht gegeben hat, etwas Erstes und Einziges.

(Martin Buber, 1878–1965, jüdischer Religionsforscher und Philosoph)

Taufen: ein hilfloses Kind feierlich mit einem Namen strafen.
Hierbei wird das Kind angefeuchtet, da der Name sonst nicht klebt.

(Ambrose Bierce, 1842–1914, US-amerikanischer Journalist und Satiriker)

Zitate zum Thema Kindheit und Jugend

Die Jugend ist das Paradies des Lebens.

(Niccolo Tommaseo, 1802–1874, italienischer Poet und Kritiker)

*Ich habe überhaupt keine Hoffnung mehr in die Zukunft unseres Landes,
wenn einmal unsere heutige Jugend die Männer von morgen stellt. Unsere
Jugend ist unerträglich, unverantwortlich und entsetzlich anzusehen.*

(Aristoteles, 384–322 v. Chr., griechischer Philosoph)

Die Jugend des Geistes ist ewig, und die Ewigkeit ist die Jugend!

(Jean Paul, 1763–1825, deutscher Dichter und Pädagoge)

*Die Jugend wäre eine viel schönere Zeit,
wenn sie erst später im Leben käme.*

(Charlie Chaplin, 1889–1977, englischer Schauspieler und Regisseur)

*Alte Menschen glauben alles.
Menschen mittleren Alters vermuten alles.
Junge Menschen wissen alles.*

(Oscar Wilde, 1854–1900, anglo-irischer Dichter und Dramatiker)

*Die jungen Leute leiden weniger unter ihren Fehlern
als unter der Weisheit der Alten.*

(François VI. Duc de La Rochefoucauld, 1613–1680,
französischer Offizier, Diplomat und Schriftsteller)

Die junge Generation hat auch heute noch Respekt vor dem Alter,
allerdings nur beim Wein, beim Whisky und bei den Möbeln.

(Truman Capote, 1924–1984, US-amerikanischer Schriftsteller)

Jugend ist Trunkenheit ohne Wein.

(Johann Wolfgang von Goethe, 1749–1832, deutscher Dichter)

Achtet die Jungen! Wie wollt ihr wissen,
ob sie nicht eines Tages alles das sein werden, was ihr jetzt seid?

(Konfuzius, 551–479 v. Chr., chinesischer Philosoph)

Die Jugend ist uneigennützig im Denken und Fühlen
und denkt und fühlt deshalb die Wahrheit am tiefsten.

(Heinrich Heine, 1797–1856, deutscher Dichter und Erzähler)

Die Jugend ist kein Fehler und das Alter kein Verdienst.

(Deutsches Sprichwort)

In der Jugend herrscht die Anschauung, im Alter das Denken vor.

(Arthur Schopenhauer, 1788–1860, deutscher Philosoph)

Junge Leute leiden weniger unter den eigenen Fehlern
als unter der Weisheit der Alten.

(Luc de Clapiers, Marquis de Vauvenargues, 1715–1747,
französischer Philosoph, Moralist und Schriftsteller)

Die Jugend liebt heutzutage den Luxus. Sie hat schlechte Manieren, verachtet die Autorität, hat keinen Respekt vor den älteren Leuten und schwatzt, wo sie arbeiten sollte. Die jungen Leute stehen nicht mehr auf, wenn Ältere das Zimmer betreten. Sie widersprechen ihren Eltern, schwadronieren in der Gesellschaft, verschlingen bei Tisch die Süßspeisen, legen die Beine übereinander und tyrannisieren ihre Lehrer.

(Sokrates, 469–399 v. Chr., griechischer Philosoph)

Fasten, studieren,
keine Frauen seh'n –
klarer Verrat am Königtum der Jugend.

(William Shakespeare, 1564–1616, englischer Dramatiker)

Die Heiterkeit und der Lebensmut unserer Jugend beruht zu einem Teil darauf, dass wir, bergauf gehend, den Tod nicht sehen, weil er am Fuß der anderen Seite des Berges liegt.

(Arthur Schopenhauer, 1788–1860, deutscher Philosoph)

Die Jugend ist uneigennützig im Denken und Fühlen. Sie denkt und fühlt deshalb die Wahrheit am tiefsten und geizt nicht, wo es kühne Teilnahme an Bekenntnis und Tat gilt.

(Heinrich Heine, 1797–1856, deutscher Dichter und Schriftsteller)

Zitate zum Thema Jubiläum

Jubiläen sind langfristige Wiedervorlagen.

(Hermann Lahm, geb. 1948, deutscher Dichter und Aphoristiker)

*Die Vorstellung von einem Ehepaar, das fünfundzwanzig Jahre
ohne ein böses Wort zusammengelebt hat, verrät ein Maß an Geist
und Temperament, das man sonst nur an Schafen bewundert.*

(Alan Patrick Herbert, 1890–1971, engl. Schriftsteller und Politiker)

*Ein Datum kann noch so krumm sein,
irgendwann wird eine runde Sache daraus!*

(Ulrich Greiner, geb. 1945, deutscher Journalist)

*Ein rundes Jubiläum ist ein Datum,
an dem eine Null für eine Null von mehreren Nullen geehrt wird.*

(Peter Ustinov, 1921–2004, englisch-französisch-russischer Schriftsteller
und Schauspieler)

*Für eine gut gestaltete Jubilar-Ehrung gibt es vier klare Argumente:
Die langjährigen Mitarbeiter werden neu motiviert. Die Feier selbst
trägt positiv zum Betriebsklima bei. Der Chef erhöht das „Wir-Gefühl".
Und die Presseberichte bringen das Unternehmen in die Öffentlichkeit.*

(Unbekannter Autor)

Nach fünfzig Jahren wird man geschlachtet – oder geehrt.

(Friedrich Dürrenmatt, 1921–1990, Schweizer Dramatiker)

Ob zwei Leute gut getan haben, einander zu heiraten,
kann man bei ihrer silbernen Hochzeit noch nicht wissen.

(Marie von Ebner-Eschenbach, 1830–1916, österreichische Schriftstellerin)

Die Spanier nennen die vorgerückten Jahre im Leben eines Menschen
das Metallalter, weil man da Silber im Haar, Gold im Mund und Blei
in den Füßen hat. (Unbekannter Autor)

Bei der Silbernen Hochzeit weiß man erst, was eine Ehe ist.

(Wilhelm Georg Alexander von Kügelgen, 1802–1867,
deutscher Maler, Schriftsteller und Autobiograph)

Die Liebe, wenn sie neu, braust wie ein junger Wein:
Je mehr sie alt und klar, je stiller wird sie sein.

(Angelus Silesius, 1624–1677, deutscher Lyriker und Theologe)

Mit fünfundzwanzig Jahren kann jeder Talent haben.
Mit fünfzig Jahren Talent zu haben, darauf kommt es an!

(Edgar Degas, 1834–1917, französischer Maler, Grafiker und Bildhauer)

Jedes Ding hat seine Zeit.

(William Shakespeare, 1564–1616, englischer Dichter und Dramatiker)

Wenn Leute sich lieben, dann bleiben sie jung füreinander.

(Paul Ernst, 1866–1933, deutscher Schriftsteller)

Die ersten fünfzig Jahre des Lebens sind Text, der Rest ist Kommentar.

(Arthur Schopenhauer, 1788–1860, deutscher Philosoph)

Als ich jung war, hat man mir gesagt: „Warte nur, bis du fünfzig bist, dann wirst du schon sehen." Jetzt bin ich fünfzig und sehe absolut nichts.

(Erik Satie, 1866–1925, französischer Komponist und Pianist)

Gute Partner werden wie Wein im Alter besser. (Volksmund)

Zitate zum Thema Ehrungen

Ehrung ziert den Ehrenmann; den Schurken macht sie kenntlich.

(Publius Syrus, wahrscheinlich 90–40 v. Chr., römischer Moralist und Possenschreiber)

Ein wahrhaft großer Mann wird weder einen Wurm zertreten noch vor dem Kaiser kriechen.

(Benjamin Franklin, 1706–1790, ehemaliger US-Präsident)

Fast alles Große in der Welt ist durch das Genie und die Festigkeit eines einzelnen Mannes bewirkt worden, der gegen die Vorurteile der Menge ankämpfte oder ihr welche beibrachte.

(Voltaire, 1694–1778, französischer Philosoph)

Nichts halb zu tun ist edler Geist Art.

(Christoph Martin Wieland, 1733–1813, deutscher Dichter)

Doch der den rechten Augenblick ergreift, der ist der rechte Mann.

(Johann Wolfgang von Goethe, 1749–1832, deutscher Dichter)

Originalität muss man haben, nicht danach streben.

(Christian Friedrich Hebbel, 1813–1863, deutscher Dramatiker)

Habe ich eine gute Tat vollbracht, so soll sie mein Denkmal sein,
und wenn nicht, so helfen alle Bildsäulen nichts.

(Plutarch, um 45 – um 125, griechischer Schriftsteller)

Dem tüchtigen Menschen kommt es darauf an, dass er das Rechte tue;
ob das Rechte geschehe, soll ihn nicht kümmern.

(Johann Wolfgang von Goethe, 1749–1832, deutscher Dichter)

Die großen Taten der Menschen sind nicht die, welche lärmen.
Das Große geschieht so schlicht wie das Rieseln des Wassers,
das Fließen der Luft, das Wachsen des Getreides.

(Adalbert Stifter, 1805–1868, österreichischer Schriftsteller)

Es bildet ein Talent sich in der Stille,
sich ein Charakter in den Strom der Welt.

(Johann Wolfgang von Goethe, 1749–1832, deutscher Dichter)

Ein Augenblick des Glücks wiegt Jahrtausende des Nachruhms auf.

(Friedrich der Große, 1712–1786, König von Preußen)

Unter den Menschen gibt es viel mehr Kopien als Originale.

(Pablo Picasso, 1881–1973, spanischer Künstler)

Der Verstand und die Fähigkeit, ihn zu gebrauchen,
sind zwei verschiedene Gaben.

(Franz Grillparzer, 1791–1872, österreichischer Schriftsteller)

Wer in die Öffentlichkeit tritt, hat keine Nachsicht zu erwarten
und keine zu fordern.

(Marie von Ebner-Eschenbach, 1830–1916, österreichische Schriftstellerin)

Um fremden Wert willig und frei anzuerkennen und gelten zu lassen,
muss man eigenen haben.

(William Shakespeare, 1564–1616, englischer Dichter und Dramatiker)

Der kürzeste Weg zum Ruhm ist – gut zu werden.

(Heraklit, um 520 v. Chr. – um 460 v. Chr., griechischer Philosoph)

Achtung verdient, wer erfüllt, was er vermag.

(Sophokles 497/496 v. Chr. – 406/405 v. Chr., griechischer Dichter)

Bereit sein ist alles.   (William Shakespeare, 1564–1616, engl. Dichter)

Wer nicht auf das Kleine schaut, scheitert am Großen.

(Laotse, chinesischer Philosoph im 6. Jahrhundert v. Chr.)

Nicht das Amt ehrt den Mann, sondern der Mann ehrt das Amt.

(Talmud)

Es ist besser, Ehrungen zu verdienen und nicht geehrt zu sein,
als geehrt zu sein und es nicht zu verdienen.

(Mark Twain, 1835–1910, US-amerikanischer Erzähler und Satiriker)

Mir graut es immer vor dem Lobe anderer,
die Ehrung aber nehme ich gern in Kauf.

(Joachim Panten, geb. 1947, deutscher Aphoristiker und Publizist)

Zitate zum Thema Eltern

Die Kunst der Elternschaft besteht darin, zu schlafen,
wenn das Baby nicht hinsieht. (Unbekannter Autor)

Der Segen der Eltern ist es, der den Kindern Hütten erbaut.

(Aus Japan)

Besser die Eltern beneiden ihre Kinder als umgekehrt.

(Japanische Lebensweisheit)

Ihr Eltern, lehrt lieben, so braucht ihr keine zehn Gebote.

(Jean Paul, 1763–1825, deutscher Dichter, Publizist und Pädagoge)

Das Vertrauen und die Liebe eines Kindes wiederzugewinnen ist sehr viel schwerer, als beständig bemüht zu sein, es aufrechtzuerhalten.

(Helga Schäferling, geb. 1957, deutsche Sozialpädagogin)

Ihr Eltern, überfordert Eure Kinder nicht, sonst werden sie mutlos.

(Kolosserbrief 3,21)

Einzig mögliches Prinzip elterlicher Liebe:
Angenommen wie angekommen.

(Peter E. Schumacher, geb. 1941, deutscher Aphorismensammler und Publizist)

Zitate zum Thema Geschäft und Beruf

Es ist die erste kaufmännische Weisheit:
Wo noch ein Groschen zu holen ist, diesen nicht außer Acht lassen.

(Anton Philipp Reclam, 1807–1896, Verlagsbuchhändler)

Mit Taten sei ein Leben gefüllt, nicht mit untätigen Jahren.

(Ovid, 43 v. Chr. – 17 n. Chr., römischer Dichter)

Der Mensch ist zur Arbeit geboren wie der Vogel zum Fliegen.

(Martin Luther, 1483–1546, deutscher Theologe und Reformator)

Arbeit ist mehr als bloßer Broterwerb.
Sie bedeutet auch Selbstverwirklichung.

(Norbert Blüm, geb. 1935, deutscher Politiker)

Fortgesetzte Arbeit wird dadurch leichter, dass man sich an sie gewöhnt.

(Demokrit, ca. 460 v. Chr. – ca. 370 v. Chr., griechischer Philosoph)

Arbeit befreit uns von drei Übeln: Langeweile, Laster und Not.

(Voltaire, 1694–1778, französischer Philosoph)

Manche halten einen ausgefüllten Terminkalender
für ein ausgefülltes Leben.

(Prof. Dr. med. Gerhard Uhlenbruck, geb. 1929, deutscher Immunbiologe u. Aphoristiker)

Lasst jedermann das tun, was er am besten versteht!

(Marcus Tullius Cicero, 106 v. Chr. – 43 v. Chr., römischer Politiker und Schriftsteller)

Jeder Arbeiter ist seines Lohnes wert.   (Lukas 10,7)

Auch ein Geschäftsabschluss kann Schönheit besitzen,
wenn er einen Stil, einen Sinn und eine Farbe hat.

(Konfuzius, 551–479 v. Chr., chinesischer Philosoph)

Ein Geschäft eröffnen ist leicht: schwer ist, es geöffnet zu halten.

(Chinesische Spruchweisheit)

Ein jeder denkt, wie sein Geschäft von ihm verlangt.
(George Bernard Shaw, 1856–1950, anglo-irischer Dramatiker)

Führe dein Geschäft, oder es wird dich führen.
(Benjamin Franklin, 1706–1790, US-amerikanischer Politiker,
Naturwissenschaftler, Erfinder und Schriftsteller)

Zitate zum Thema Ruhestand

*Der Ruhestand ist das, worauf man sein ganzes Leben lang hinarbeitet
und sich erschrocken wundert, wenn es schon soweit ist.*
(Unbekannter Autor)

Nach getaner Arbeit ist gut ruhen. (Sprichwort)

*Bei der Verabschiedung in den Ruhestand wird mehr gelobt
als im Verlaufe des ganzen Berufslebens.*
(Hermann Lahm, geb. 1948, deutscher Dichter)

Die Kunst des Ausruhens ist Teil der Kunst des Arbeitens.
(John Steinbeck, 1902–1968, US-amerikanischer Schriftsteller)

Der Ruhestand hat so viel mit Ruhe zu tun, wie der Verstand mit stehen.
(Hermann Lahm, geb. 1948, deutscher Dichter)

Nihil agere delectat. – Nichtstun ist angenehm.

(Marcus Tullius Cicero, 106–43 v. Chr., römischer Redner und Staatsmann)

Gib den Füßen Ruhe, aber auch dem Herzen. (Aus Nigeria)

*Der größte Sinnengenuss, der gar keine Beimischung von Ekel
bei sich führt, ist, im gesunden Zustande, Ruhe nach der Arbeit.*

(Immanuel Kant, 1724–1804, deutscher Philosoph)

*Wenn man die Ruhe nicht in sich selbst findet,
ist es umsonst, sie anderswo zu suchen.*

(François VI. Duc de La Rochefoucauld, 1613–1680,
französischer Offizier, Diplomat und Schriftsteller)

Ein guter Abend kommt heran, wenn ich den ganzen Tag getan.

(Johann Wolfgang von Goethe, 1749–1832, deutscher Dichter)

*Den Wert eines Menschen erkennt man zuverlässig daran,
was er mit seiner Freizeit anfängt.*

(Karl Heinrich Waggerl, 1897–1973, österreichischer Schriftsteller)

*Strebe nach Ruhe, aber durch das Gleichgewicht,
nicht durch den Stillstand deiner Tätigkeit.*

(Friedrich von Schiller, 1759–1805, deutscher Dichter und Philosoph)

Füge dich der Zeit,
erfülle deinen Platz und räum ihn auch getrost:
Es fehlt nicht an Ersatz.   (Friedrich Rückert, 1788–1866, deutscher Dichter)

Ruhe ist Glück, wenn sie ein Ausruhen ist.
(Ludwig Börne, 1786 – 1837, deutscher Journalist)

Ach, ich bin des Treibens müde!
(Johann Wolfgang von Goethe, 1749–1832, deutscher Dichter)

Die Ruheständler haben endlich die Zeit,
das Geld auch auszugeben, das sie erhalten.
(Hermann Lahm, geb. 1948, deutscher Dichter)

Einen Tag möchte ich so gut gewesen sein,
wie mir bei der Verabschiedung in den Ruhestand nachgesagt wurde.
(Hermann Lahm, geb. 1948, deutscher Dichter)

Arbeit kann einen umbringen. Aber die Untätigkeit kann es ebenso.
(Lee Iacocca, geb. 1924, amerikanischer Manager)

Rente: dezente Belohnung für den selbstlosen Verzicht
auf seine besten Jahre.   (Andreas Egert, geb. 1968, deutscher Journalist)

Zitate zum Thema Verwandtschaft

Miteinander verwandt sein, genügt nicht.
Man muss auch miteinander essen. (Asiatische Spruchweisheit)

Besuche deine Tante, aber nicht jeden Tag.
Geh zu deinem Bruder, aber nicht jeden Abend.
(Benjamin Franklin, 1706–1790, US-amerikanischer Politiker,
Naturwissenschaftler, Erfinder und Schriftsteller)

Ein Mensch ohne Brüder und Schwestern
gleicht einem Baum in der Wildnis. (Aus Vietnam)

Drei erkennt man nur bei dreien:
den Milden beim Zorn,
den Tapferen beim Krieg,
den Bruder, wenn man ihn braucht.
(Mohammed, 570–632, Saudi-Arabischer Begründer des Islam)

Kein Mensch kann wie Kain behaupten,
für das Schicksal seines Bruders nicht verantwortlich zu sein.
(Papst Johannes Paul II., 1920–2005)

Göttergunst ist's, wenn Erfolg dem Menschen wird.

(Aischylos, 525 v. Chr. – 456 v. Chr., griechischer Tragödiendichter)

Wer lächelt, statt zu toben, ist immer der Stärkere. (Aus Japan)

*Nicht die Talente, nicht das Geschick zu diesem oder jenem machen
eigentlich den Mann der Tat; die Persönlichkeit ist's,
von der alles abhängt.*

(Johann Wolfgang von Goethe, 1749–1832, deutscher Dichter)

*Denn viele sind berufen,
aber nur wenige sind auserwählt.* (Matthäus 22,14)

*Gewiss ist der allein glücklich und groß,
der weder zu herrschen noch zu befehlen braucht, um etwas zu sein.*

(Johann Wolfgang von Goethe, 1749–1832, deutscher Dichter)

So jemand will nicht arbeiten, der soll auch nicht essen. (2. Thess. 3)

*… und die Geschäftsleute bedenken nicht, dass Akten vom lateinischen
Acta herleitet, so viel heißt als Getanes, und dass also darin keineswegs
eingeheftet werden dürfe, was man tun werde oder wolle.*

(Johann Wolfgang von Goethe, 1749–1832, deutscher Dichter)

Fordere kein lautes Anerkennen!
Könne was und man wird dich kennen.

(Paul von Heyse, 1830–1914, deutscher Autor und Nobelpreisträger für Literatur)

Verlange von dir selber viel,
und sprich zu dir: Ich will – ich soll!
Den andern aber hilf ans Ziel,
und sei im Fordern nachsichtsvoll!

(Heinrich Hoffmann, 1809–1894, deutscher Psychiater und Kinderbuchautor)

An der Spitze ist immer Platz.

(Daniel Webster, 1782–1852, US-amerikanischer Politiker)

Wo die Natur nicht will, da ist die Arbeit umsonst.

(Lucius Annaeus Seneca, um 1–65 n. Chr., römischer Philosoph)

Suche nicht andere, sondern dich selbst zu übertreffen.

(Marcus Tullius Cicero, 106–43 v. Chr., römischer Redner und Staatsmann)

Wer sein Brot verdient, der ist nie überflüssig und fühlt sich auch nicht so.

(Paul Ernst, 1866–1933, deutscher Schriftsteller)

Lasst uns arbeiten, ohne zu grübeln.
Das ist das einzige Mittel, das Leben erträglich zu machen.

(Voltaire, 1694 – 1778, französischer Philosoph)

Das Leben gab den Sterblichen nichts ohne große Arbeit.

(Horaz, 65 v. Chr. – 8 v. Chr., römischer Dichter)

Die Natur gibt einem Menschen die Fähigkeiten,
und das Glück bringt sie zur Wirkung.

(François VI. Duc de La Rochefoucauld, 1613–1680,
französischer Offizier, Diplomat und Schriftsteller)

Es ist viel mehr wert, jederzeit die Achtung der Menschen zu haben,
als gelegentlich ihre Bewunderung.

(Jean-Jacques Rousseau, 1712–1778, französischer Philosoph und Schriftsteller)

Warum ist die Arbeit die beste Art, sein Leben zu genießen?
Weil sie beschwerliche (an sich unangenehme und nur durch den
Erfolg ergötzende) Beschäftigung ist und die Ruhe, durch das bloße
Verschwinden einer langen Beschwerde, zur fühlbaren Last dem Frohsinn
wird, da sie sonst nichts Genießbares sein würde.

(Immanuel Kant, 1724–1804, deutscher Philosoph)

Hast du die Gabe von Gott, dass du gewaltiger, höher, gelehrter, edler bist
denn andere, so denke, dass es dir befohlen, andern damit zu dienen.

(Martin Luther, 1483–1546, deutscher Theologe)

Das Außerordentliche geschieht nicht auf glattem, gewöhnlichem Wege.

(Johann Wolfgang von Goethe, 1749–1832, deutscher Dichter)

Karrieren liegen hinter Barrieren.

(Erhard Horst Bellermann, geb. 1937, deutscher Bauingenieur, Dichter und Aphoristiker)

Karriere macht man durch das eigene Können
oder das Nichtkönnen der anderen.

(Dr.-Ing. Rolf Handke, geb. 1941, wissenschaftlicher Assistent, Hobby-Aphoristiker)

Es gibt auf der Welt zwei Arten, Karriere zu machen:
entweder durch seine Strebsamkeit oder durch den Schwachsinn anderer.

(Jean de La Bruyère, 1645–1696, französischer Moralist)

Entweder kommst du heute eine Stufe höher,
oder du sammelst deine Kräfte, damit du morgen höher steigst.

(Friedrich Nietzsche, 1844–1900, deutscher Philosoph und Schriftsteller)

Zitate zum Thema Nachruf

Du bist ein Schatten am Tage
und in der Nacht ein Licht;
du lebst in meiner Klage
und stirbst im Herzen nicht.   (Friedrich Rückert, 1788–1866, deutscher Dichter)

Leben wir, so leben wir dem Herrn,
sterben wir, so sterben wir dem Herrn.
Darum, ob wir leben oder sterben,
so sind wir des Herrn.

(Römerbrief 14,8)

Es bleibt vom Freunde, der verging,
das, was dein Herz von ihm empfing,
das, was von seinem Werk und Sein
als Abglanz sich im Widerschein
dir hell und unverlierbar zeigt,
auch wenn er nun für immer schweigt.

(Erich Limpach, 1899–1965, deutscher Dichter)

Weht nächtlich seine Engelsflügel
der Friede übers Weltenreich,
denkt nicht an meines Grabes Hügel,
denn von den Sternen grüß ich euch!

(Annette von Droste-Hülshoff, 1797–1848, deutsche Dichterin)

Komm, o Tod, du Schlafes Bruder,
komm und führe mich nur fort;
löse meines Schiffleins Ruder,
bringe mich in sicheren Port.

(Johann Franck, 1618–1677, deutscher Dichter,
und Johann Sebastian Bach, 1685–1715, deutscher Komponist)

Nur Liebe überbrückt die Kluft,
die zwischen Sein und Nichtsein droht,
dass, wie gepflückter Blumen Duft,
doch etwas überlebt den Tod.

(Friedrich Martin von Bodenstedt, 1819–1892, deutscher Philologe und Intendant)

So wird sie auch fliehen, die edle Seele,
aus dem Erdenstaube entlastet,
dort zu jenen höheren, besseren Gefilden,
reich an seliger Ruhe und Freiheit.

(Novalis, 1772–1801, deutscher Lyriker)

In deine Ewigkeit folgt dir mein leises Lebewohl.

(Gaius Valerius Catull, 87–54 v. Chr., römischer Lyriker)

Ohne Schatten gibt es kein Licht,
man muss auch die Nacht kennenlernen.

(Albert Camus, 1913–1960, französischer Schriftsteller)

Mit den Flügeln der Zeit fliegt die Traurigkeit davon.

(Jean de La Fontaine, 1621–1695, französischer Schriftsteller)

Der Schmerz ist ein heiliger Engel, und durch ihn sind die Menschen
größer geworden als durch alle Freuden dieser Welt.

(Adalbert Stifter, 1805–1868, österreichischer Schriftsteller)

Trost für jeden im Leid ist, Unglücksgefährten zu haben.

(Äsop, um 600 v. Chr., griechischer Dichter)

Schmerz, der nicht spricht, erstickt das volle Herz und macht es brechen.

(William Shakespeare, 1564–1616, englischer Dichter und Dramatiker)

Dein Sterben zu gestehen, wagt man nicht, weil dieses Wort
ganz gewiss zu Tode betrüben möchte alle, die dich lieben.
Drum lebt der Wunschtraum fort.

(János Arany, 1817–1882, ungarischer Dichter)

Denn wir wissen: wenn unser irdisches Haus,
diese Hütte zerbrochen wird, so haben wir einen Bau von Gott erbaut,
ein Haus, nicht mit Händen gemacht, das ewig ist, im Himmel.

(2. Korinther 5,1)

So weiß ich, dass ein schöner Licht
einst meinen Schlummer unterbricht,
das ewig, ewig glänzet
und keine Nacht begrenzet.

(Christian Felix Weiße, 1725–1804, deutscher Schriftsteller und Lyriker)

Du bist nicht tot, sondern nur untergegangen wie die Sonne.
Wir trauern nicht um einen, der gestorben ist, sondern über einen,
der sich vor uns verborgen hat. Nicht unter den Toten suchen wir dich,
sondern unter den Seligen des Himmels.

(Theodoret von Cyrus, um 393 bis etwa 460, Bischof von Cyrus in Syrien)

Es heißt nicht sterben, lebt man in den Herzen der Menschen fort,
die man verlassen muss.

(Samuel Smiles, 1812–1904, englischer Arzt, Biograph und Sozialreformer)

Der Mensch, den wir lieben, ist nicht mehr da, wo er war,
aber überall, wo wir sind und seiner gedenken.

(Augustinus Aurelius, 354–430, Bischof von Hippo, Philosoph und Heiliger)

Wenn uns etwas fortgenommen wird, womit wir tief und wunderbar
zusammenhängen, so ist viel von uns selber fortgenommen.
Gott aber will, dass wir uns wiederfinden, reicher um alles Verlorene
und vermehrt um jeden unendlichen Schmerz.

(Rainer Maria Rilke, 1875–1926, österreichischer Erzähler und Lyriker)

Der Frühling beweist, dass der Tod nur eine vorübergehende Jahreszeit ist.

(Unbekannter Autor)

Ich glaube, dass, wenn der Tod unsere Augen schließt, wir in einem Licht
stehen, von welchem unser Sonnenlicht nur der Schatten ist.

(Arthur Schopenhauer, 1788–1860, deutscher Philosoph)

Je schöner und voller die Erinnerung, desto schwerer ist die Trennung,
aber die Dankbarkeit verwandelt die Erinnerung in eine stille Freude.
Man trägt das vergangene Schöne nicht wie einen Stachel,
sondern wie ein kostbares Geschenk in sich.

(Dietrich Bonhoeffer, 1906–1945, deutscher evangelischer Geistlicher
und Widerstandskämpfer im Dritten Reich)

Jemals Dich zurückzubringen,
das vermag kein Wunsch, kein Wort.
Aber die Gedanken dringen
zu uns – keiner weist sie fort.

(Lord George Byron, 1788–1824, englischer Dichter der Romantik)

Zitate zum Thema Prüfungen

Was uns als eine schwere Prüfung erscheint, erweist sich oft als Segen.

(Oscar Wilde, 1854–1900, irischer Dichter und Dramatiker)

*Prüfungen sind deshalb so scheußlich, weil der größte Trottel mehr
fragen kann, als der klügste Mensch zu beantworten vermag.*

(Charles Caleb Colton, 1780–1832, englischer Schriftsteller)

In Prüfungen fragen Narren, worauf Weise keine Antwort haben.

(Oscar Wilde, 1854–1900, irischer Dichter und Dramatiker)

*Der Mensch kann nicht alles wissen, aber etwas muss jeder haben,
was er ordentlich versteht.*

(Gustav Freytag, 1816 –1895, deutscher Schriftsteller)

Kläglich ist der Schüler, der seinen Meister nicht übertrifft.

(Leonardo da Vinci, 1452–1519, italienisches Universalgenie)

Wissen, das sich nicht täglich vermehrt, nimmt ab. (Aus China)

Ausbildung ist besser als Einbildung. (Unbekannter Autor)

Durch Forschen nur gewinnt man Vorsicht und Bedacht in allem Tun.

(Sophokles 497/496 v. Chr. – 406/405 v. Chr., griechischer Dichter)

Wisset erstlich, dass die Weisheit nichts anderes ist
denn eine einzige ewige Freud!

(Paracelsus, 1453–1541, deutscher Arzt und Philosoph)

Sobald jemand in einer Sache Meister geworden ist,
sollte er in einer neuen Sache Schüler werden.

(Gerhart Hauptmann, 1862–1946, deutscher Dramatiker)

Heiße Magister, heiße Doktor gar.

(Johann Wolfgang von Goethe, 1749–1832, deutscher Dichter)

Wir lernen viel und wissen wenig.

(Carl Ludwig von Knebel, 1744–1834, deutscher Lyriker)

Wir wissen nicht einmal ein Millionstel Prozent der Dinge.

(Thomas Alva Edison, 1847–1931, US-amerikanischer Erfinder)

Wissen nennen wir jenen kleinen Teil der Unwissenheit,
den wir geordnet und klassifiziert haben.

(Ambrose Bierce, 1842–1914, US-amerikanischer Journalist und Satiriker)

Bildung ist das, was die meisten empfangen,
viele weitergeben und wenige haben.

(Karl Kraus, 1874–1936, österreichischer Schriftsteller)

Klug kann nur ein guter Mensch sein.

(Aristoteles, 384–322 v. Chr., griechischer Philosoph)

Denken ist die Zauberei des Geistes.

(Lord George Byron, 1788–1824, englischer Dichter der Romantik)

Was wir wissen, ist ein Tropfen, was wir nicht wissen – ein Ozean.

(Isaac Newton, 1643–1727, britischer Philosoph und Naturwissenschaftler)

So ein bisschen Bildung ziert den ganzen Menschen.

(Heinrich Heine, 1797–1856, deutscher Dichter)

Bildung ist ein unentreißbarer Besitz.

(Menander, 342/341 c. Chr. – 291/290 v. Chr., griechischer Dichter)

Cogito, ergo sum – Ich denke, also bin ich.

(René Descartes, 1596–1650, französischer Philosoph und Naturwissenschaftler)

Wissen ist Macht.   (Francis Bacon, 1561–1626, englischer Philosoph)

Was man zu verstehen gelernt hat, fürchtet man nicht mehr.

(Marie Curie, 1867–1934, französisch-polnische Physikerin)

Die Bildung kommt nicht vom Lesen,
sondern vom Nachdenken über das Gelesene.

(Carl Hilty, 1833–1909, Schweizer Staatsrechtler)

Man gibt seine Kinder auf die Schule, dass sie still werden,
auf die Hochschule, dass sie laut werden.

(Jean Paul, 1763–1825, deutscher Dichter und Pädagoge)

Bildung jeder Art hat doppelten Wert,
einmal als Wissen, dann als Charaktererziehung.

(Herbert Spencer, 1820–1903, englischer Philosoph und Soziologe)

Jeder Festredner hält sich für den Nabel der Welt.

(Friedrich Löchner, geb. 1915, deutscher Autor)

Wortgeklingel verdrießt mehr, als dass es erbaut.
Mit Wenigem viel sagen, das ist die Kunst;
die größte Torheit aber ist's, viel zu reden
und doch nichts zu sagen.

(Martin Luther, 1483–1546, deutscher Theologe und Reformator)

Um einen Zufall herbeizuführen, bedarf es vieler Vorbereitung. Um eine
gute improvisierte Rede zu halten, braucht man mindestens drei Wochen.

(Mark Twain, 1835–1910, US-amerikanischer Erzähler und Satiriker)

Wenn du redest, dann muss deine Rede besser sein,
als dein Schweigen gewesen wäre. (Arabisches Sprichwort)

Lange Reden bewegen die Stühle, kurze Reden bewegen die Herzen.
(Unbekannter Autor)

Eine gute Rede hat einen guten Anfang und ein gutes Ende –
und beide sollten möglichst dicht beieinander liegen.
(Mark Twain, 1835–1910, US-amerikanischer Erzähler und Satiriker)

Die Kunst zu Reden kommt zur rechten Stunde
und wahrhaft kommt das Wort aus Herz und Munde.
(Johann Wolfgang von Goethe, 1749–1832, deutscher Dichter)

Man muss beachten, dass eine lange und eine kurze Rede
auf dasselbe herauskommen.
(Epikur von Samos, 341–271 v. Chr., griechischer Philosoph)

Für eine gelungene Rede gebrauche gewöhnliche Worte
und sage ungewöhnliche Dinge.
(Arthur Schopenhauer, 1788–1860, deutscher Philosoph)

Für Fortgeschrittene:
Von Reißleinen,
Reflexen und Reaktionen

Schon seit langer, langer Zeit stellt sich die Frage, was einen guten Redner ausmacht, und seit langer, langer Zeit werden darüber lange, lange Abhandlungen verfasst. Und die meisten dieser Abhandlungen sind sich darin einig, dass der „natürliche Feind" des Redners stets das Publikum ist. Wäre kein Zuhörer da, müsste der Sprechende nicht ständig der Gefahr ins Auge blicken, nicht anzukommen oder sich gar zu blamieren – dann, ja dann könnte er auftrumpfen, könnte frei sprechen, wie ihm der Schnabel gewachsen ist, und würde sich – gute Tagesform vorausgesetzt – vielleicht sogar zu fantastischen rhetorischen Höhenflügen aufschwingen. Tja, aber ein Redner ohne Publikum ist eben kein Redner – dieses Übel, diese „feindliche Gruppe", die für unser Lampenfieber, für Schweiß auf der Stirn, zitternde, feuchte Hände und erhöhten Adrenalinausstoß verantwortlich ist, kann leider nicht ignoriert werden.

Nun aber mal halblang: Es ist ja wirklich nicht so, dass Sie mit Ihrer Rede ums nackte Überleben kämpfen müssten – jedenfalls nicht im buchstäblichen Sinne. Doch die Bezeichnung „feindliche Gruppe" kann durchaus noch ihre Berechtigung haben, denn schließlich könnte es durchaus sein, dass das Publikum Ihnen nicht wohl gesonnen ist.

Das Längen-Problem: Wie reagiere ich, wenn das Publikum ungeduldig wird?

Sie haben eine wunderbare Rede geschrieben, davon sind Sie fest überzeugt. Sie haben sich gut vorbereitet, sogar zu Hause vor dem Spiegel geprobt. Nun ist er da, der große Augenblick. Sie stehen vor der versammelten Gesellschaft, begrüßen die Ehrengäste und legen los. Ein Gag jagt den anderen – glauben Sie zumindest. Doch was macht das Publikum? Die Dame links kramt in ihrer Handtasche herum. Weiter vorne zückt ein Herr sein Handy und sieht nach, ob er einen Anruf verpasst hat. Da drüben beginnt jemand, mit seinem Sitznachbarn zu tuscheln … Kurz gesagt: Das Publikum wird unruhig und ist wohl nicht ganz so begeistert von Ihrer Rede wie Sie.

Das ist vom Publikum natürlich nicht gerade besonders nett. Schließlich haben Sie sich mit Ihrer Rede jede Menge Mühe gemacht, viel Zeit in die Vorbereitung gesteckt und Ihren ganzen Mut zusammengenommen, um vor die Menge zu treten und öffentlich ein paar Worte zu sagen. Dieser Leistung sollte man als Publikum den gebührenden Respekt entgegenbringen und sich die Langweile – die sich durchaus einmal einstellen kann – nicht anmerken lassen. Man kann ja auch still vom letzten Urlaub träumen und muss nicht gleich mit dem Nachbarn plaudern! Doch dieses Wissen nutzt Ihnen an Ihrem Rednerpult ganz und gar nichts. Sie können ja schlecht zum Publikum sagen: „Ich verstehe ja, dass Sie sich langweilen, aber ich möchte Sie trotzdem noch um ein wenig Ruhe bitten." Diese Worte nützen – so leid es mir tut – gar nichts. Wenn Sie dann noch darauf hinweisen, dass es das Publikum ja bald überstanden hat, werden Sie nur dafür sorgen, dass sich allgemeine Aufbruchsstimmung breit macht.

Kürzen und zusammenfassen

Was können Sie also tun? Ihre Rede ist offensichtlich zu lang geworden, das Publikum kann oder will nicht mehr zuhören. Können Sie Ihre Rede vielleicht abkürzen? Werfen Sie einen Blick auf Ihre Stichpunkte: Was müssen Sie unbedingt noch erwähnen, was kann wegfallen? Können Sie etwas zusammenfassen? Bei einem Paar, das goldene Hochzeit feiert und auf eine 50-jährige gemeinsame Geschichte zurückblicken kann, müssen Sie zum Beispiel nicht die Geburt eines jeden Kindes oder gar Enkelkindes einzeln erwähnen. Fassen Sie stattdessen zusammen: „In den folgenden Jahren machten Bettina, Martin und Sandra die Familie dann komplett". Das erfordert viel Improvisationstalent, denn währenddessen sollten Sie ja normal weiterreden. Die Zuschauer sollten möglichst nicht merken, dass Sie Teile Ihrer Rede überspringen oder zusammenfassen.

Das Zwischenrufer-Dilemma: Wie gehe ich mit Störenfrieden um?

Leider können Sie als Redner nicht immer davon ausgehen, dass Ihnen Ihr Publikum wohl gesonnen ist. Beispiele dafür gibt es in Hülle und Fülle. Politiker werden ständig damit konfrontiert, dass zumindest ein großer Teil des Auditoriums genau der entgegengesetzten Meinung ist wie der Vortragende. Auch Professoren, Dozenten, Lehrer und Manager müssen damit leben, dass sie mit ihren Reden nicht immer nur auf wohl gesinnte Zuhörer treffen, dass ihnen Gegnerschaft und offene Abneigung entgegenschlagen.

Nun wollen wir an dieser Stelle davon ausgehen, dass Sie wahrscheinlich nicht zu einer der genannten Personengruppen gehören (obwohl das natürlich möglich ist). Dennoch kann es auch Ihnen passieren, dass Sie im Laufe Ihrer Rede die Abneigung, den Widerwillen oder auch „nur" den Spott gegenüber Ihrer öffentlich geäußerten Meinung spüren und zu spüren bekommen. Dies könnte sich – schlimmstenfalls – in Tumult (zum Beispiel Trillerpfeifen oder Brüllen) äußern oder aber auch in der wesentlich subtileren Form der so genannten „Zwischenrufe". Wie Sie mit dieser Form der Störung souverän fertig werden können, erfahren Sie auf den kommenden Seiten.

Nicht dass wir uns falsch verstehen: Nicht alle Zwischenrufer haben Böses im Sinn, nicht jeder, der da launig in Ihre Ansprache hineinruft, will Ihnen ans Leder. Ein fröhliches „Hört, hört" beispielsweise ist in den seltensten Fällen böse gemeint, sondern ist in aller Regel sogar als Kompliment zu verstehen. Dazu ein Beispiel aus einem der vorherigen Kapitel: Da haben wir Ihnen eine kurze Musterrede anlässlich einer Geburtstagsfeier vorgestellt, und in dieser waren Passagen enthalten, die durchaus selbstironisch gewürzt waren. Wenn Sie also, wie in diesem Zusammenhang geschehen, auf Ihren persönlichen Alkoholkonsum in bestimmten Situationen hinweisen, dann müssen Sie damit rechnen, Gelächter oder den einen oder anderen Zwischenruf zu „kassieren". Dies jedoch muss und darf Sie nicht nachhaltig stören. Ein Ruf wie „He, Josch, du alter Schluckspecht" geht in diesem Zusammenhang sogar als „liebevoller Zuspruch" durch und wird Sie kaum aus dem Konzept bringen. Als Reaktion empfehlen wir Ihnen deshalb lediglich ein Lächeln in die Richtung des Rufers oder auch eine beruhigende Geste mit der Hand. Sollten Sie sich sogar in der Lage fühlen, Ihre Ansprache kurz zu unterbrechen und dem Rufer direkt zu antworten, so genügt meist ein kurzes „Ja, ja, Holger – ich sehe schon – du weißt, was gemeint ist."

So weit zu den positiven oder sogar erfreulichen Reaktionen des Publikums. Nun aber zu den echten Verbalattacken, die schon so manchen Redner vollständig aus dem Konzept brachten und die kurze Ansprache zu einem Fiasko werden ließen. Berühmt-berüchtigte Zwischen-rufer waren beispielsweise der ehemalige SPD-Politiker Herbert Weh-ner sowie sein christsozialer Rivale Franz-Josef Strauß. Sie verfügten über eine brisante Mischung aus scharfem, beißendem Witz, brillan-tem Intellekt, Menschenkenntnis und Unbarmherzigkeit. Sie wussten genau, an welchen Stellen Redner besonders verletzlich waren und wie es gelingen konnte, den Fluss einer Ansprache zu unterbrechen und damit eine ausufernde Debatte in Gang zu bringen. Man darf mit Fug und Recht behaupten, dass es Männer wie Wehner und Strauß waren, die den Zwischenruf als „politisches Stilmittel" im Nachkriegsdeutsch-land etabliert haben. Angesichts der Drögheit so mancher politischen Aussprache muss man ihnen dafür im Nachhinein fast dankbar sein.

Wir wollen zu Ihren Gunsten hoffen, dass Sie bei Ihren Versuchen als Redner nicht auf derart „hervorragende" Zwischenrufer treffen, denn dann benötigten Sie schon viel Routine, um die Schlacht siegreich zu Ende zu führen. Mit dem „gemeinen" Zwischenrufer fertig zu wer-den, ist aber in aller Regel gar nicht so schwer.

Natürlich wäre es gut, schon im Vorfeld Ihrer Rede zu wissen, aus welcher Ecke Angriffe kommen könnten. Wer ist Ihnen nicht wohl gesonnen? Wem könnten Sie mit den Inhalten Ihrer Ansprache auf die Füße treten? Wer hat Interesse daran, Ihnen zu schaden oder zu wider-sprechen? Wo ist derjenige, der immer seinen Senf dazugeben muss?

Wenn Sie die Antworten auf diese Fragen bereits kennen, so ist dies schon die halbe Miete. Bedauerlicherweise sind diese Antworten aller-dings gar nicht so einfach zu erhalten, denn manche Gegner offenba-ren sich nicht frühzeitig, sondern warten genussvoll auf den richtigen Moment, um zuzuschlagen. Welche Möglichkeiten haben Sie nun, angemessen zu reagieren und sich dabei nicht aus dem Konzept brin-gen zu lassen?

Der mentale Schutzwall

Um einen mentalen Schutzwall zu errichten, müssen Sie sich von vornherein klarmachen, dass Sie – angesichts der Inhalte Ihrer Rede oder auch angesichts der versammelten Zuhörer – mit Zwischenrufen und Bemerkungen rechnen müssen. Sie nehmen sich nun ganz fest vor, diese Rufe einfach zu ignorieren und an sich abprallen zu lassen. Die Kommunikationstrainerin Barbara Berckhan hat dazu einen sehr konkreten Tipp: Man solle sich einen bildlichen Schutzpanzer aus Glas vorstellen, an dem alles abprallt – ähnlich dem dickem Glas vor einem Bankschalter. Benutzen Sie zur Unterstützung einen Satz wie „Das trifft mich nicht" oder „Das hat nichts mit mir zu tun". Wenn Sie stark genug sind, die Vorstellung eines solchen Schutzpanzers über den gesamten Zeitraum Ihrer Rede beizubehalten, können Ihnen vereinzelte Zwischenrufer kaum etwas anhaben. Diesen mentalen Schutzwall können Sie übrigens auch im Alltag testen. Wir alle kennen Situationen, in denen wir von missgelaunten Zeitgenossen scheinbar grundlos dumm angeredet werden. Das kann beim Bäcker oder Metzger geschehen, im Raucherzimmer der Firma oder in den Amtsstuben einer Behörde. Bevor Sie also an einen solchen Platz gehen, versuchen Sie Ihren gläsernen Wall ganz bewusst aufzubauen. Sobald Sie den betreffenden Ort wieder verlassen haben, nehmen Sie ihn wieder herunter, denn auf Dauer ist die Konzentration auf diese mentale Mauer ein wenig anstrengend.

Das tote Gleis

Zwischenrufer haben in der Regel zwei Absichten: Zum einen wollen sie den Redner irritieren und bloßstellen, zum anderen möchten Sie sich auch selbst profilieren. Vor allem das zweite Motiv können Sie als Verteidiger wunderbar für Ihre eigenen Zwecke nutzen. Was nämlich fürchtet der Zwischenrufer am meisten? Dass nicht der Redner, sondern er selbst blamiert wird! Und dies können Sie als Redner erreichen, indem Sie den Zwischenrufer mit seinen Worten auf ein „totes Gleis" schieben. Wie das funktioniert? Ganz einfach: Statt auf einen Zwischenruf verbal zu reagieren, äußern Sie sich lediglich durch Körpersprache. Möglichkeiten dazu gibt es mannigfach, wobei es in der Regel die weniger aggressiven Gesten sind, die den meisten Eindruck machen. Viele Menschen neigen dazu, bei Provokationen beispielsweise eine wegwerfende Handbewegung zu machen. Doch diese ärgerliche Geste verrät, dass Sie sich getroffen fühlen und drängt Sie damit automatisch in die Defensive. Versuchen Sie es stattdessen mit Humor: Halten Sie in Ihrer Rede kurz inne, atmen einmal durch und zwinkern Sie dem Rufer dann mit einem Auge zu. Wenn Sie dabei lächeln – umso besser. Eine andere Möglichkeit ist es auch, wie einst der Lehrer in der Schule drohend den Zeigefinger in Richtung des Angreifers zu heben – diese Geste jedoch ebenfalls mit einem fröhlichen Lächeln zu begleiten. Dies lässt sich auch umwandeln in ein verständnisvolles Kopfnicken in Richtung der Attacke – genauso als würden Sie lächelnd einen alten, lästigen Bekannten begrüßen. Und schließlich und endlich bietet sich auch noch die Mitleidsvariante an: Sie legen den Kopf ein wenig schief, schauen Ihren Gegner einen kurzen Moment mit einem mitleidigen Blick an, seufzen einmal und fahren dann in Ihrer Rede fort, als hätte es die Unterbrechung nie gegeben.

Die Umleitung

Leider sind manche Zwischenrufer so aggressiv und so sehr von sich selbst überzeugt, dass sie sich nur schwer ignorieren lassen. Spätestens mit der dritten, vierten Störung verfolgen Sie ein ganz offensichtliches Ziel: Sie wollen den Redner provozieren. Das jedoch dürfen

Sie als Vortragender nicht zulassen. Sie dürfen auf keinen Fall aus der Haut fahren, die Fassung verlieren oder zurückschießen. Denn damit hätte der Angreifer erreicht, was er anscheinend will: Ihr Redefluss ist gebremst, die Inhalte Ihrer Ansprache sind zweitrangig geworden und Sie sind in einer defensiven Position. Aber wie gelingt es Ihnen, cool zu bleiben? Nun – auch hier hilft wieder das probate Mittel, den Gegner an der Profilierung zu hindern und ihn vielleicht sogar selbst zu blamieren. Dazu bietet sich die so genannte Umleitung an. Ein Beispiel: Der Zwischenrufer kritisiert zum wiederholten Mal Ihre Auffassungen mit Rufen wie „Das ist doch Unsinn" oder „So ein Quatsch!" Möglicherweise steigert er sich – vor allem, wenn Sie bis dato nicht reagiert haben – bis hin zu einer Beschimpfung wie „Sie reden doch nur Müll!" Nun gäbe es darauf natürlich eine höchst schlagfertige Replik wie beispielsweise: „Woher wissen Sie das? Haben Sie beruflich viel mit Müll zu tun?", aber so treffend dies auch sein mag, so wenig ist es Ihrer Souveränität zuträglich. Von einem Redner wird normalerweise erwartet, dass er die Contenance (die Fassung) behält und nicht ausfallend oder beleidigend wirkt. Viel sinnvoller ist deshalb eine Entgegnung nach dem folgenden Muster: „Wie Sie an den lautstarken Beiträgen des Mannes mit dem hochroten Kopf aus der hintersten Reihe ersehen können, kann man zu diesem Thema geteilter Meinung sein, aber ich möchte jetzt trotzdem fortfahren …" Ihr Vorteil: Sie haben dem Publikum die Möglichkeit gegeben, sich der Lächerlichkeit des Schreiers bewusst zu werden. Der „hochrote Kopf" ist noch längst nicht beleidigend (eher eine sachliche Feststellung), wirkt aber auf die anderen eher belustigend. Im Klartext: Nicht mehr Sie laufen in der Folgezeit Gefahr, sich lächerlich zu machen, sondern der hochrote Zwischenrufer. Sollte ihr Gegner keine äußerlichen Merkmale aufweisen, die Sie ausnutzen können, so könnte auch der folgende, lächelnd vorgebrachte Satz Wunder wirken: „Ich hoffe, Sie alle können mich gut verstehen, auch wenn ich natürlich nicht über eine solch immense Lautstärke verfüge wie unser geschätzter Zwischenrufer in der vorletzten Reihe." Ein solcher Satz „outet" den Schreier als lästigen Störenfried und dient den Zuhörern als Beweis für Ihre Toleranz und Geduld. Vor allem die Höflichkeit, die in dem Adjektiv „geschätzt" steckt, kann entwaffnend wirken.

Der Verbalschuss aus der Hüfte

Zugegeben — manchmal kann es unglaublich schwierig sein, die Fassung zu bewahren. Vor allem, wenn Sie eigentlich ein Mensch mit gesundem Wortwitz sind, ist die Versuchung groß, es einem Zwischenrufer mit gleicher Münze heimzuzahlen. Doch lassen Sie sich dazu nicht zu früh verleiten. Wie bereits erwähnt: Als Redner dürfen Sie selbst nie die Grenze zur Beleidigung überschreiten und der Grat zwischen der charmant-ironischen Replik und der bösartigen Erwiderung ist furchtbar schmal und unterliegt außerdem den höchst unterschiedlichen Interpretationen des Auditoriums. Falls es Sie aber dennoch drängt, sich verbal zu wehren, dann versuchen Sie es mit einem kurzen Schuss aus der Hüfte. Was hier so martialisch klingt, wird im Fachjargon als „zweisilbiger Kommentar" bezeichnet. Ein Beispiel: Der Zwischenrufer hat Ihnen gerade den Satz „Das weiß doch jedes Kind" zugebrüllt. Statt sich nun zu rechtfertigen oder gar über Ihre eben gemachte Aussage noch einmal nachzugrübeln, schauen Sie dem Angreifer kurz ins Gesicht (legen dabei vielleicht den Kopf ein wenig schief), reißen die Augen erstaunt auf und sagen nur: „Ach was?" Anschließend behalten Sie den Zwischenrufer noch einen Moment nachdenklich im Blick (so als würden Sie warten, ob noch etwas Wichtiges kommt) und machen dann mit Ihrer Rede weiter, als sei gar nichts passiert. Ein anderes Beispiel: Als Zwischenruf wurde Ihnen ein „Sie haben doch keine Ahnung" zugebrüllt. Mimik und Gestik bleiben die gleiche (Kopf schief gelegt, Augen erstaunt geweitet) und Sie antworten in erstauntem und etwas geziertem Ton: „Huch". Ihr Vorteil:

Sie sind mit keinem Wort auf den absurden Vorwurf eingegangen, haben sich keine Blöße gegeben und sich nicht nachhaltig in Ihrer Konzentration stören lassen. Außerdem haben Sie die Lacher wieder auf Ihrer Seite. Dass diese Reaktion in gewisser Weise sinnlos ist, muss Sie nicht beschäftigen: Wer könnte von Ihnen verlangen, auf böswillige Attacken stets sinnvoll zu antworten?

Weitere Beispiele für diesen „Verbalschuss aus der Hüfte" sind Phrasen wie „Hoppla", „Na so was", „Aha, aha", „Sag bloß" oder auch „Da schau her".

Liebe deinen Angreifer

Schon in der Bibel steht bekanntlich der gute Ratschlag, man möge seinem Gegner doch bitte schön noch die andere Wange hinhalten. Das ist in der Realität nicht immer ganz einfach, und besonders schwer ist das in einer Stresssituation, wie es eine Rede nun einmal für den überwiegenden Teil der Menschen ist. Dennoch können Sie sich das biblische Prinzip durchaus zunutze machen, um Zwischenrufer mundtot zu bekommen oder sie zumindest zu isolieren.

Wie das geht? Ganz einfach – durch eine teilweise Zustimmung. Das funktioniert am besten bei sachbezogener, aber unsachlich vorgetragener Kritik. Ein Paradebeispiel: Sie hören aus dem Publikum den Ruf „Das kann ja jeder sagen!" Ihre Antwort: „Genau. Jeder kann das sagen, aber ich traue mich, es auszusprechen ..." oder auch „Richtig. Sagen kann es jeder, aber offensichtlich haben die wenigsten den Mut dazu ..." Ein anderer Zwischenruf könnte lauten: „Das ist doch alles an den Haaren herbeigezogen ..." Ihre Antwort: „Nun – an Ihrer Stelle würde ich das wahrscheinlich auch so sehen, aber das ändert nichts daran, dass ..."

Ein anderer Trick in der Reihe „Zum Schweigen bringen durch Zustimmung" ist die Möglichkeit des ironischen Kompliments. So könnte Ihr Zwischenrufer zum Beispiel die Bemerkung „An Ihrer Stelle wäre ich vorsichtig mit solchen Äußerungen" machen. Sie könnten mit einem „Lob" reagieren: „Ich finde es toll, dass Sie sich meinetwegen Gedanken machen, will aber dennoch …" Oder auch: „Ich merke schon, dass Sie sich wirklich ausgezeichnet in meine Lage versetzen können und bewundere diese Eigenschaft an Ihnen, möchte aber trotzdem noch einmal darauf hinweisen …"

Noch eine Spur subtiler ist das ironische Kompliment. So könnten Sie den Ruf „Denken Sie wirklich, dass irgendjemand Ihnen diesen Unsinn glaubt?" mit dem Satz „Ihre Menschenkenntnis ist zwar unbestritten, doch in diesem Fall …" oder auch „Vielen Dank für diesen wertvollen Hinweis, doch ich möchte dennoch auf meinem Standpunkt beharren …"

Die abgesteckte Grenze

Manche Zwischenrufer neigen zu Beleidigungen und Verbalinjurien. Die Behauptung „Da stehe ich drüber" klingt zwar gut, kann aber langfristig wohl nur von einem Menschen mit schier übermenschlicher Willenskraft aufrechterhalten werden. Wir gehen an dieser Stelle davon aus, dass Sie bereits einige der vormals erwähnten Methoden probiert haben, den Provokateur in seine Schranken zu verweisen, aber es hat nichts geholfen. Dies kann mehrere Gründe haben: Zum einen könnte der Störer betrunken oder anderweitig enthemmt sein. In diesem Fall müssen Sie darauf hoffen, dass der Gastgeber oder der Veranstalter Sie von diesem Plagegeist erlöst. Eine argumentative Auseinandersetzung ist wahrscheinlich unmöglich. Zum anderen könnte es aber auch sein, dass der Zwischenrufer sich derart in seine

Rolle hineingesteigert hat, dass er weder den Wunsch noch die Möglichkeit hat, sich daraus wieder zu verabschieden. Er ist der Meinung, dass ein Großteil des Publikums seine Auffassung zu Ihrer Rede teilt und sucht nun mit seinen lautstarken Verbalattacken Zustimmung. Wenn Sie Pech haben und nicht einschreiten, könnte ihm dies sogar gelingen. Wie gehen Sie dagegen vor?

Die beste Methode ist das Ziehen einer Grenze. Das bedeutet nicht, dass Sie nun den Beleidigten spielen müssen oder rhetorische Fragen in den Raum stellen wie „Muss ich mir das bieten lassen?" Die Antwort nämlich könnte ein glasklares Ja sein und damit hätten Sie ihm endgültig die Lacher und somit auch das Terrain überlassen. Aber Sie haben andere Möglichkeiten, Ihr Missfallen zum Ausdruck zu bringen – Möglichkeiten, die Ihren Angreifer isolieren und ausgrenzen. Einige Beispiele: „Ich habe Ihnen bei Ihren Einwürfen jetzt gut zugehört – Sie tun es bei mir offensichtlich nicht. Ist das wirklich Ihr Stil?" (Damit stellen Sie ihm eine Art Gewissensfrage und zwingen ihn zur Auseinandersetzung mit seiner Protesthaltung.) „Entschuldigen Sie bitte, aber ich befürchte, sie überschreiten die Grenze zur Beleidigung. Haben Sie dies wirklich nötig oder können Sie mich vielleicht doch zu Ende sprechen lassen?" (Damit machen Sie deutlich, dass Sie ohne Not gekränkt wurden, dass Sie dennoch bisher Geduld bewiesen haben und appellieren gleichzeitig an die übrigen Zuhörer, Ihnen eine faire Chance zu geben). Im Zweifelsfall können Sie sogar eine Entschuldigung verlangen: „Ich habe Ihnen keinen Grund geboten, mich persönlich zu beleidigen. Sie tun es trotzdem. Ich erwarte von Ihnen eine Entschuldigung." Die Wahrscheinlichkeit, dass eine solche Entschuldigung wirklich erfolgt, ist denkbar gering. Wahrscheinlich müssen Sie auf diese Forderung eher mit weiteren Verbalattacken rechnen. Gehen Sie darauf gar nicht erst ein, sondern bleiben Sie bei Ihrem Satz: „Ich erwarte noch immer eine Entschuldigung von Ihnen." Sollte sich der Angreifer daraufhin endlich mundtot machen lassen, dann können

Sie wieder mit der Körpersprache arbeiten: Werfen Sie noch einmal einen Blick in seine Richtung, zucken Sie die Achseln und fahren Sie dann mit Ihrer Rede fort. Dies ist für das Publikum praktisch das Signal, dass Sie alles für eine vernünftige Verständigung getan haben, doch dass diese offensichtlich nicht möglich war.

Eines jedoch dürfen Sie auf keinen Fall tun: Hören Sie nicht einfach auf zu reden, lassen Sie sich von einem Gegner nicht ins Bockshorn jagen. Wenn Sie Ihre Rede abbrechen und dem Publikum den Rücken zukehren, verlieren Sie in diesem Moment Ihr Gesicht und – was noch schlimmer ist – Sie büßen Ihre Selbstachtung ein.

Der knallharte Konter

Der knallharte, verbale Konter ist das letzte Mittel, das Sie einsetzen sollten, um sich gegen die Attacken eines Zwischenrufers oder Provokateurs zu wehren. Die Voraussetzung dafür ist, dass Sie bereits über eine gewisse Portion an Schlagfertigkeit verfügen und diese auch abrufbar ist. Aber Vorsicht: Ihre Erwiderungen sollten sich niemals auf das Niveau des Angreifers herunterbegeben. Wenn dieser Ihnen beispielsweise den Satz „Sie reden doch nur Blödsinn" entgegenschleudert und Sie mit Ausdrücken aus dem Tierreich (Ochse, dumme Kuh, Schwein o. Ä.) beleidigt, dürfen Sie es ihm nicht mit gleicher Münze heimzahlen. Ein Beispiel für die falsche Methode:

Angriff des Zwischenrufers: „Sie haben doch keine Ahnung, von was Sie reden, Sie Hornochse."
Falsche Antwort: „Ich weiß immer noch besser Bescheid als Sie, Sie Trottel."

Damit verschärfen Sie die Lage unnötig – Ihre Rede dürfte nun im Tumult untergehen, und Sie laufen Gefahr, dass Teile des Publikums zur „anderen Seite" überlaufen. Besser ist da schon diese Erwiderung:

Angriff des Zwischenrufers: „Sie haben doch keine Ahnung, wovon Sie reden, Sie Hornochse."
Richtige Antwort: „Probieren Sie's doch mal mit Niveau!"

Eine gute Verteidigungswaffe ist zuweilen auch die rhetorische Frage wie zum Beispiel: „Sind Sie heute mit dem falschen Fuß aufgestanden?" Wenn Sie diese Frage mit einem Lächeln vorbringen, wirkt sie gleichermaßen versöhnlich wie entwaffnend. Lassen Sie sich jedoch nicht dazu hinreißen, Fragen zu stellen wie: „Haben Sie eigentlich keinen anderen Platz, um sich auszutoben?" Ihnen könnte dann ein „Nein – hier ist's genau richtig" entgegenschlagen und dies würde eventuell wieder einen tumultartigen Dialog auslösen.

Ein allerletztes Mittel könnte auch eine so genannte Unterstellungsfrage sein. Mit dieser fragen Sie nicht „ob", sondern warum, was, woher, wie und so weiter. Auch hierzu das passende Fallbeispiel:

Angriff des Zwischenrufers: „Sie haben doch keine Ahnung, wovon Sie reden, Sie Hornochse!"
Ihre Erwiderung: „Tut es Ihnen nicht manchmal leid, über so wenig Stil zu verfügen?" oder auch „Was ist das eigentlich für ein Gefühl, sich derart unbeliebt zu machen?"

Diese Art der Erwiderung wirkt dann am besten, wenn Sie anschließend sofort zu Ihrer Rede zurückkehren und eine neuerliche Unterbrechung des Zwischenrufers mit einem Seufzer und einem Achselzucken in Richtung des übrigen Publikums kommentieren. Spätestens von diesem Augenblick an haben Sie zumindest die Gewissheit, dass die Mehrzahl Ihrer Zuhörer auf Ihrer Seite steht. Grund: Niemand möchte mit einem stillosen, rüpelhaften Menschen in einen Topf geworfen werden.

Zum Ende dieses Themenkomplexes präsentiere ich Ihnen noch einige kleine Übungsaufgaben. Sie finden im Folgenden eine kleine Tabelle. In der ersten Spalte steht der Anlass für die Rede. In der zweiten Spalte finden Sie die Verbalattacke eines Zwischenrufers und die dritte Spalte ist für Ihre Reaktion reserviert. Sie können in diese Spalte sowohl eine Geste (zum Beispiel Achselzucken, Zwinkern, Lächeln) oder auch eine echte Erwiderung eintragen. Nehmen Sie dazu die Möglichkeiten zur Hand, die wir Ihnen bisher angeboten haben. Zur Verdeutlichung haben wir in die erste Zeile ein konkretes Fallbeispiel gesetzt:

Anlass	Zwischenruf	Reaktion
Betriebsfest	„Das ist doch gelogen!"	Grenze abstecken mit dem Satz: „Ich erwarte eine Entschuldigung."
Geburtstagsfeier	„Hört, hört!"	
Vereinssitzung	„Das sehe ich aber ganz anders!"	
Hochzeit	„Na – schon zu viel getankt?"	
Geschäftssitzung	„Das ist doch eine idiotische These!"	
Kandidatenvorstellung	„Kann ja jeder behaupten ..."	

Beim Ausfüllen dieses Fragebogens sollten Sie Folgendes berücksichtigen: Ihre Reaktion muss zum einen davon abhängig sein, auf welcher Art von Veranstaltung Sie sich befinden (eine Geburtstagsfeier dürfte in der Regel eine wesentlich entspanntere Atmosphäre bergen als eine Geschäftssitzung), zum anderen natürlich auch davon, wie aggressiv oder beleidigend der Zwischenruf war. Und zum dritten gilt es die vorherrschende Stimmung im Publikum zu berücksichtigen: Vermuten Sie dort eher Freunde oder zumindest Zuhörer, die Ihnen wohl gesonnen sind, können Sie durchaus frecher sein. Ist das Gegenteil der Fall, so müssen Sie Ihre Erwiderung besonders sorgfältig bedenken und dürfen sich nicht zu einer unüberlegten Antwort hinreißen lassen. Spontaneität ist gut und schön – manchmal kann sie aber auch zum Bumerang werden. In diesem Zusammenhang noch zwei wichtige Hinweise: Lassen Sie sich nicht gleich vom ersten Zwischenruf provozieren. Manchmal ist gar keine Reaktion die beste Möglichkeit, um solche Verbalattacken im Keim zu ersticken. Und außerdem sollten Sie sich nie dazu verleiten lassen, Ihre Stimme über die des Angreifers zu erheben. Denken Sie daran: Sie sind eigentlich in der besseren Position. Das Publikum ist Ihnen zugewandt und darauf vorbereitet, Ihnen zuzuhören (vielleicht haben Sie sogar ein Mikrofon). Es besteht also keine Notwendigkeit, diesen Vorteil durch Schreien aufzugeben.

Zum Abschluss dieses Kapitels noch einige grundsätzliche Anmerkungen. Wenn Sie ein eher unsicherer Redner sind, so sind Zwischenrufe und rhetorische Attacken in der Regel eher lästig. Wenn Sie sich jedoch bereits eine gewisse Sicherheit angeeignet haben, so können Ihnen Randbemerkungen oder Zwischenrufe sogar ein neues, rhetorisches Feld erschließen. Wenn Sie gelernt haben, damit umzugehen, versetzt es Sie in die Lage, mit Ihrem Publikum zu kommunizieren und die Stimmung zu Ihren Gunsten zu beeinflussen. Ein fröhliches „Hört, hört" aus dem Munde eines erheiterten Zuhörers ist eigentlich nichts anderes als eine Bestätigung für die gelungene Form und die Inhalte Ihrer Ansprache. Sich dadurch aus dem Konzept bringen zu lassen, wäre unverzeihlich. Dies gilt (bei den Fortgeschrittenen) auch für Sätze wie „Das glauben Sie doch selbst nicht" oder „Das musst ausgerechnet du sagen". In solchen Fällen bietet es sich geradezu an, diese Bemerkungen in Ihre Rede miteinzubeziehen. Erwiderungen wie „Ich merke schon, dass manche hier mir so viel tiefere Einsicht gar nicht zugetraut haben" oder „Ich glaube es nicht nur – ich spreche es sogar offen aus" hinterlassen den Eindruck von Charme, Lässigkeit und Souveränität. Diese Möglichkeiten sollten Sie sich nicht durch ein stures Festhalten an Ihrem ursprünglichen Konzept rauben lassen, zumal das Publikum meistens sehr dankbar ist, wenn aus einem Monolog für ein paar Sekunden ein heiterer Dialog wird. Sollten Sie danach leichte Probleme haben, sich wieder in Ihren ursprünglichen Redefluss einzufinden, so ist dies halb so wild: Schließlich haben die Zuhörer bemerkt, dass Sie sich bemüht haben, auf das Publikum (oder einen Einzelnen) einzugehen und werden Ihnen deshalb eine kleine Atempause gerne nachsehen. Und sogar durch diese kleine Konzentrationspause können Sie noch punkten. „Ups – jetzt bin ich ein wenig aus dem Konzept gekommen, aber keine Panik – mir fällt schon wieder ein, was ich sagen wollte …"

Der Ausrutscher: Wie lassen sich Versprecher verarbeiten?

Was kann Ihnen im Verlaufe einer Rede sonst noch alles zustoßen? Beginnen wir mit den selbst zu verantwortenden Pannen. Sie könnten sich beispielsweise versprechen. Mmm. Eigentlich kein Problem. Sie beginnen das Wort – oder zuweilen auch den Satz (wenn Sie sich noch am Satzanfang befunden haben) einfach noch einmal. Am besten mit einem kurzen „Entschuldigung" und einem kleinen Lächeln ins Publikum. Schwieriger wird es dann schon, wenn Sie sich wirklich hoffnungslos verhaspelt haben. Sie finden den Übergang nicht mehr auf Ihrem Manuskript, Sie geraten ins Stammeln, Sie haben buchstäblich vergessen, wie es weitergeht – haben also einen echten Blackout. Sie spüren die Röte in Ihr Gesicht steigen, Sie spüren, wie sich Schweißperlen auf Ihrer Stirn sammeln, Ihre Hände beginnen zu zittern und Ihr Herz zu rasen. Was – um Himmels Willen – können Sie dagegen tun?

Einfach mal tief Luft holen

Regel Nr. 1 lautet: Atmen Sie kurz durch. Sehen Sie einen Moment lang auf Ihr Blatt, sprechen Sie in Gedanken den folgenden Satz: „Bleib ruhig, entspann dich – es könnte schlimmer kommen." Zugegeben – das klingt im ersten Moment recht lächerlich, aber wenn Sie sich selbst davon überzeugen können, dass es tatsächlich schlimmere Dinge gibt, dass die Situation nicht einer gewissen Komik entbehrt – dann werden Sie binnen weniger Sekundenbruchteile wieder leichter atmen und eher die Chance haben, den Anschluss wiederzufinden.

Das Publikum miteinbeziehen

Regel Nr. 2 lautet: Beziehen Sie das Publikum mit ein. Vergessen Sie den Gedanken, dass man vor Ihnen nur auf solche Fehler wartet, um sich an Ihrem Versagen zu weiden. Das ist Unsinn. Tatsächlich ist die „normale" Reaktion eine gewisse peinliche Betroffenheit innerhalb der Zuhörerschaft. Die meisten Menschen werden, sobald sie mit öffentlicher Unsicherheit konfrontiert werden, selbst automatisch unsicher. Geben Sie dem Publikum und sich selbst die Chance, da herauszukommen. Ein Satz wie „Ups – da bin ich jetzt aber ein wenig ins Schleudern geraten" kann wahre Wunder wirken. Er sorgt für ein befreiendes Lächeln innerhalb der Zuhörerschaft, nimmt der Situation die Peinlichkeit, wirbt um Verständnis und Toleranz – einer Bitte, der sich in einem solchen Moment wirklich nur sehr übellaunige Menschen entziehen können.

Das Finale:
Wie bleiben Sie als Redner in guter Erinnerung?

Eine Rede, über die man noch lange spricht, eine Rede, über die man auch später noch sagt: „Da haben Sie/da hast du genau die passenden Worte gefunden", eine Rede, die ihren Zweck voll und ganz erfüllt – egal, ob sie nun ein Geburtstagskind oder Hochzeitspaar ehren oder die Mitarbeiter in die richtige Stimmung für ein Betriebsfest versetzen sollte. All das können Sie erreichen, wenn Sie sich an die Tipps und Textbeispiele in diesem Buch halten.

Damit Sie dem Publikum auch ganz gewiss in guter Erinnerung bleiben, finden Sie hier noch einmal zwölf goldene Regeln für eine erfolgreiche Rede.

So bleiben Sie als Redner in guter Erinnerung

1. Bereiten Sie Ihre Rede sorgfältig vor.
2. Wählen Sie ein geeignetes Thema für Ihre Rede.
3. Gliedern Sie Ihre Rede in drei Teile: Einleitung, Hauptteil und Schluss.
4. Vergessen Sie in Ihrer Begrüßung keine wichtigen Personen.
5. Suchen Sie einen Einstieg, der das Publikum fesselt.
6. Sprechen Sie die Sprache Ihres Publikums.
7. In der Kürze liegt die Würze.
8. Bleiben Sie sie selbst.
9. Bleiben Sie ehrlich.
10. Sprechen Sie langsam und deutlich.
11. Halten Sie Blickkontakt mit Ihren Zuhörern.
12. Beenden Sie Ihre Rede mit einem originellen Schluss.

Register